공정경제와 지식재산

손승우

한국지식재산연구원
Korea Institute of Intellectual Property

머리말 ────────

  우리는 빠른 경제성장을 이루었으나 불공정의 시대를 살아가고 있다. 그 이유는 소수의 기업에 대한 자원 집중을 통하여 불균형적으로 성장한 탓에 경제의 공정성을 소홀히 해 왔다. 그로 인해 소득 격차, 갑을 문화, 양극화, 사회 갈등과 불만 등의 문제들이 겹겹이 쌓여 오다 현재에 심각하게 나타나고 있다. 불공정과 불평등은 전 세계가 고심하고 있는 문제이지만 유독 우리나라에서 강하게 제기되고 있다. 이에 정부는 국민성장, 즉 더불어 잘 사는 경제를 국정 목표로 정하고 이를 실현하는 방안의 하나로서 '공정경제'를 추진하고 있다. 공정경제는 구체적으로 공정한 시장질서 확립, 재벌 총수 일가 전횡 방지 및 소유·지배 구조개선, 공정거래 감시 역량 및 소비자 피해구제 강화, 사회적 경제 활성화, 더불어 발전하는 대·중소기업 상생 협력 등의 국정과제로 실현되고 있다.
  공정경제의 문제는 과학기술이나 지식재산 분야에서도 대두된다. 그간 과학기술정책은 경제주의적 편향을 가져왔으므로 사회적 공정성이나 분배, 지속가능성은 상대적으로 간과되었다. 지식재산은 과학기술을 기반으로 하는 혁신경제의 핵심적 요소이다. 과거 지식재산 분야에서 공정경제는 주로 '공정경쟁'의 문제를 해결하는 데 초점을 두었다. 그런데 '공정경제'는 공정하고 자유로운 경쟁질서를 바로잡는다는 점에서 '공정경쟁'과 맥을 같이하나, 경제·사회 분야의 '기울어진 운동장'을 바로잡고 중소기업 간 폐쇄적 수직 계열화 구조를 열린 생태계로 전환하며, 소상공인과 근로자를 포함한 사회적 약자를 지원하고 분배와 복지의 개념을 함께 가진다는 점에서 공정경쟁보다 더 넓은 의미가 있다.
  지식재산 분야에서 대표적인 불공정한 행위로 최근 사회적 쟁점이 되는 것은 '기술과 아이디어 탈취(유용행위)'를 들 수 있다. 기술

4

탈취 문제는 우리나라의 오래된 갑을 구조에서 생성된 산물이며, 거래상 열악한 위치에 있는 사업자의 기술과 지식재산을 존중하지 않는 생각이 밑바탕에 내재하기 때문이다. 중소기업이 상당한 노력으로 만든 기술과 참신한 아이디어를 거래상 우월적 지위를 악용하여 탈취하게 되면 중소기업의 경쟁력은 물론 공정경제 생태계를 저해하게 된다.

사회·경제적 약자가 만든 지식재산 가치를 인정하지 않는 문제는 발명이나 저작권, 소프트웨어 분야에서 나타난다. 여기에는 직무상 발명에 대한 불합리한 보상의 문제, 저작권료의 불투명한 징수 및 분배의 문제, 소프트웨어 제값 주기 문제 등이 있다. 지식재산 대가의 문제는 거래상 열등한 지위에 있는 창작자를 존중하지 않는 인식에서 비롯하고, 또한 기업 내의 종속 관계에 있는 종업원이 발명하여 기업에 이윤이 발생했음에도 그 기여를 인정하지 않는 것에 원인이 있다. 그리고 우리나라 자동차 부품사들은 특정 자동차 제조기업에 종속적인 거래관계를 맺는 구조를 띠고 있는데, 이로 인해 대체부품 시장이 활성화되지 못하고 있다. 최근 정부는 대체부품 활성화를 위해서 인증제도를 도입하였으나 디자인권이 장애로 작용하면서 디자인보호제도의 개선 논의가 이루어지고 있다.

이 책은 공정경제라는 다소 생소한 개념을 중심으로 지식재산 관점에서 사회적으로 쟁점이 되는 사안을 다루고 있다. 즉, 특허와 발명, 영업비밀, 부정경쟁, 저작권, 디자인 등 각 분야에서 주요한 쟁점에 관하여 관련 법률, 판례, 해외사례 등을 정리하여 소개하고, 나아가 해당 문제를 해결하는 방안을 함께 제시하였다. 이러한 모든 논의는 종국적으로 우리가 목표로 하는 국민의 삶의 질을 개선하려는 데 있으며, 성숙한 경제질서와 문화를 정착시키는 데 자그마한 밑거름이 되기를 희망한다.

아울러 이 책이 나오기까지 자료를 찾아 정리하는 데 함께 고생해 준 제자 이정훈 군과 박성수 군에게 감사드린다. 또한 한국지식재산연구원의 전문도서 발간 지원사업이 없었다면 이 주제로 다룬 책을 발간하지 못했을 것이다. 권택민 원장님과 발간 실무를 맡아 주신 김혜정 연구원님께도 고마운 마음을 전하는 바이다.

2019년 11월
손승우

6

차 례 ————————

제3장

아이디어탈취와 보호

8

━━━

제4장

직무발명의 공정한 보상

제5장
부품과 디자인 보호

제6장

저작권 보상금 분배

제 1 장

공정경제와 지식재산

제1절 공정경제의 의의

Ⅰ. 공정경제의 의미

우리나라는 국가 성장모델에 있어서 변화를 겪고 있다. 과거의 대기업 위주의 고도성장 전략이 이제는 더는 유효하지 않다. 현 정부는 '포용적 성장'을 위한 인프라로서 '공정경제', '양극화 극복', '취약계층에 대한 지원정책'을 추진하고 있다. '공정경제'라는 어휘는 경제학에서 정형화된 개념은 아니다. 그러나 이 개념은 몇몇 국가에서 오래전부터 사용해 오던 것으로 양극화 현상을 극복하고 모든 경제 주체들이 더불어 성장하는 지향점을 가지고 있다. 자본주의 시장경제에서 공정경제는 경제성장의 과실이 사회적 약자인 중소기업, 종업원, 개인 창작자 등에게도 빠짐없이 분배되어 함께 잘 살고 성장하자는 뜻을 내포하고 있다. 한국에서는 '성장'과 '공정(형평)'을 이분법적으로 구분하는 시각이 많다. 성장과 공정의 관계를 별개의 가치로 보는 것이다. 그러나 성장과 공정을 나누는 것은 낡은 시각이다. 성장과 공정의 중요한 연결고리는 인적 자본의 형성과 기업생태계 혁신에 있다. 불공정성이 인적 자본 형성과 기업생태계 혁신에 걸림돌이 되는 것을 막기 위하여 경제력 남용을 규제하고 이로 인해 체질이 약해진 중소기업과 소상공인의 역량을 강화하기 위해 지원하는 것이다.

문재인 정부는 '더불어 잘사는 경제'라는 국정목표 아래 소득주도 성장, 혁신성장 및 공정경제 3대 축을 토대로 관련 제도개혁 및 정책을 추진하고 있다. 특히, '공정경제'는 기업·시장의 불공정을 시정하고 우리 경제·사회 각 분야의 기울어진 운동장을 바로잡음으로써 소득주도성장과 혁신성장이 제대로 발현되도록 하는 기반이다. 대기업과 중소기업·소상공인 간 공정하게 경쟁하고, 동반성장을 강화하는 것은 기업의 생태계를 건강하게 만들고 지속적인 성장의 토대를 마련하는 것이므로 중소기업·소상공인뿐만 아니라 대기업에도 도움이 된다. 이를 위해 기업지배구조 개선, 갑을문제 해소 등 공정한 시장질서 확립, 상생협력 강화, 공정거래법 집행역량 강화 및 소비자 권익 보호 등 4대 분야를 중심으로 정책을 추진하고 있다.[1]

공정경제는 기회의 균등, 공정한 경쟁, 공평한 분배를 핵심 3요소로 한다. 따라서 경제발전을 속도가 아닌 형평과 공정성 관점에서 접근한다. 즉, 대기업보다는 중소기업을, 거래상의 강자보다는 약자를, 생산자보다는 소비자를 보호하고, 효율보다는 분배와 형평을 중요한 가치로 여긴다. 따라서 공정경제는 소득주도성장을 뒷받침하는 역할을 하며, 소득주도성장이나 혁신성장의 경우도 그 근간에는 '성장' 자체보다는 공정 기반의 성장, 형평과 분배의 필요조건으로서 성장을 의미한다고 하겠다.

따라서 공정경제는 경제정책 그 자체라기보다는 사회정책을 동시에 생각하고 상호 통합한 이론이라고 볼 수 있다. 공정경제는 중소기업·소상공인이 일한 만큼 정당한 보상을 받을 수 있는 환경을 조성하여 이들의 생산과 혁신 의욕을 고취하고, 이를 통해 근로자와 소상공인의 소득을 증대시키는 것을 목표로 한다. 이를 구체적으로 실현하기 위해서는 시장의 자율적 규율을 우선하고 사후적 규제를 통해 보완하며, 정책수단 간 유기적 결합 및 조율을 통해 장기적으로 그 모습을 정착시켜 나가야 한다.

---

1) "함께 하는 성장"—'공정경제 전략회의'에서 그간의 성과보고 및 추진전략 논의—, 대한민국 정책브리핑 보도자료, 2018. 11. 8.

II. 공정경제 정책

2018년 11월 9일 법무부, 산업통상자원부, 보건복지부, 중소벤처 기업부, 공정거래위원회, 금융위원회 등 6개 부처는 코엑스 별마당 도서관에서 "함께하는 성장"을 슬로건으로 "공정경제 전략회의"를 개최하였다. 이 행사는 갑을문제를 해소하고 상생협력 체감사례를 공유하고, 앞으로 공정경제가 나아갈 길을 정부와 민간이 함께 모색하기 위한 취지로 마련하였다.[2] 정부는 공정경제가 내 일터와 생활의 모습을 바꿀 수 있도록 구체적이고 체감할 수 있는 정책을 제시하였다.

우선 갑을문제 해소를 통해 공정한 시장질서를 확립하고자 한다. 하도급, 가맹, 유통 등 분야에서 불공정 갑질행위를 방지하기 위한 제도개선을 추진하였다. 예를 들면, 원사업자의 하도급업체에 대한 부당 경영정보 요구와 전속거래강요를 금지하였고, 가맹사업법과 대규모유통업법에 보복조치 금지와 3배 손해배상제도를 도입하였다. 또한 향후 계획으로 편의점 가맹사업 분야에서 개점, 운영, 폐점 등 모든 단계를 망라한 개선방안을 업계와 협력하여 자율규약을 제정하여 운영하기로 하였다. 예를 들면, 개점단계에서 점포별 예상수익에 관한 정확한 정보 제공, 운영단계에서 부당한 영업지역 침해금지, 폐점단계에서 영업부진 점포에 대한 위약금 감경·면제 등을 하는 것이다.

공정경제의 대표적인 정책으로 "동반성장 프로그램"이 있다. 동반성장위원회는 2010년 12월 13일 출범하여 대기업과 중소기업 간의 사회적 갈등문제를 발굴하여 민간부문의 합의를 도출하는 역할을 수행하고 있다. 이 위원회는 동반성장지수 산정·공표, 중소기업적합업종 지정·공표, 전문인력유출 심의위원회, 성과공유제 등

---

2) 앞의 자료.

의 업무를 한다. 이 중 '성과공유제도'는 「대·중소기업 상생협력 촉진에 관한 법률」 제8조에 따른 수탁기업이 원가절감 등 수탁· 위탁기업 간의 합의한 공동목표를 달성할 수 있도록 위탁기업이 지원하고 그 성과를 수탁·위탁기업이 공유하는 계약모델을 말한 다.[3] 예를 들어, KT는 20년간 통신용 전원공급장치를 공급해 온 우수협력사인 ㈜동아일렉콤과 성과공유제를 통해 2012년 6월 기 존에 공급하던 LTE RU용 정류기를 개량하여 1대의 정류기로 3대 의 RU에 전원을 공급할 수 있는 "LTE RU 전원공급시스템 개선"과 제를 추진하여 설치비용과 운용비용의 42% 원가절감을 하였다. ㈜ 동아일렉콤은 성과공유제를 통해 KT로부터 2년간 구매물량 30% 를 우선 배정받아 매출증대는 물론 장기적인 협력관계를 구축할 수 있었다.[4]

또 다른 정책으로서, 금융위원회는 대출금리가 부당하게 산정되 어 부과되지 않도록 개선방안을 제시하였다. 예컨대, 은행의 대출 업무 운영에 대한 내부통제를 강화하고, 대출계약 체결 시 "대출금 리 산정내역서"를 제공하게 하며, 대출금리 비교공시를 확대하는 것이다.

또한 중소벤처기업부는 2018년에 대기업이 먼저 지원하면 정부 가 후원하는 민관 상생협력 모델을 도입하기 위하여 "상생형 스마 트공장" 구축을 추진하였다. 즉, 정부와 대기업이 각기 30%씩 구축 비용을 부담하고 대기업이 멘토링을 하여 중소기업의 생산성을 향 상하고 불량률과 원가를 감소하는 것이다. 또한 삼성 C-lab, 현대차 제로원 등 40개사가 대기업의 사내벤처 육성프로그램을 신설하고, 상생형 R&D 자금 6,440억 원을 조성하여 중소기업을 지원한다.

---

3) 성과공유제 종합관리시스템, 〈https://benis.or.kr/index.do〉
4) 동반성장위원회, 「동반성장 우수사례집: 동반성장 함께하면 멀리 갑니다」, 2012, 116면.

또한 공정거래위원회는 하도급 분야 갑질 근절을 위해 업계 스스로 이행할 방안을 범정부 차원에서 종합대책을 마련한다. 특히 계약체결 단계에서 서면미교부, 공개입찰 후 추가적인 단가인하 등 잘못된 관행을 바로잡고, 계약이행 단계에서 납품단가 약정인하(Cost Reduction) 등의 명목으로 부당하게 단가를 인하하지 못하도록 근본적인 방안을 마련할 계획이다. 그리고 골목상권 보호를 위해 2018년 6월 생계형 적합업종을 법제화를 통해 기반을 마련하였다. 향후 골목상권 보호를 위해 대규모점포가 지역상권에 미치는 영향을 객관적이고 구체적으로 평가할 수 있도록 상권영향평가 제도를 개선하는「유통산업발전법 시행규칙」개정을 추진하고자 한다.

제2절 지식재산에 있어서 공정경제

Ⅰ. 지식재산권의 개념

1. 지식재산의 개념

'지식재산(Intellectual Property)'이란 인간의 창조적 활동 또는 경험 등에 의하여 창출되거나 발견된 지식·정보·기술, 사상이나 감정의 표현, 영업이나 물건의 표시, 생물의 품종이나 유전자원(遺傳資源), 그 밖에 무형적인 것으로서 재산적 가치가 실현될 수 있는 것을 말한다.[5] 그리고 지식재산권(Intellectual Property Rights)은 인간의 지식 활동의 성과로 얻어진 창작물에 대하여 부여되는 배타적 독점권이다. 발명이나 예술작품은 우리의 생활에 편리함을 제공해 주고 삶을 풍요롭게 해 주는데, 그 이면에는 발명자나 창작자의 투자와 땀의 노력이 있었기 때문이다. 지식재산권법은 발명자와 창

---

5)「지식재산기본법」(법률 제10629호, 2011. 5. 19. 제정) 제3조 제1호.

작자에게 특허권, 저작권, 상표권 등과 같은 독점배타적 권리라는 인센티브(incentives)를 제공함으로써 이들의 창작의욕을 고취시키고 궁극적으로는 과학기술과 문화의 발전을 도모하고 있다. 이러한 무형의 재화는 재생산함에 있어서 비용이 소요되지 않으므로 부가가치가 매우 높은 재화라고 할 수 있다. 지식재산법은 이러한 창작활동을 통해 창출된 기술과 콘텐츠를 보호하는 법률로서 기업과 국가의 경쟁력과 직결된다. 이처럼, 지식재산은 사람으로 따지면 기초체력에 해당되는 국력이라고 할 수 있다.

하늘 아래 완전히 새로운 것이 없듯이 특허, 저작권 등 대부분 지식재산은 선인들이 쌓아 놓은 지식과 문화유산에 대한 학습과 경험을 통해서 창출된 것이기 때문에 일정한 공익성을 지닌 제한된 권리라고 할 수 있다. 또한 지식재산권은 발명과 창작을 증진시키는 역할을 하지만, 반드시 공공의 이익을 전제로 하여 존재하므로 대부분의 지식재산권은 보호기간에 제한이 있어 그 기간이 만료되면 만인의 공유(public domain)로 만들어 누구나 자유롭게 사용할 수 있게 된다.

2. 지식재산의 종류

지식재산권은 크게 산업재산권, 저작권, 신지식재산권으로 나눌 수 있다. 우선 산업재산권은 산업에 널리 이용되는 상품 또는 서비스에 포함되는 무형의 재화로서 특허권, 실용신안권, 디자인권, 상표권이 여기에 속한다. 저작권은 인간의 사상이나 감정을 표현한 창작물에 대해 주어지는 배타적 권리로서 소설, 연극, 미술, 영화, 음악 등과 같이 문학·학술 또는 예술의 범주에 속하는 창작물과 함께 컴퓨터프로그램, 데이터베이스 등과 같은 기능적 저작물도 보호하고 있다.6)

6) 지식재산의 종류와 관련하여 손승우, 「지식재산권법의 이해」(제3판), 동방

한편, 경제·사회 또는 문화의 변화나 과학기술의 발전에 따라 새로운 분야에서 출현하는 지식재산이 있는데, 이를 '신지식재산'이라 한다. 신지식재산의 경우 그 보호의 필요성이 인정되면 기존의 법체계에서 포섭하거나 해당 지식재산의 특이성을 고려하여 새로운 법률을 제정하여 보호하기도 한다. 이처럼 사회가 발전하면서 지식재산의 대상은 점차로 확대하고 있다.

예를 들면, 고도의 기술에 적용되는 반도체칩의 배치설계에 대해서 기존의 특허법이나 저작권법으로 보호하기에는 충분하지 않아 「반도체집적회로의 배치설계에 관한 법률」을 제정하여 보호하는 경우라든지, 창작성이 없어 저작물로 보호받기 어려운 콘텐츠이지만 상당한 노력으로 제작되었다면 「콘텐츠산업 진흥법」에서 5년간의 보호를 하는 경우가 있다. 그리고 출처표시와 일정한 품질을 나타내는 기능을 갖는 지리적 표시를 「상표법」에서는 '지리적 표시 단체표장' 및 '지리적 표시 증명표장' 제도로 포섭하고 있다. 나아가 도메인이름, 영업비밀, 식물의 새로운 품종 등에 대해서도 지식재산권의 보호를 확대하고 있으며, 최근에는 전통지식, 유전자원, 생명자원, 그리고 타인의 성명이나 초상 등을 상업적으로 이용할 수 있는 권리인 퍼블리시티권(right of publicity) 등 새로운 유형의 지식재산에 대해서 새로운 보호 체계를 마련하기 위해 국내외적으로 논의가 진행 중이다.

지식재산의 보호 문제는 개별 국가에 따라 조금씩 다른 모습을 띠고 있으나 큰 틀에서는 유사한 모습을 보인다. 이는 FTA(Free Trade Agreement)와 같은 양자 간 협상이나 WTO/TRIPs 등과 같이 다수 국가가 참여하는 다자간 협상을 통하여 보호의 기준을 정하기 때문이다. 예를 들면, 2007년 타결된 한미 FTA에 따라 우리나라는 미국 영화제작사인 MGM의 영화 도입부에서 들려주는 사자울음 소

문화사, 2019, 5-7면 참조.

리나 실이나 잉크에서 나는 향기와 같은 냄새에 대해서도 상표권으로 보호할 수 있도록 하였고, 또한 2011. 6. 30. 한·EU FTA 이행을 위한 법률에서는 저작권의 보호기간을 저작자의 생애동안과 사후 50년이던 것을 20년간 더 연장하게 되었다. 또한, 지식재산권 보호에 관한 국제적 통일화 작업은 산업재산권에 관한 기본조약인 파리조약(1883), 저작권 보호에 관한 베른조약(1986), WIPO(세계지식재산권기구), WTO/TRIPs 등을 통하여 이루어지고 있다.

〈표 1-1〉 지식재산권의 종류

구분		보호 대상
저작권	저작권	인간의 사상이나 감정을 표현한 창작물(어문·영상·음악·미술·컴퓨터프로그램 등)(저작권법)
	저작인접권	저작물을 직접 창작한 자는 아니지만 실연자, 음반제작자, 방송사와 같이 저작물의 해석자 및 전달자로서 창작의 가치를 증진시키는 자들에게 주어지는 권리(실연·방송·음반)(저작권법)
산업재산권	특허권	자연법칙을 이용한 기술적 사상의 창작으로 고도한 것(산업상 이용가능성, 신규성, 진보성)(특허법)
	실용신안권	물품의 형상, 구조 또한, 조합에 관한 고안(작은 발명, 개량발명)(산업상 이용가능성, 신규성, 진보성)(실용신안법)
	디자인보호권	물품의 형상·모양·색채 또는 이들이 결합한 것으로 시각적으로 미감을 일으키게 하는 것(디자인보호법)
	상표권	나의 상품과 타인 상품을 식별하기 위하여 사용되는 기호, 문자, 도형, 소리, 입체적 형상, 홀로그램·동작 또는 색채 등으로 구성된 표시로서 상품의 출처를 나타내는 것(상표법)
기타 지식재산권	영업비밀	공공연히 알려져 있지 않고 독립된 경제적 가치를 가지는 것으로서 비밀로 관리된 생산방법, 판매방법 기타 영업활동에 유용한 기술상·경영상의 정보(부정경쟁방지 및 영업비밀 보호에 관한 법률)
	도메인이름	사용자의 입장에서 쉽게 이용할 수 있도록 숫자로 표현된 인터넷 주소 대신에 알파벳, 숫자 등 문자열로 나열된 주소(부정경

	쟁방지 및 영업비밀 보호에 관한 법률, 인터넷주소자원법)
반도체 집적회로 배치설계	반도체집적회로를 제조하기 위하여 각종 회로소자 및 그들을 연결하는 도선을 평면적 또는 입체적으로 배치한 설계(반도체 집적회로의 배치설계에 관한 법률)
식물 신품종	새로 육성된 식물품종을 각국이 공통의 기본적 원칙에 따라 보호하여 우수한 품종의 개발·유통을 촉진(느타리버섯, 영지버섯 등)(종자산업법)
콘텐츠	상당한 노력으로 제작하여 일정한 표시를 한 디지털콘텐츠(콘텐츠산업진흥법)
데이터 베이스	소재를 체계적으로 배열 또는 구성한 편집물로서 그 소재를 개별적으로 접근 또는 검색할 수 있도록 한 것(저작권법)
지리적 표시	출처의 표시와 일정한 품질 표시기능(농산물품질관리법·수산물품질관리법 및 상표법)
퍼블리 시티권	성명이나 초상 등을 상업적으로 이용할 수 있는 권리(판례)

II. 지식재산과 공정경제의 관계

공정경제의 문제는 과학기술이나 지식재산 분야에서도 대두된다. 우리나라의 과학기술정책은 그간 경제주의적 편향을 갖고 있기 때문에 생산성과 경쟁력이 강조되고 사회적 공정성이나 분배, 지속가능성은 상대적으로 소홀하였다.[7] 지식재산은 과학기술을 기반으로 하는 혁신경제의 핵심적 요소이다. 지식재산 분야에서 공정경제는 주로 '공정경쟁'의 문제를 해결하는 데 초점을 두고 있었다. 지식재산의 '공정경쟁' 문제는 일반적으로 지식재산권자의

---

7) Susan E. Cozzens et al., "A Framework for Analyzing Science, Technology and Inequalities: Preliminary Observations", *James Martin Institute Working Paper*, 3 April, 2007.

권리 남용행위와 관련되어 있으며, 공정거래법에 따라 규제를 받는다. 공정거래법과 지식재산권 간에는 항상 긴장 관계가 형성되어 왔는데, 그 이유는 전자는 경쟁 제한적 행위를 규제함으로써 공정한 시장질서를 유지하는 것을 목적으로 하는 반면, 후자는 발명자나 저작자에게 경쟁을 제한할 수 있는 일정한 권리를 부여하여 과학기술과 문화의 발전을 도모하는 것을 목적으로 하고 있기 때문이다. 그런데도 양자는 '소비자 복지의 극대화'와 '창조적 활동 및 공정한 경쟁의 촉진'이라는 공통된 경제적 목적을 공유하고 있다. '공정경제'는 공정하고 자유로운 경쟁질서를 바로잡는다는 점에서 '공정경쟁'과 맥을 같이하나, 경제·사회 분야의 '기울어진 운동장'을 바로잡고 중소기업 간 폐쇄적 수직계열화 구조를 열린 생태계로 전환하며, 소상공인과 근로자를 포함한 사회적 약자를 지원하고 분배와 복지의 개념을 함께 가진다는 점에서 공정경쟁보다 광의의 개념이라고 할 수 있다.

지식재산권은 R&D(Research and Development) 및 창작 활동과 같은 지적 활동에 대한 투자와 노력의 산물에 대해 법적 보호를 부여하고 있는데, 이를 거래상 우월적 지위에 있는 자가 무단으로 유용하거나 합리적인 보상을 제공하지 않는 사례가 발생하고 있다. 이러한 행위는 해당 사업자의 창작의욕과 기술경쟁력을 저하시키는 것은 물론 혁신성장을 제대로 발현할 수 없게 만든다. 지식재산 분야에서 공정경제의 문제는 ① 기술과 아이디어의 탈취, ② 발명에 대한 불합리한 보상, ③ 저작권료의 불투명한 분배, ④ 창작가치의 불인정, ⑤ 자동차 부품기업의 종속적 거래구조를 해결하려는 방안으로 디자인보호의 제한 등 다양한 형태로 발생하고 있다.

1. 기술과 아이디어 탈취

기술탈취는 대표적인 불공정행위이다. 하청업체인 중소기업은 갑을관계로 인해 대기업의 기술자료 요구를 거절하지 못한다. 기술탈취로 인해 경영이 악화하거나 심한 경우 폐업으로 이어지는 예도 있다. 2018년 2월 12일 중소벤처기업부는 특허청, 산업통상자원부, 공정거래위원회, 경찰청 등과 함께 중소기업 기술탈취 근절대책을 내놓았다. 2019년 9월 현재 모두 18개의 개선책 중 11개가 시행 중에 있다. 예를 들면, 기술임치 활성화, 기술자료 거래기록 등록시스템 도입, 기술탈취 징벌적 손해배상 강화, 중소기업기술침해행위 행정조사 조치 도입, 아이디어 탈취를 부정경쟁행위 유형으로 신설, 상시적 법률 지원을 위한 '공익법무단' 운영, 피해기업의 금융 지원 등이 있다. 그리고 아직 관련 법안이 국회에 계류 중이거나 준비 중인 것으로 대 · 중소기업 간 비밀유지협약서(NDA) 체결 의무화, 중소기업 입증책임 부담 완화, 중소기업 기술보호위원회 설치, 기술자료 정당거래를 위한 표준계약서 도입 등이 있다.

특히 2018년 4월 17일 「부정경쟁방지 및 영업비밀보호에 관한 법률」(이하, "부정경쟁방지법"이라 한다)을 개정하여 "아이디어 탈취"를 새로운 부정경쟁행위 유형(제2조 제1호 차목)으로 규정하고, 부정경쟁행위 조사 · 시정권고의 대상으로 삼았다. 차목은 "사업제안, 입찰, 공모 등 거래과정에서 경제적 가치를 가지는 타인의 기술적 또는 영업상의 아이디어를 그 제공목적에 위반하여 유용하는 행위"를 금지한다. 그간 기술탈취의 대상이 되었던 것은 '영업비밀'이 주를 이루었는데, 차목 신설로 그간 문제가 되었던 합법적인 거래교섭 또는 거래과정에서 발생하는 아이디어탈취를 규제할 수 있게 되었다.

한편, 2018년 12월 7일에 특허법과 부정경쟁방지법 개정안이 국회를 통과하였는데, 이 개정안에는 3배 손해배상제도와 침해행위에 대한 입증책임 완화를 위한 제도를 포함하고 있으며, 또한 특허와 영업비밀 분야에 세계 최초로 사법경찰권제도 등을 도입하는 큰 변화가 있었다.

「하도급거래 공정화에 관한 법률」(이하, "하도급법"이라 한다)은 원사업자의 수급사업자 기술자료 요구 및 유용행위를 원칙적으로 금지하고 있다. 또한, 「대·중소기업 상생협력 촉진에 관한 법률」(이하, "상생협력법"이라 한다)에서도 정당한 이유 없는 기술자료 요구를 금지하고 있으며, 양 법률 모두 3배 배상제도를 규정하고 있다. 우리나라 하도급업체는 매출액의 83.7%(2016년)를 원사업자에 대한 납품을 통해 창출하고, 중소기업 매출액의 약 40%가 하도급 관계에서 발생하는 것을 고려해 본다면 하도급에서 불공정거래 행위를 근절하는 것은 매우 중요한 일이라고 할 수 있다.

2. 발명에 대한 불합리한 보상

우리나라는 종업원의 개발의욕을 장려하고 기업의 이윤 창출을 도모하기 위하여 직무발명 보상제도를 도입하였다. 선진국과 비교하여 종업원이 고용계약 체결 시 보상문제 등에 대해 대등한 교섭력을 확보하고 있지 못한 상황에 있으며, 사용자 등은 직무발명을 급여에 대한 반대급부로 종업원의 노무의 산물이라는 인식이 만연하는 등 직무발명제도에 대한 인식이 부족한 편이다. 직무발명제도는 연구개발투자와 시설 등을 제공한 사용자와 창조적인 노력을 제공하여 발명을 한 종업원 사이에서 합리적인 이익배분을 함으로써 종업원의 개발의욕을 장려하고 기업은 이를 사업화에 활용함으로써 이윤을 창출하고 기술개발(R&D)에 재투자할 수 있으며 궁극적으로는 국가 산업발전에 이바지할 수 있다. 그런데 그간 정부의 노력에도 불구하고 중소기업의 직무발명보상제도 도입률이 여전히 저조하다. 2018년 기준으로 "직무발명보상제도 현황"에 따르면 전체 기업의 64.5%만이 직무발명보상제도를 도입하고 있으며, 그중 대기업 91.2%, 중견기업 85.2%가 직무발명 보상규정을 보유·활용하고 있는 것으로 조사되었다. 반면, 중소기업은 58.7%로 10곳 중 6곳만이 해당 제도를 운용 중이고 도입한 중소기업 대부분은 수도권에 편중되어 있다.

3. 저작권료의 불투명한 분배

우리나라는 "저작권위탁관리제도"를 도입하여 저작물 분야별로 저작재산권을 집중적으로 관리해 주고 있다. 권리자는 자신의 저작물 이용에 대한 사용료 청구와 사용량 확인이 어렵고, 이용자는 저작재산권자를 확인하고 일일이 교섭하기가 쉽지 않으므로 저작권위탁관리제도를 통해 해결해 주고 있다. 위탁관리업은 다시 '저작권신탁관리업'과 '저작권대리중개업'으로 구분한다.

문체부는 음악 분야 4개 저작권신탁관리단체에 대해 2018년 업무점검 결과를 발표하였는데, 투명한 사용료·보상금 분배와 단체 운영의 무책임성이 문제되었다. 예를 들면, 허위자료를 통해 저작권료를 분배받거나 실제 사용한 것과 달리 부풀린 자료를 제출하더라도 신탁단체가 이를 검증하지 못하였다. 또한 일부 신탁단체 대표는 임기 전체 연봉 총액에 해당하는 성과급을 받아간 사례가 있고, 또한 특정인에게 보상금을 선지급하거나 자의적으로 보상금 산정 조정계수를 적용한 사례도 있었다.

이처럼 창작자의 권리를 체계적으로 관리하지 못해 권리자에게 미지급된 보상금이 무려 수십억 원 규모에 달하는 일도 있었다. 한국음악실연자연합회는 관리 중인 보상금 누적액 456억 원 중 미분배 보상금은 186억 원(40.9%)이고, 한국음반산업협회가 관리 중인 보상금 누적액은 397억 원이고 미분배 보상금은 69억 원(17.4%)이다. 더욱 문제가 되는 것은 신탁단체의 미분배 보상금은 저작권법에 따라 공익목적으로 사용할 수 있지만, 그 사용처를 알 수 없는 예도 있어 논란이 되고 있다.

4. 창작가치의 불인정

한국은 특허출원 수로 세계 4위를 차지할 정도로 지식재산 강국이지만 창작의 가치를 인정하지 않는 문제를 가진다. 우선 소프트웨어(SW) 분야에서 다음 두 가지 역사 이야기를 예를 들어 설명하고자 한다.[8] 16세기 중반 일본은 포르투갈 상인으로부터 조총과 화약을 사들였고, 이후 이를 기반으로 조선을 침략하였다. 17세기 일본은 전 세계 은 생산량의 3분의 1을 차지할 정도로 은 생산 강국이었는데, 16세기 전까지만 해도 일본은 은광석으로부터 은을 추출하는 제련기술이 부재하였다. 아이러니하게도 당시 첨단기술이었던 납을 이용한 은 제련 기술(하이후키법)은 1533년 경수와 종단이라는 조선의 두 기술자를 통해 일본 땅에 전해지면서 일본은 폭발적으로 은을 생산할 수 있게 되었고, 유럽의 상인들은 은을 사러 일본과 활발히 교류하였다. 그리고 일본은 조총과 화약을 은으로 구입한 것이었다.

한편, 도요토미 히데요시는 임진왜란을 일으키면서 조선의 도자기공을 잡아 오라고 명령했다. 최고의 명품 도자기를 굽기 위해 1300℃의 온도를 낼 수 있는 기술은 당대 최고의 기술이었고 세계적으로 중국과 조선만이 보유하고 있었다. 처음 일본에 잡혀 온 조선 도공은 도자기 굽기를 거부하였으나 오랜 기간 협상을 거치면서 2가지 조건하에 사무라이의 요구를 받아들였다. 하나는 조선에서 천민으로 취급받았던 도공에게 중상급 이상의 높은 벼슬을 보장해 주는 것이었고, 다른 하나는 조선 여자들과만 혼인하는 것이었다. 결국 일본은 조선의 은 제련기술과 도자기 기술을 전수받아 유럽 시장을 지배하고 엄청난 부를 축적하였고, 이러한 경제성장을 기반으로 조선 침략과 태평양전쟁의 발판을 만들었다.

오늘날 한국의 SW개발자를 보면 앞선 역사적 실수가 자꾸 마음에 걸린다. 소프트웨어는 혁신성장의 핵심적 요소로서 모든 산업에 적용되고 부가가치가 높은 영역으로서 제조업에 비해 무려 2배

---

8) 이하, 이 글은 손승우, [시론] SW개발자를 '창작자'로 대우해야 국가가 흥한다, 아시아경제, 2019. 7. 8. https://news.naver.com/main/read.nhn?mode=LSD&mid=sec&sid1=101&oid=277&aid=0004497579〉

에 달하는 높은 고용효과를 가진다. 최근 5대 미래유망 분야별 일자리 규모를 분석한 연구결과를 보면, 2025년까지 창출되는 일자리 중 약 54%(14만여 개)가 SW분야로 전망된다. 그러나 우리의 현실을 돌아보면 장래가 밝지만은 않다. 소프트웨어는 저작권을 비롯한 지식재산권으로 보호를 받고 있지만, 국내 SW 프로그래머는 '창작자'로서 대우받기보다는 단순한 개발자로 취급될 뿐 그 창작에 대한 가치를 인정받지 못하고 있다. 이러한 이유로 국내 SW시장(약 12조 원)은 지난 10여 년간 세계시장 1% 안팎에 머물러 있고, 산업 경쟁력은 뒤처지고 있다.

4차 산업혁명과 같이 급변하는 이 시대에 대응하고 성장하려면 무엇보다 우수한 인재를 확보하는 것이 가장 핵심이다. 미국, 중국, 독일, 영국, 일본 등 주요국들은 좋은 SW인재를 영입하고 전문인력을 양성하기 위해 혈안이 되어 있다. 중국 최대 검색엔진 바이두(百度)는 3년간 10만 명의 인공지능 인재를 양성할 계획이다. 영국과 프랑스 등은 미래기술 분야의 SW 인재 양성을 위해 대규모로 투자하고 있다.

우리나라는 SW강국을 표방하면서 올해부터 초등학교 SW교육을 의무화하고 SW중심대학 사업을 추진하고 있으나, 정작 SW업계는 낮은 급여와 열악한 근무환경으로 이직률이 높은 것이 현실이다. 더욱 심각한 문제는 우수한 인재들이 소프트웨어를 멀리하고, 고급 프로그래머들은 대우가 좋은 미국, 일본 등으로 유출되는 반면, 국내에서는 부족한 일손을 인도, 중국 등으로부터 영입하고 있다.

대한민국의 망가진 SW산업 생태계를 바로잡기 위해서는 우수한 인재들이 소프트웨어를 하고 싶은 환경을 만들어야 한다. 근본적으로 소프트웨어는 창작의 결과물이며 그 가치를 인정하려는 접근이 필요하다. 국내 SW시장에서 공공과 금융이 차지하는 비중이 무려 60%에 달하는 만큼, 국회와 정부는 공공사업 예산을 무분별하게 삭감해서는 안 되며, 발주처는 불합리하게 대가를 산정하거나

과업범위를 변경하지 않아야 한다. 또한 특별한 이유가 없다면 지
식재산권을 원칙적으로 기업에게 돌려주어 영업을 자유롭게 할 수
있도록 하고, SW저작권 보호를 강화하기 위한 법제도(예, 사적 복제
의 제한 등)의 개선이 있어야 한다.

5. 대체부품 활성화와 디자인 보호 문제

우리나라는 중소기업이 중간재를 생산하여 대기업에 납품하면
대기업이 최종재를 생산하는 종속적 분업 구조를 지니고 있다. 이
로 인해 대기업은 중소기업을 협력의 대상이 아닌 비용 절감의 대
상으로만 여기고 여러 가지 불공정행위를 해 왔다. 이러한 종속적
관계는 자동차 부품시장에서도 나타난다.

우리나라 자동차 부품기업은 하나의 자동차제조사와 종속적인
거래구조를 가지고 있어서 대체부품 시장이 활성화되지 못하고 있
다. 대체부품 활성화를 위해서「자동차관리법」에 따라 인증제도를
도입하였으나 대체부품은 디자인보호를 받고 있어서 인증된 대체
부품을 사용할 경우 디자인권침해로부터 자유롭지 못하게 된다.
이에 정부는 대체부품 사용 활성화를 위하여「디자인보호법」개정
을 통한 자동차 디자인 보호기간 단축이 제시되고 있다. 또한 대체
부품에 대하여 디자인권의 효력을 제한하는 수리조항 도입을 위한
입법적 논의가 전개되고 있다.

제 2 장

기술유용과 보호

제1절 기술유용행위의 개념과 기술보호법의 체계

Ⅰ. 기술유용행위의 개념

1. 기술유용행위의 규제 필요성

가. 공정경쟁 생태계 구축

기술유용행위의 규제 필요는 두 가지 관점에서 생각해 볼 수 있다. 우선은 불공정한 거래행위를 근절하고 공정경쟁의 생태계를 구축하기 위한 것이다. 대기업이 수탁 거래업체에 기술자료를 요구하는 행위는 오래전에 굳어진 관행이다. 이는 소위 '갑'의 요구에 '을'이 거절하기 힘든 거래구조 때문이다. 중소기업은 심지어 기술을 빼앗기고도 향후 관계가 끊어질까 두려워 아무런 조치를 하지 못한다. 예를 들어, 1998년부터 2016년까지 현대중공업에 피스톤을 독점 공급해 오던 삼영기계는 최근 3년간 기술탈취로 막대한 피해를 입었다고 주장한다. 삼영기계는 2016년 현대중공업의 요구로 부품제조공정도와 제품검사기준서 등 기술자료를 현대중공업에 제출했다. 삼영기계에 따르면 현대중공업이 요청 자료를 제공하지 않으면 양산 승인이 취소될 수 있다며 제출을 강요했다는 것이다.[1]

다른 예로서, BJC는 2013년 8월부터 현대자동차에 십여 년간 거래해 온 자신의 기술을 탈취당했다. BJC는 미생물 전문업체로서 미생물을 활용하여 자동차 도장공장의 순환수의 악취 저감 등의 우수한 기술을 보유하고 있는 중소기업이다. 기술자료를 획득한 현대자동차는 심지어 경북대학에 BJC 기술을 제공한 후 특허까지 출원하고, BJC와 거래를 일방적으로 중단했다.[2] BJC는 해당 특허등록이

---

[1] "혁신 성장 가로막는 기술탈취", 매일경제, 2018. 10. 12.
[2] 최용설, "BJC 기술탈취(현대자동차) 피해사례", 2019년 중소기업 기술보호 컨

공개되고 난 후 해당 기술이 무단으로 유용되었다는 사실을 알게
되었다. BJC는 중소기업기술분쟁조정위원회에 현대자동차를 상대
로 기술탈취에 대한 조정신청을 하여 3억 원의 배상의 조정안을 받
았고, 경북대학에 대해서도 1억 원의 배상 조정안을 받았다. 조정
절차에서 BJC는 결정적인 증거로서 자신의 기술자료를 무단으로
사용하여 작성한 현대자동차 직원의 논문을 찾아냈고, 해당 직원은
논문 내용을 그대로 특허등록에도 사용한 사실을 입증하였다.[3]

또한 BJC는 2년에 걸친 국정감사 등을 통하여 현대자동차의 기술
탈취에 대한 중요한 증거를 수집할 수 있었다. 특허청은 현대자동
차의 해당 특허등록을 무효로 판단하였고, 현대자동차가 불복하여
항소하였으나 특허법원과 대법원은 무효를 확정하였다. 또한 특허
청은 현대자동차의 기술탈취 행위가 부정경쟁행위에 해당한다고
시정권고 결정을 내렸다. 그러나 민사 1심에서 현대자동차의 주장
이 받아들여져 BJC는 패소하였고, 이후 항소하여 현재 항소심이 진
행 중이다. 한편, BJC는 2016년 2월 공정거래위원회에 하도급법 위
반 혐의로 현대자동차를 신고하였는데, 공정거래위원회는 기술유
용행위에 강제성이 있다는 증거가 없다는 이유로 무혐의 처분하였
다. 2017년 6월에 BJC는 공정거래위원회에 다시 현대자동차를 신
고하였고 국정감사에서 해당 사건에 대한 지적이 나오고 사회적 관
심이 높아지자 재조사를 결정하였다. 현재 이 사건은 민사재판의
하도급법 관련 결과를 참고하고자 최종 결정을 유보한 상태이다.

최근 5년간 중소기업 기술탈취 피해 현황을 살펴보면, 2018년 중
소기업의 기술유출 건수는 78건으로 전년 대비 20건 증가했다. 다
만, 피해액은 1,022억 원으로 전년도의 1,097억 원에 비해 소폭 줄
었다.[4] 정부는 기술탈취 및 불공정거래 행위를 근절하고 공정경제

퍼런스, 중소벤처기업부 · 대중소기업농어업협력재단, 2019. 8. 26., 4~5면.
3) 최용설, 위의 발표문, 7면.

생태계를 구축하기 위하여 범정부적 협업과 법제도 개선을 지속해서 추진하고 있다.5)

나. 국가 간 '정보' '기술' 선점 경쟁

기술유용행위를 규제하는 다른 이유는 혁신성장의 시대에 '기술'은 경제성장의 핵심이므로 국가 간 경쟁 속에 우위를 선점하기 위해서 다른 국가 또는 해외 기업의 기술유용행위를 규제한다. 오늘날 첨단기술의 발달로 국가 간의 경쟁은 정보와 기술경쟁 중심으로 변화하고 있다. 각국은 권력의 원천인 '정보'와 '기술'을 선점하기 위해 치열하게 경쟁하고 있다. 미래학자 앨빈 토플러는 "산업스파이는 21세기에 가장 큰 사업 중의 하나이며 결코 사라지지 않을 것"이라고 말했다. 국가핵심기술을 비롯한 산업기술의 유출은 국가안보와 국민경제에 큰 영향을 줄 뿐만 아니라 미래 국가경쟁력을 좌우하게 된다. 글로벌 경쟁시대에 있어서 세계 각국은 경쟁 우위를 차지하기 위하여 상대기업과 국가의 산업정보를 획득하기 위해 수단과 방법을 가리지 않고 있다. 우리나라의 산업기술 수준이 세계적 수준으로 성장하면서 개발도상국과 선진 경쟁기업들은 국내 기업과 대학 및 국책연구소의 첨단 산업기술과 경영정보를 부정한 방법으로 유출하려는 사례가 매년 증가하고 있으며, 그로 인한 피해액 규모도 수조 원에 이르고 있어 심각한 국부의 손실이 발생하고 있다. 산업기밀보호센터의 통계에 따르면 2003년부터 2014년까지 산업스파이 적발실적은 총 438건이며, 2011년부터 2017년까지 해외 기술유출은 166건으로 기술경쟁력이 높아질수록 산업스파이도 증가하는 것으로 나타났다.

국가핵심기술의 유출 사례로서 최근 국가 R&D사업으로 30년간

---

4) "중소기업 기술 한 해 78건 유출됐다…피해액 1022억원", 경향신문, 2018. 10. 2.

5) "중기부-대검, 기술탈취 및 불공정거래 근절로 공정경제 '초석'", 연합뉴스, 2019. 5. 31.

215억 원의 연구비를 지원받아 세계에서 3번째로 상업화에 성공한 '파라 아라미드(헤라크론 섬유)' 기술이 외국 경쟁사로 유출된 사건이 있었다. 아라미드는 강철보다 5배나 높은 강도와 500도의 열을 견딜 수 있어 방탄복, 고성능 타이어, 건축자재 등으로 상용화될 수 있어 시장성이 뛰어나며, 전 세계 시장규모만 40조 원에 육박할 것으로 전망되는 고부가가치 기술이다. 동 기술유출 사건으로 해당 기업은 '국내 아라미드 섬유 생산 1위 업체'라는 위상에 큰 타격을 받았고, 국가적으로도 국부유출이라는 심각한 피해를 입었다.

2015년 초에는 LG디스플레이 유기발광다이오드(OLED) 기술이 유출되는 사건이 있었다. 지난 2012년에는 국가핵심기술로 지정된 아몰레드(AMOLED) 기술이 이스라엘 검사장비 납품사를 통해 해외로 유출된 사례도 있었다. 아몰레드(능동형 유기발광 다이오드 패널)는 응답속도가 LCD보다 1000배 이상 빠른 기술로서 그 가치가 90조 원대로 평가되고 「산업기술의 유출방지 및 보호에 관한 법률」에 의해 국가핵심기술로 지정되었다. 특히 충격적인 사실은 이 기술이 해외 경쟁사인 중국 BOE사에 넘어간 정황이 일부 확인된 점이다. 검찰에 따르면 디스플레이 검사장비 납품업체의 한국지사 직원은 점검장비를 이용해 생산 중인 아몰레드 패널의 불량부위를 확인하던 중 감시가 소홀한 틈을 타 점검장비 카메라로 회로도 사진 10~20장을 촬영한 것으로 조사되었다.

2. 기술유용행위의 개념

기술유용행위를 현행법상 직접 규정하고 있는 것은 「상생협력법」제25조 제2항이다. 동조는 위탁기업의 준수사항 중 하나로서 기술자료의 유용행위를 금지하고 있는데, 즉 "위탁기업은 정당한 사유가 있어서 수탁기업에게 기술자료를 요구할 경우에는 요구목적, 비밀유지에 관한 사항, 권리귀속 관계 및 대가 등에 관한 사항을 해당 수탁기업과 미리 협의하여 정한 후 그 내용을 적은 서면을 수탁기업에게 주어야 한다. 이 경우 위탁기업은 취득한 기술자료를 정당한 권원(權原) 없이 자기 또는 제3자를 위하여 유용하여서는 아니 된다."고 규정하고 있다. '유용(流用)'한다는 것은 어떤 것을 딴 데로 돌려쓴다는 것을 의미하므로 기술자료를 본래의 목적에 사용하지 않고 정당한 권원이 없이 자기 또는 제3자를 위하여 사용하는 것으로 부당성이 인정된다.

한편, '기술유용'과 유사한 뜻으로 다른 법률에서는 '기술침해'라는 용어도 사용하고 있다. 예를 들어, 「중소기업기술 보호 지원에 관한 법률」(이하, "중소기업기술보호법"이라 한다) 제2조 제3호에서 "중소기업기술 침해행위"를 정의하고 있는데, 첫째, 공공연히 알려져 있지 아니하고 합리적인 노력에 의하여 비밀로 관리되는 중소기업기술(이하 "침해대상 중소기업기술"이라 한다)을 부정한 방법으로 취득·사용 또는 공개(비밀을 유지하면서 특정인에게 알리는 것을 포함한다. 이하 같다)하는 행위, 둘째, 위 행위가 개입된 사실을 알고 침해대상 중소기업기술을 취득·사용 또는 공개하는 행위, 셋째, 위 행위가 개입된 사실을 중대한 과실로 알지 못하고 침해대상 중소기업기술을 취득·사용 또는 공개하는 행위 등이 있다. 이는 부정경쟁방지법상 규정하고 있는 "영업비밀 침해행위" 유형과 흡사한 모습이라고 할 수 있다(동법 제2조 제3호).

한편, 「산업기술의 유출방지 및 보호에 관한 법률」(이하, "산업기술보호법"이라 한다) 제14조에서는 산업기술의 "유출" 및 "침해"행위를 규정하고 있다. 그 구체적인 행위 유형은 「부정경쟁방지법」상 "영업비밀 침해행위"와 유사하나, 국가핵심기술의 수출통제 위반행위를 규정하고 있다는 점에서 차이가 있다. 또한 「방위산업기술 보호법」에서도 제10조에서 방위산업기술의 유출 및 침해 행위를 금지하고 있는데, 그 유형은 「중소기업기술보호법」상의 유형과 거의 일치한다.

II. 기술보호법의 체계와 특징

1. 직접적 보호법

기술보호법은 직접적 보호법과 간접적 보호법으로 구분할 수 있다.

전자에는 「부정경쟁방지법」, 「산업기술보호법」, 「중소기업기술보호법」, 「방위산업기술보호법」이 있다. 이 법들은 기술자산을 보호 대상으로 하며, 「중소기업기술보호법」을 제외하곤 규제적 성격을 띠고 있다. 다만, 「중소기업기술보호법」은 법률의 명칭에서 보듯이 지원적 성격을 가진 법률이나, 최근 중소기업기술 침해에 대한 행정조사 및 시정권고 제도를 도입하면서 규제적 성격을 일부 포함하게 되었다. 이 책은 공정경쟁과 지식재산 관련된 내용을 다루고 있으므로 직접적 보호법 중에서 「부정경쟁방지법」과 「중소기업기술보호법」을 중심으로, 그리고 간접적 보호법 중에서 「하도급법」을 중심으로 소개하고자 한다. 이들 법률은 거래상 우월적 지위에 있는 기업이 열악한 중소기업을 상대로 기술을 유용하는 행위를 주로 규제하거나 기술경쟁력이 부족한 중소기업의 기술보호 지원을 주된 내용으로 하고 있다. 반면 「산업기술보호법」과 「방위산업기술보호법」은 국가안보와 국민경제에 영향을 줄 수 있는 영역의 기술을 대상으로 산업스파이를 규제하는 데 무게 중심을 두고 있다.

2. 간접적 보호법

다음으로 간접적 보호법에는 「발명진흥법」, 「하도급법」, 「대·중소기업 상생협력 촉진에 관한 법률」(이하, "상생협력법"이라 한다), 지식재산권법(「특허법」, 「실용신안법」, 「상표법」, 「디자인보호법」, 「저작권법」 등), 「형법」 등이 있다. 간접적 기술보호법은 기술자산을 직접적이고 주요하게 다루고 있지 않으나 각 법률에서 기술보호를 위한 일부 제도를 두고 있어 간접적으로 기술보호를 지원하고 있다.

3. 처벌 강화

국가핵심기술의 해외 유출은 국가안보 및 국민경제에 중대한 영향을 미친다. 또한 국내적으로도 거래상 우월적 지위에 있는 대기업이 중소기업의 기술을 탈취할 때는 중소기업의 기술경쟁력이 저하하고 공정경제 생태계가 무너지게 된다. 이로 인해, 최근 정부는 일련의 기술보호 관련 법률을 개정하여 침해행위에 대해 형사처벌을 강화하고 증액된 손해배상제도를 도입하였다. 예를 들어, 「방위산업기술 보호법」은 방위산업기술을 외국에서 사용하거나 사용되게 할 목적으로 방위산업기술을 침해하는 사람은 20년 이하의 징역 또는 20억 원 이하의 벌금을 물리도록 한다. 또한 부정경쟁방지법은 영업비밀을 해외로 유출하는 경우에는 15년 이하의 징역 또는 15억 원 이하의 벌금에 처하도록 한다. 그리고 「산업기술보호법」은 국가핵심기술을 외국에서 사용하거나 사용되게 할 목적으로 부정한 방법으로 산업기술을 유출하는 행위에 대해서는 3년 이상의 유기징역에 처하고 15억 원 이하의 벌금을 병과할 수 있도록 규정하고 있다.

4. 징벌적 손해배상제도

한편, 기술침해로 손해를 입은 자에 대해 손해액의 3배까지 인정해주는 제도가 최근 여러 법률에 도입되고 있다. 2011년에 하도급법에서 원사업자가 수급 사업자의 기술자료를 유용하는 행위에 대해 3배 배상을 처음으로 도입한 이래로 2018년 12월에 「특허법」과 「부정경쟁방지법」에 고의적 특허침해 및 영업비밀침해에 대해서 3배 배상제도를 도입하였고, 2019년에 「산업기술보호법」에 3배 배상제도를 도입하였다. 심지어 2018년 11월 9일 권칠승 의원이 대표발의한 「상생협력법 개정법률안」에서는 위탁기업이 중소기업의

기술을 유용할 경우 그로 인해 발생한 손해액의 10배까지 배상할
수 있는 징벌적 손해배상제도를 포함하였다. 이는 천연자원이 부
족한 한국이 기술경쟁력을 중요하게 생각한다는 것을 의미하는 한
편, 우리 소송실무상 기술침해행위와 손해액을 입증하기 어려운 현

〈표 2-1〉 기술보호법의 체계

구 분		주요 내용
직접적 기술보호법	산업기술 보호법(산업통상 자원부)	· 산업기술보호에 관한 종합계획 수립 · 국가핵심기술의 지정 및 수출 신고/승인, M&A 신고 · 산업기술의 부정 취득 등 금지
	부정경쟁 방지법(특허청)	· 영업비밀 보호(기업, 개인, 공공기관 포함) · 영업비밀의 부정 취득 등 금지 및 처벌 · 3배 손해배상제도
	중소기업 기술보호법 (중소벤처 기업부)	· 중소기업기술 보호에 관한 종합계획 수립 · 기술자료 임치제도 활용 지원, 전담기관 설치 등 각종 지원 · 침해 행정조사 및 중소기업기술분쟁 조정 · 중재 제도
	방위산업 기술보호법 (국방부/방사청)	· 방위산업기술보호에 관한 종합계획 수립 · 방위산업기술 지정 및 대상기관의 보호체계 구축 및 지원 · 불법적인 기술유출 발생 시 처벌
간접적 기술보호법	발명진흥법 (특허청)	· 직무발명제도 · 사용자에 의한 직무발명 권리 승계와 개발자 보상
	하도급법 (공정거래 위원회)	· 원사업자의 수급사업자 기술자료 요구 및 유용 행위 금지 · 3배 배상제도
	상생협력법 (산업부/중기부)	· 기술자료 임치제도(기술탈취 방지) · 정당한 이유 없는 기술자료 요구 금지, 3배 손해배상
	지식재산권법 (다수 부처)	· 특허 · 실용신안, 디자인, 상표, 저작권 · 반도체배치설계, 콘텐츠, 신품종 등 신지식재산
	형법 (법무부)	· 절도죄/업무상 배임 · 횡령죄/증거인멸죄 등

실을 고려한 것이다. 특히 중소기업과 같이 법률 및 보안 전담 인력을 두지 못한 기업이 징벌적 손해배상을 통해서 전보배상(塡補賠償)을 실현하여 기술경쟁력을 갖도록 한 것이다.[6]

징벌적 손해배상제도는 주로 미국 · 영국 · 호주 · 뉴질랜드 · 캐나다 등 영미법계 국가를 중심으로 발전하였는데, 최근에는 우리나라, 중국, 대만 등 대륙법계 국가도 도입하는 추세이다. 이 제도는 주로 제조물책임이나 소비자 보호와 관련된 법률에 규정하고 있는데, 미국, 호주, 필리핀, 대만, 한국, 중국, 캐나다(판례) 등은 지식재산 분야에서도 도입하고 있다. 중국은 전리법(안) 및 상표법에 고의적 · 악의적 침해에 대해 최대 5배까지 손해배상을 인정하고 있다.

제2절 부정경쟁방지법상 영업비밀 보호[7]

Ⅰ. 영업비밀이란

영업비밀은 「부정경쟁방지 및 영업비밀보호에 관한 법률」에 의해서 보호받는데, 영업비밀이란 "공공연히 알려져 있지 아니하고 독립된 경제적 가치를 가지는 것으로서 비밀로 관리된 생산방법, 판매방법 그 밖에 영업활동에 유용한 기술상 또는 경영상의 정보를 말한다."(법 제2조 제2호) 따라서 영업비밀로서 보호받기 위해서는 ① 공공연히 알려져 있지 않을 것(비공지성), ② 비밀로서 관리되

---

6) 1997년~2016년까지 한국과 미국의 특허침해소송에서 "손해배상액 중간값"을 비교하면, 우리나라는 6000만 원인 반면 미국은 65억 7000만 원이다. 이는 한국과 미국의 GDP 차이를 고려하더라도 한국의 손해배상액이 미국의 것에 비교해 약 1/9 수준이다.

7) 본 절의 내용은 손승우, 「지식재산권법의 이해(제3판)」(동방문화사, 2019) Chapter 17 영업비밀 부분을 기초로 하여 작성된 것임을 밝힌다.

고 있을 것(비밀관리성), ③ 독립된 경제적 가치를 가진 것으로서 생산방법·판매방법 기타 영업활동에 유용할 것(경제적 유용성), ④ 기술상 또는 경영상의 정보이어야 한다.

이 법에 따라 보호받는 영업비밀은 기업은 물론 개인 및 비영리기관이 보유한 정보를 포함한다. 2013년 7월 30일 개정법 이전에는 이 법에 따라 보호받는 영업비밀은 기업 등 영리활동을 하는 법인이 보유한 것으로 한정되었다. 그러나 개정법률에서는 기업이 보유한 영업비밀은 물론 개인 또는 대학 및 공공연구기관 등 비영리기관이 보유한 영업비밀도 보호대상으로 포섭하였다.[8]

부정경쟁방지법은 이러한 영업비밀을 절취, 기망, 협박 기타 부정한 수단으로 취득하거나(부정취득), 근로계약 등에 의해 비밀유지 의무가 있는 자가 재직 중 또는 퇴직 후에 부정이익을 얻을 목적으로 영업비밀을 사용·공개하는 행위(비밀유지의무위반)를 침해행위로 규정하고 있다. 영업비밀 침해행위에 대하여 동법은 손해배상 청구, 금지·예방청구 및 강력한 형사처벌 등을 통하여 구제를 받을 수 있도록 하고 있다.

II. 영업비밀보호의 대상

영업비밀로서 보호받을 수 있는 대상은 크게 "기술상의 영업비밀"과 "경영상의 영업비밀"로 나눌 수 있다. 전자에는 기술적인 노

---

8) 2013년 7월 30일 이전의 「부정경쟁방지 및 영업비밀보호에 관한 법률」제18조 제1항에서는 "부정한 이익을 얻거나 기업에 손해를 입힐 목적으로 그 기업에 유용한 영업비밀을 외국에서 사용하거나 외국에서 사용될 것임을 알면서 취득·사용 또는 제3자에게 누설한 자는 10년 이하의 징역 또는 그 재산상 이득액의 2배 이상 10배 이하에 상당하는 벌금에 처한다."고 규정하고 있어서 영업비밀 침해에 대한 형사처벌 대상을 기업으로 한정하고 있음을 알 수 있다. 개정 법률에서는 영업비밀의 주체로서 기업을 삭제하고 "영업비밀보유자"로 규정하게 되었다.

하우나 산업상 기술이 보호대상이며, 구체적으로 시설 및 제품의 설계, 물건의 생산방법 및 제조방법, 공식, 실험데이터, 컴퓨터프로그램 등 정보가 해당되며, 후자에는 회사의 중장기 또는 단기 사업계획 및 주요전략, 재무, 생산예측, 주요 매뉴얼, 원가, 고객명부, 중요 인사정책, 제조비용견적 등에 관한 정보가 해당된다.

1. 기술상의 정보

가. 제품 및 장비

제품 및 장비가 모두 영업비밀이라고 볼 수 없지만 제품개발에 합리적인 노력과 비용이 투자되고 해당 업계에 널리 알려지지 않은 것으로서 역공정(reverse engineering)에 의해서 용이하게 그 내용을 파악할 수 없는 것이라면 영업비밀로서 보호받을 수 있다. 따라서 시중에 널리 시판되고 당해 제품을 분해하여 그 내재되어 있는 정보를 쉽게 파악할 수 있다면 당해 제품이나 제품에 투영된 정보는 영업비밀로 보호받을 수 없다. 이러한 정보는 특허로서 보호받는 것이 바람직하다.

또한 아주 제한된 주문에 의해 생산하여 판매하거나 리스로 공급하는 제품 또는 장비의 경우 상대방과 비밀유지계약 및 역공정 금지조건을 부여함으로써 영업비밀로서 보호하기도 한다. 그러나 역공정은 산업상 널리 적용되는 합법적인 방법임에도 이를 부당하게 계약으로 제한할 경우에는 불공정 조항으로서 무효가 될 수도 있으므로 주의해야 한다.

나. 설계도, 시설의 배치 및 제조공정

기계장치의 배치도, 제품의 설계도, 제조공정(도), 가공방법 등이 모두 영업비밀의 보호대상이 되지는 않지만 그것이 제품의 생산에 유용한 정보이고 다른 사람에게 알려지지 않도록 비공개로 유지된 것이라면 영업비밀로 보호받을 수 있다.

1969년 미국 뒤퐁사가 건설 중인 바몬드공장(메탄올 제조공장)을

경쟁사가 항공 촬영하여 '메탄올제조시설의 배치'정보를 획득하려
고 한 사건이 있었다. 이러한 시설 및 특수장비에 관한 정보를 대외
적으로 공개하지 아니하고 영업비밀로 보호하고자 할 때에는 그
시설 등과 그 지역을 통제지역으로 지정하고 근무자 이외는 접근
을 제한하여 영업비밀과 같이 관리하면 비밀이 될 수 있다.

다. 연구개발 보고서 및 실험데이터

연구개발과정, 결과보고서 및 연구에 사용된 데이터 등도 영업
비밀의 보호 대상이 될 수 있다. 따라서 경쟁사로부터 부정 취득한
임상실험데이터 등을 이용하여 실험 · 실습을 진행함으로써 R&D
투자비용을 절감하거나 연구기간을 단축하는 행위는 영업비밀 침
해에 해당된다. 주의해야 할 것은 연구에 성공하지 못하고 실패한
자료라도 경제적 유용성을 갖는 것이라면 영업비밀로서 보호받을
수 있다.

따라서 연구원 개인이 연구과정을 기록한 연구노트 등이 유출되
지 않도록 각별한 주의를 기울여야 하며, 또한 특허 출원을 준비 중
에 있는 경우에도 이러한 기술과정에 관한 정보 및 연구보고서는
영업비밀로 보호하여야 한다.

라. 물질의 배합 방법

의약품, 음료수, 음식, 향수, 커피 등의 원료나 성분의 배합방법(배
합비율, 배합의 순서, 열의 강도, 수분의 조절, 시간 등)이 역공정(reverse
engineering)에 의해 쉽게 알 수 없고 그 효능이나 맛이 경제적 가치
를 가지는 것이라면 영업비밀로서 보호받을 수 있다.[9] 대표적인 것
이 코카콜라의 톡 쏘는 맛의 비밀이다. 코카콜라 회사는 그 방법을
영업비밀로 간직하고 있는데, 현재 그 방법을 기록한 문서는 애틀랜

---

9) 최근 프랑스 법원은 특허 또는 노하우(know-how) 등 영업비밀로 보호받
  아 오던 "향수"의 저작물성을 인정하는 판결을 내렸다. 웹사이트 http://ww
  w.legifrance.gouv.fr; Lucas, André/Lucas, Henri-Jacques, Traité de la
  Propriété littéraire et artistique, 2.éd. Litec. 2001

타의 한 은행금고에 감춰져 있으며, 그것을 볼 수 있는 소수의 몇 사람 중 2명만이 현존하고 있다고 한다. 코카콜라의 제조방법을 알아내기 위해 펩시콜라를 비롯한 경쟁사와 화학자들은 80년 이상을 노력해 왔지만 결국 99% 이상을 알아내는 데 그치고 나머지 1% 미만의 구성요소와 배합비율을 밝히는 데에는 실패하였다고 한다. 코카콜라 회사는 그 유명한 1% 미만의 첨가물과 생산절차를 비밀로서 유지하기 위해 생산과정을 분리하고, 영업비밀 서약서 및 전직금지 서약서 등을 종업원과 체결하는 등 각고의 노력을 기울이고 있다.

마. 컴퓨터프로그램

컴퓨터프로그램은 일반적으로 「저작권법」으로 보호받고 있으나 영업비밀에 의해서도 보호받을 수 있다. 「저작권법」은 프로그램상의 '표현' 즉 원시코드를 보호하고 있지만 '아이디어'에 해당하는 알고리즘, 해법 등은 보호하지 않는다. 그러나 영업비밀에 의해서는 이러한 아이디어(알고리즘) 및 관련 기술자료도 함께 보호받을 수 있다. 영업비밀로 보호되는 정도는 소프트웨어 종류에 따라 달라질 수 있는데, 예를 들면, 공중에 널리 공개되어 유통되는 프로그램의 경우에는 영업비밀보호는 그다지 큰 역할을 하지 못할 수 있는 반면, 특정기업에 맞춤형으로 제작된 솔루션의 경우에는 영업비밀로 보호받을 가능성이 높다.

만일 영업비밀로 관리하고 있는 프로그램을 저작물로 등록하더라도 제출된 프로그램의 원시코드가 담긴 디스켓은 등록자의 입회하에 봉인되고 또한, 등록담당자에게는 비밀유지의무가 부과되어 있으므로 그 제출 뒤에도 여전히 영업비밀로서 보호받을 수 있다. 컴퓨터프로그램에 대한 저작권 보호기간은 저작자의 사후 70년이다. 프로그램을 영업비밀로 보호받기 위해서는 적어도 프로그램의 소스코드는 외부에서 접근할 수 없도록 하고 기업 내부적으로 영업비밀로서 관리되어야 한다. 일반소비시장에서 패키지로 판매되는 소프트웨어라도 구매자가 프로그램을 역분석하여 원시코드에 접근할 수 없도록 기술적 조치를 취할 필요가 있다.

바. 그 밖의 영업비밀

이 밖에도 자동차 디자인, 건축디자인 등 기능성이 있는 디자인, 아이디어, 공개 전의 특허 출원정보 등도 영업비밀이 될 수 있다.

2. 경영상의 정보

가. 경쟁회사가 보유하고 있지 않는 고객명부

고객명부는 영업활동에 중요한 정보로서 영업비밀의 보호대상이 된다. 그러나 영업비밀로 보호받기 위해서는 경쟁사가 보유하지 못함으로써 경쟁 우위를 유지해 주는 정도의 경제적 가치가 있어야 하며, 또한 합리적인 노력으로 경쟁기업이 알 수 없는 상태를 유지해야 한다. 따라서 이러한 주요 고객리스트를 부정 취득하거나 이를 이용하여 판촉활동을 하는 행위는 영업비밀을 침해하는 행위가 된다.

나. 기업의 주요 계획

기업의 중·단기 계획이나 경영전략, 신상품의 개발 및 판매계획, 투자계획, M&A 계획 등도 경쟁관계에 영향을 미치는 중요한 정보이므로 영업비밀의 보호대상이 된다.

다. 매뉴얼류

특정상품에 대한 고객의 성별·직업별·소득수준별·연령별·계절별 소비성향과 향후 소비추이를 예측할 수 있는 지표설정 등에 필요한 정보활동·마케팅활동 등에 관한 각종 매뉴얼 류도 영업비밀이 될 수 있다.[10] 그 밖에 제품의 생산·판매·원가산정 등에 대해 기업이 독자적으로 개발한 각종 매뉴얼 등도 영업비밀로서 보호받을 수 있다.

---

10) 황의창·황광연,「부정경쟁방지 및 영업비밀보호법」, 세창출판사, 2009, 180면.

라. 아이디어

기업이 독자적으로 소유하고 있는 영업상 아이디어도 영업비밀의 대상이 될 수 있다. 보호받는 아이디어가 완전히 새로운 것일 필요는 없지만 취득자에게 최소한 경제적 가치가 있는 것이어야 한다. 부정경쟁방지법상 영업비밀의 정의에서 알 수 있듯이 마케팅 개념(concept)이나 상품에 관한 아이디어는 성질상 마케팅이 개시되는 순간 일반에게 알려지게 되므로 영업비밀로 보호받기 어렵다.

한편, 아래에서 상술하는 바와 같이 2018년 4월 17일 「부정경쟁방지 및 영업비밀보호에 관한 법률」을 개정하여 '아이디어 탈취'를 새로운 부정경쟁행위 유형으로 규정하게 되었다(법 제2조 제1호 차목). 차목은 "사업제안, 입찰, 공모 등 거래과정에서 경제적 가치를 가지는 타인의 기술적 또는 영업상의 아이디어를 그 제공목적에 위반하여 사용하는 행위"를 금지할 수 있도록 한다. 이러한 아이디어 탈취는 합법적인 거래교섭 또는 거래과정에서 발생한다는 점에서 영업비밀 침해와 차이가 있다.

마. 기타 경영상 정보

그 밖에 상품의 가격산정기준, 급여의 산정, 재무경리, 경영분석 등 자료들도 공개될 경우 경쟁사에게 경제적 유용성이 있다면 영업비밀로 보호받을 수 있다.

III. 특허와 영업비밀의 차이

1. 법적 성질과 공개성

특허는 일정한 절차와 심사를 거쳐 획득되며 제한된 기간 동안 독점배타적 권리를 부여하고 그 보호기간이 만료된 이후에는 일반 공중이 이를 자유롭게 사용할 수 있도록 하고 있다. 따라서 특허권자는 정당한 권원 없이 제3자가 특허발명을 업으로서 실시하는 것

에 대하여 민·형사적인 조치를 취할 수 있다. 또한, 후술하는 바와
같이 특허는 출원 후 18개월이 지나면 공개되지만 특허권 획득 이
후에는 강력한 권리로 무단 사용을 제한할 수 있다.

반면 영업비밀은 사실상의 재산(de facto assets)으로서 비밀로 유
지하고 있는 상태 자체이므로 부정경쟁방지법은 영업비밀에 대하
여 어떤 권리를 부여하지 않으며, 다만 영업비밀을 부당한 방법으
로 침해하는 행위에 대하여 불법행위에 대한 채권적 지위를 발생
시킨다.11) 따라서 영업비밀은 이를 보유하고 있는 기업 스스로가
적극적으로 비밀로서 유지·관리할 것이 요구되며 부정한 수단에
의한 취득이나 비밀유지의무 위반의 경우에 법원에 구제청구가 가
능하다. 이와 같이 영업비밀은 특허권, 실용신안권 등 지식재산권
과 달리 독점배타적 권리를 가지지 못하므로 경쟁하는 두 회사가
동일한 내용의 영업비밀을 독자적으로 개발하여 동시에 각자 보유
할 수 있다.

2. 보호대상

특허는 자연법칙을 이용한 기술적 사상의 창작으로서 고도한 것
이므로 자연법칙·원리·기술에 관한 것만이 보호대상이 된다. 즉
기술적 노하우(know-how)에 한하여 특허를 받을 수 있으며, 판매정
보, 고객리스트 등과 같은 영업적 정보는 특허의 대상이 아니다. 반
면 영업비밀은 공공연히 알려져 있지 아니한 기술상 정보뿐만 아
니라 경영상의 정보까지 보호대상으로 하고 있으므로 영업비밀의
보호대상이 특허보다 넓다고 하겠다.

3. 절차 및 등록

특허를 받기 위해서는 엄격한 법적 요건을 구비하고 출원→출원

---

11) 황의창·황광연, 앞의 책, 165면.

공개→심사→등록 등의 일정한 법적 절차를 밟아야 한다. 따라서 기술적 know-how라도 특허요건을 갖추지 못한 발명은 보호를 받지 못한다. 반면 영업비밀 보호는 특허출원 등과 같은 요식행위를 요건으로 하지 않는다.

발명을 특허출원하여 등록하면 배타적 권리를 인정받지만, 그 발명이 심사결과 특허등록이 되지 못하면 특허로서는 물론 그 발명의 공개로 인하여 영업비밀로서도 보호받지 못한다. 따라서 자신의 영업비밀을 특허로서 보호받기 위해서는 특허출원 전에 변리사 등 전문가의 상담을 받는 것이 중요하다. 그리고 특허는 동일한 내용을 출원하면 특허청에서 거절되나 영업비밀은 서로 다른 기업이 동일·유사한 기술을 각각 비밀로서 유지, 관리하고 있는 한 동시에 보유할 수 있다. 그리고 특허는 등록을 효력발생요건으로 하지만 영업비밀은 그 성질상 등록제도가 존재하지 않는다.

4. 신규성

특허를 받을 수 있는 발명은 새로운 것이어야 한다(신규성). 즉 출원 시를 기준으로 출원발명이 기존에 공지된 발명과 동일성이 없어야 한다. 특허법 제29조 제1항에서, ① 특허출원 전에 국내 또는 국외에서 공지(公知)되었거나 공연(公然)히 실시된 발명, 또는 ② 특허출원 전에 국내 또는 국외에서 반포된 간행물에 게재되었거나 전기통신회선을 통하여 공중(公衆)이 이용할 수 있는 발명의 경우에는 신규성이 없다고 규정하고 있다.

그러나 영업비밀은 그러한 신규성을 요건으로 하지 않는다. 다만, 영업비밀로 보호받기 위해서는 영업비밀이 일반에게 알려져 있지 않은 상태에 있어야 한다. 만일 기업이 비밀로 유지·관리해 오던 영업비밀 기술과 유사한 기술을 경쟁업체가 개발하여 특허출원을 준비하고 있다는 소식을 접했다면 어떻게 대처해야 할까? 우선 영업비밀 보유 기업은 경쟁업체의 특허출원 전에 자신이 보유하고 있는 영업비밀을 먼저 공개하고 특허출원을 서둘러야 한다. 자신의 영업비밀을 공개함으로써 상대방 기술의 '신규성 결여'를 주장할 수 있다. 만일 경쟁업체가 먼저 특허출원을 한 경우 영업비밀 보유기업은 더 이상 신규성 결여를 주장할 수 없게 된다. 영업비밀이 비밀로 관리되는 동안은 비공지 상태이므로 경쟁자가 독자적으로 동종기술을 개발하게 되면 신규성이 있는 것이 된다. 또한 선출원주의에 따라서 경쟁업체의 출원 후의 영업비밀 보유자의 출원은 후원이 되어 특허등록을 받을 수 없게 된다. 다만, 경쟁업체가 부정한 방법에 의해 타 기업의 영업비밀을 취득하였다면 '모인출원'을 주장하여 등록을 취소시킬 수 있을 것이다.

5. 진보성

특허는 발명의 창작수준의 난이성을 요구하고 있는데 이것을 진보성이라 한다. 특허출원 전에 그 발명이 속하는 기술분야에서 통상의 지식을 가진 자가 판단할 때, 출원이 단순한 집합, 치환 등이 아닌 창작의 난이도를 갖춘 것이어야 한다(특허법 제29조 제2항). 대부분의 특허등록 거절이유가 이 진보성 요건을 만족 못하기 때문이다. 진보성은 목적의 특이성, 구성의 곤란성, 효과의 현저성의 3요소에 의하여 판단한다.

반면 영업비밀은 이러한 진보성을 갖추지 못한 경우라도 보호할 만한 충분한 가치가 있는 정보·기술이라면 보호받을 수 있다.

6. 보호기간

특허권의 존속기간은 특허권의 설정등록이 있는 날로부터 출원일 후 20년이다. 이 기간이 경과되면 만인의 공유(public domain)가 되어 누구나 자유롭게 이를 사용할 수 있다. 영업비밀은 그 자체가 비밀로서 유지되고 경제적 가치를 지니는 이상 보호기간의 제한을 받지 않고 독점적으로 이를 이용할 수 있다.

┌ 〈실험 · 역분석을 통한 영업비밀 사용〉 ─────────
│
│ 특허 등 지식재산권과 달리, 부정경쟁방지법은 독자적인 실험이나 연구를 통
│ 하여 알아낸 영업비밀을 상업적 목적으로 사용하는 것을 허용하고 있다. 산업
│ 계에서 경쟁사 기술을 분석하는 대표적인 방법으로서 역분석(reverse engin-
│ eering)이 있는데 이러한 분석방법은 부정경쟁방지법상 부정한 방법에 해당
│ 되지 않으므로 이를 통하여 경쟁사의 영업비밀을 알아낸 후 당해 영업비밀을
│ 사용하더라도 영업비밀 침해를 구성하지는 않는다.
└

Ⅳ. 영업비밀 보호요건

1. 비공지성

영업비밀로 보호받기 위해서는 영업비밀이 일반에게 알려져 있
지 않는 상태에 있어야 한다. 특히 영업비밀의 공개에 의하여 경제
적 가치를 얻을 수 있는 자(경쟁업체 또는 동종업체)에게 공공연히 알
려져 있지 아니한 상태를 유지해야 한다. 이러한 비공지성은 절대
적 비밀을 뜻하는 것이 아니므로, 만일 비밀보호자의 실수로 불특
정인에게 비밀이 유출된 경우라도 당해 정보를 이해할 수 있는 일
반 다수에게는 비밀로 유지된다면 비공지성은 유지되는 것으로 본
다. 또한 역분석으로 정보를 취득하는 데 장기간 및 상당한 비용이
소요되는 경우에는 비공지성이 인정된다.

┌ 〈Sarkes Tarzian v. Audio Devices 사건[12]〉 ─────────
│
│ 실리콘 정류기의 구성부품을 제조, 판매하고 있는 원고 회사의 종업원 8명이
│ 회사를 퇴직하여 피고 회사에 입사하였는데, 원고는 자사의 영업비밀을 알고
│ 있는 종업원을 고용한 것은 영업비밀 침해라고 주장하였다. 법원은 원고가
│ 주장하고 있는 실리콘 정류기의 제조는 누구나 공정의 분석을 통하여 알 수
│ 있으며, 또한 다수의 간행물에 그 영업비밀은 기재되어 있어서 쉽게 입수할
│ 수 있으므로 업계에서 공지된 것으로 보호의 대상이 아니라고 판시하였다.
└

───────────────

12) 166F. Supp. 250, 119 U.S.P.Q. 410 (9th. Cir. 1961).

비공지성과 관련하여 주의해야 할 것은 잡지, 학술지 또는 전시회를 통하여 영업비밀에 관한 사항을 발표하거나 기타 부주의로 영업비밀을 공개하게 되면 아무리 훌륭한 기술정보라도 더 이상 보호받을 수 없게 된다.

한편, 특허출원을 위해 출원서를 제출한 후에도 해당 출원정보가 공개되기 전이라면 비공지성이 만족된다고 볼 수 있다. 특허 출원일로부터 18개월이 경과하면 특허출원의 명세서, 도면 등이 공개공보에 게재되어 발명의 내용이 일반에게 공표되는데, 이는 새로운 발명을 공개함으로써 기술개발을 촉진하고 중복연구 및 투자를 방지하기 위한 것이다. 출원공개는 강제적이며, 원칙적으로 모든 출원이 공개의 대상이 된다. 따라서 특허출원이 되더라도 일반인에게 공개되지 전까지는 비공지성을 만족하게 된다. 이러한 비공지성은 비밀관리성과 밀접한 관련이 있어 비밀관리성이 인정되면 비공지성이 추정된다.

2. 비밀관리성

영업비밀로 보호받기 위해선 영업비밀 보유자 및 사용자 등이 정보를 비밀로 유지할 의사만 가지고는 부족하고 객관적이고 실질적으로 기업정보를 비밀로 관리해야 한다. 비밀관리성 판단은 사안에 따라 개별적으로 해야 한다. 2015년 1월 28일 시행된 개정 부정경쟁방지법 이전에는 비밀관리성의 정도를 "상당한 노력"으로 비밀을 유지할 것으로 요구하였다. 그러나 이 기준은 자금사정이 좋지 못하여 영업비밀 보호를 위한 충분한 시스템을 갖추기 어려운 중소기업에게 부담이 되었다. 이에 개정법은 "상당한 노력"을 "합리적인 노력"으로 완화하여 회사의 사정에 적합한 적절한 노력을 하였는지를 요구하게 되었다. 그러나 2019년 1월 8일 다시 동 법률을 개정하여 "합리적인 노력"이 없더라도 비밀로 유지되었다면 영업비밀로 인정받을 수 있도록 요건을 완화하였다.13) 그러나 실무적으로 "합리적 노력"과 "단순한 비밀관리"의 차이를 구별하는 것은 쉽지 않을 것으로 여겨진다.

한편, "합리적 노력"과 관련된 최근 판결에서, 비밀유지를 위한 "합리적인 노력"을 다하였는지는 해당 정보에 대한 접근을 제한하는 등의 조치(접근제한)를 통해 객관적으로 정보가 비밀로 유지·관리되고 있다는 사실이 인식 가능한 상태가 유지되고 있는지 여부(객관적 인식가능성)를 가지고 판단하였다. 즉 접근제한과 객관적 인식가능성이 확보되었는지 여부는 ① 물리적·기술적 관리, ② 인적·법적 관리, ③ 조직적 관리에 따라 판단하되, 그러한 조치가 '합리적'이었는지 여부는 영업비밀 보유 기업의 규모, 해당 정보의 성질과 가치, 해당 정보에 일상적인 접근을 허용하여야 할 영업상의 필요성이 존재하는지 여부, 영업비밀 보유자와 침해자 사이의 신뢰관계의 정도, 과거에 영업비밀을 침해당한 전력이 있는지 여부 등을 종합적으로 고려하여 판단하여야 한다.[14]

위 사건에서 피해자 회사는 해당 고객정보를 비밀로 유지하기 위한 "합리적 노력"을 다하였다고 보았는데, 그 구체적인 주요한 기준을 보면 다음과 같다. 첫째, 피해자 회사는 행사와 관련된 정보(개최 장소, 개최일시, 여행 일정 등)는 홈페이지를 통해 일반인의 접근을 허용하였으나 고객들의 성명, 소속업체, 직위, 이메일 주소, 휴대전화 번호 등이 포함된 이 사건 고객정보는 별도 관리하면서 피해자 회사 직원들에게만 접근을 허용하였다. 둘째, 피해자 회사는 네이버 주소록으로 작성된 정보는 법인 계정으로 관리하였고, 구글 스프레드시트로 작성된 정보는 초대기능을 활용, 피해자 회사 직원들만 초대하는 방법으로 일반인 접근을 차단하였으므로 기술적 관리가

---

13) 「부정경쟁방지 및 영업비밀보호에 관한 법률」은 2019. 1. 8. 개정(법률 제16204호)되어 2019. 7. 9. 시행되었다. 영업비밀 정의에서 '합리적인 노력에 의하여 비밀로 유지된' 부분이 '비밀로 관리된'으로 변경되었다.

14) 의정부지방법원 2016. 9. 27. 선고 2016노1670 판결.

이루어졌음을 알 수 있다. 셋째, 네이버 계정과 구글 계정은 모두 피해자 회사의 대표가 관리하였으므로 조직적 관리가 이루어졌다.

나아가 피해자 회사는 직원 4명, 연간매출액 2억 원 정도에 불과한 소규모 회사이며, 이 사건 정보 가운데 구글 스프레드시트로 작성된 것에는 사전에 고객의 수요를 예측하여 항공권이나 호텔 등을 미리 예약할 수 있게 해주는 중요한 기능을 하고 있었고, 피고인은 피해자 회사의 이사로 근무하면서 단체 항공권 예약, 현지 호텔 수배 및 예약, 환전, 여행자 보험가입, 고객 인솔 등의 업무 등을 담당하고 있었기에 그와 같은 사정을 충분히 인식할 수 있었다. 피고인이 퇴사한 직후 피해자 회사는 이 사건 고객정보에 대한 피고인의 접근을 차단하였으나 피고인은 이를 예상하고 퇴사 직전 이 사건 고객정보를 미리 다운로드 받았기 때문에 피해자 회사는 영업비밀의 유출을 막을 수 없었다.

한편, 비밀관리성과 관련하여 뒤퐁사가 건설 중인 바몬드공장에 대한 항공촬영사건에서 피고는 원고가 건설현장을 보호하기 위해 울타리나 덮개 등을 설치하지 않았으므로 비밀관리성 요건을 만족하지 못한다고 주장하였다. 그러나 법원은 예측하기 어렵고 방어 불가능한 스파이행위(항공촬영)를 차단하기 위하여 미완성의 공장을 지붕으로 덮는 것은 거액의 자본지출이 요구되며 또한, 그 정도의 완벽한 비밀관리를 요구하는 것은 아니라고 판시하였다.

영업비밀로 보호받기 위한 비밀관리 노력의 구체적인 예를 살펴보면 다음과 같다.

가. 직원 교육

모든 직원에 대해 영업비밀의 존재와 관리에 대한 교육을 실시하고 대외비 표시 및 출입통제 등 비밀관리 실천을 통하여 영업비밀에 대한 인식을 높인다.

나. 문서관리규칙 제정

「영업비밀 관리규칙」 또는 「문서관리규칙」을 제정하여 영업비밀의 관리체계, 영업비밀의 분류, 영업비밀의 수납·관리·파기 등의 방법과 절차, 영업비밀 관리기록부의 비치 및 활용 등에 관한 사항을 명문화한다.

다. 영업비밀 분류 및 표시

보유하고 있는 정보자산을 파악하고 분류하여 등급(극비, 비밀, 대외비)을 부여하고, 서류에 '대외비' 등 영업비밀 표시를 하고 기업비밀관련 서류를 특정장소 및 잠금장치가 있는 곳에 보관한다.

라. 비밀유지의무 부여 및 전직금지계약 체결

모든 직원에 대해 근로계약으로 "비밀유지의무"를 부과하고, 핵심개발연구원 및 주요 임원에 대해서는 "전직금지계약"을 체결한다.

마. 출입 통제

제조설비 등 중요한 지역 및 부서 방문객의 출입을 제한한다. 출입 시 영업비밀을 취급하는 부서는 회사 ID카드와 별도의 ID 카드로 출입하게 한다. 출입 시에도 카메라폰(camera phone)의 사용·반입을 제한하고 주요 통로에 감시카메라를 설치한다.

바. 네트워크 및 저장매체에 대한 보안

내부 네트워크상 중요 컴퓨터파일에 대해 패스워드, 인증절차 등 관리시스템을 적용하고 이메일, 메신저 등 통신보안 및 파일의 추적이 용이하도록 DRM, 포렌식(Forensic) 기술 등을 적용한다.

사. 주요시설의 분리

기업기밀과 연관된 연구개발 및 생산공정은 장소적으로 분리하고 보안체계를 적용한다.

아. 퇴직자 관리

연구·개발부서의 직원 또는 영업비밀 관리부서의 직원이 퇴직을 할 경우 사전에 영업비밀에 대한 철저한 인수인계를 실시하여야 한다. 영업비밀 관련 서류 및 프로그램 등 일체를 반납하도록 하며 집에서 작업한 서류 등의 반납 및 파일삭제 확인서를 받아 두어야 한다. 영업비밀유지의무 또는 전직금지의무에 관해 상기시켜 주고, 당해 위반에 대한 관련 처벌규정을 설명해 주어야 한다.

만일 기업이 이상과 같은 비밀관리 노력을 소홀히 하여 영업비밀이 경쟁업체에 유출되어 영업상 막대한 손해가 발생하더라도 해당 유출로부터 보호받을 수 없게 된다. 대법원은 "피해회사가 피고인으로부터 회사기밀유지 각서를 제출받은 사실이 있으나, 영업비밀이 저장된 컴퓨터는 비밀번호도 설정돼 있지 않고 별도의 잠금장치도 없어 누구든지 컴퓨터를 켜고 자료를 열람·복사할 수 있었고, 백업된 CD가 담긴 서랍을 잠그지 않고 항상 열어 두었기 때문에 누구든지 마음만 먹으면 이를 이용할 수 있었던 사실 등이 있어서 피해회사가 기밀유지 각서를 제출받은 사실만으로는 이 사건 자료가 합리적인 노력에 의해 비밀로 유지되었다고 보기 어렵다"고 판결한 바 있다.

3. 경제적 유용성

해당 정보가 현실적으로 생산방법, 판매방법 등에 필요한 정보이어야 한다. 즉 생산비를 절감하거나 판매를 보다 효율적으로 수행하거나 상대방에 대하여 자신의 경쟁상의 우월적 지위를 제고하는 데 도움이 되거나 정보의 독자적인 개발을 위해 상당한 노력과 비용이 요구되어야 한다. 과거 종교상 경전에 기재된 문서의 부정취득을 둘러싸고 종교단체와 분파단체 간에 분쟁이 있었는데 미국 법원은 당해 문서의 가치는 정신적인 것이며 상업적인 것이 아니므로 영업비밀로서 독립한 경제적 가치를 가지는 것이 아니라고 판시하였다. 또한 세무사가 아무리 경제적 이윤을 창출할 수 있는 탈세방법을 알고 있더라도 이를 사용하는 것은 불법행위에 해당되므로 법적으로나 사회적으로 용인되지 않는 비밀정보이다.

기업의 영업범위 이외의 정보가 영업비밀이 되느냐는 논란이 있지만 장래의 영업에 관계가 있는 유용한 정보는 포함된다고 하겠다. 영업비밀이 반드시 현재 사용되고 있을 필요는 없으며 장래에 유용하다면 보호받을 수 있다.

V. 비밀유지의무와 전직금지의무

1. 비밀유지의무

많은 중소기업들은 소수의 인적 구성과 끈끈한 신뢰를 토대로 기술개발 및 경영을 하고 있는 관계로 비밀유지서약서(Non-disclosure agreement: NDA) 및 전직금지약정을 체결하지 않고 있는 경우가 많다. 그러나 「부정경쟁방지법」에서 계약관계 등에 의하여 영업비밀을 비밀로서 유지하여야 할 의무가 있는 자가 부정한 이익을 얻거나 그 영업비밀의 보유자에게 손해를 가할 목적으로 그 영업비밀을 사용하거나 공개하는 행위(제2조 제3호 라목)를 영업비밀 침해행위로 보고 있다. 따라서 모든 종업원에 대해 비밀유지 의무를 부과하는 것은 중요하고도 비용을 들이지 않고 법적 보호장치를 마련할 수 있는 일이다.

비밀유지의무는 대내적인 경우와 대외적인 경우로 나눌 수 있다. 첫째, 회사 내부적으로 기업정보를 다루는 모든 사원들은 신의칙에 따라 기업비밀을 유지할 의무를 가지며, 둘째, 대외적 용역개발, 공동연구, 기술이전협상 등에 있어서도 일정한 비밀유지의무가 발생한다.

가. 고용 관계

내부 직원에 대해서는 고용계약서 또는 별도의 서약서에 의해 비밀유지의무를 부여하여야 한다. 그러나 이러한 비밀유지의무는 당사자 사이의 계약에 의해 명시적으로 의무를 부담하기로 약정하는 경우가 아니더라도 상법상 경업금지 내지 충실의무와 같이 법률상 의무 규정에 의하여 또는 인적 신뢰 관계의 특성 등에 비추어 신의칙상 또는 묵시적으로 발생하기도 한다. 그러나 명시적 서약이 없는 경우에는 신의칙상 비밀유지의무가 있음을 사용자가 입증해야 하므로 명시적 의무를 부과하는 것이 바람직하다. 한편 새롭게 입사한 직원에 대해서는 전직 회사의 영업비밀이 유지되는 기간 동안 사용하지 않도록 주의시켜야 한다.

〈영업비밀 보호기간〉

영업비밀 침해행위를 금지하는 목적은 침해행위자가 그러한 침해행위에 의하여 공정한 경쟁자보다 우월한 위치에서 부당하게 이익을 취하지 못하도록 하고 영업비밀 보유자로 하여금 그러한 침해가 없었더라면 원래 있었을 위치로 되돌아갈 수 있도록 하기 위한 것이다. 그렇다면 영업비밀 침해행위의 금지는 이러한 목적을 달성하기 위해 영업비밀 보호기간의 범위 내에서 이루어져야 한다.

다만, 영업비밀 보호기간을 산정함에 있어서 다음 요소를 종합적으로 고려해야 한다.

· 영업비밀인 기술정보의 내용과 난이도
· 침해행위자나 다른 공정한 경쟁자가 독자적인 개발이나 역설계와 같은 합법적인 방법으로 영업비밀을 취득할 수 있었는지 여부
· 영업비밀 보유자의 기술정보 취득에 걸린 시간
· 관련 기술의 발전 속도
· 침해행위자의 인적 · 물적 시설
· 종업원이었던 자의 직업선택의 자유와 영업활동의 자유 등

〈대법원 2019. 3. 14.자 2018마7100 결정 [영업비밀침해금지 등 가처분]〉

나. 공동연구 등

비밀유지의무는 고용관계에서뿐만 아니라 대외적 용역개발, 공동연구, 기술이전협상 등에 있어서도 발생한다. 따라서 용역개발계약서 등에 비밀유지조항을 포함시키는 것이 바람직하다. 비밀유지조항은 단순히 "을은 본 계약과 관련한 비밀을 제3자에게 알리거나 유출하여서는 아니 된다."라고 규정할 것이 아니라 다음과 같이 구체적으로 기술하는 것이 좋다. 즉, "을은 본 계약의 ○○○의 사

용에 있어 지득하게 된 갑의 업무상 또는 기술상의 비밀을 제3자에게 알리거나 유출하여서는 아니 되며, 이를 이용하여서도 안 된다." 그리고 "을은 을의 직원이 본 계약의 ○○○의 사용에 있어 지득하게 된 갑의 업무상 또는 기술상의 비밀을 제3자에게 알리거나 유출한 경우 이에 대하여 손해배상책임을 진다."

2. 전직금지의무

가. 전직금지의 유효성

전직금지의무는 근로자가 근로관계가 존속 또는 종료 후에 사용자와의 경쟁관계에 있는 동종업체에 전직하지 않아야 할 부작위의무이다. 특히 연구·개발부서의 연구원이 경쟁기업으로 옮겨 영업비밀을 유출·사용하는 것을 예방하기 위한 방안으로서 전직금지약정이 활용된다. 한편, 전직금지약정과 유사한 개념으로서 '경업금지'약정이 있는데, 경업금지약정은 "근로자가 사용자와 경쟁관계에 있는 업체에 취업하거나 스스로 경쟁업체를 설립, 운영하는 등의 경쟁행위를 하지 아니할 것을 내용"으로 하는 약정이다.[15)

일반적으로 판례는 영업비밀보호를 위한 전직금지 또는 경업금지 약정이 합리적인 경우에 유효한 것으로 인정하고 있다.[16) 따라서 퇴직사원이 회사와 사원의 합의를 통하여 체결한 전직금지약정을 어기고 동종업체(동종업무)에 취직하거나 동종사업을 할 경우 그 자체만으로도 계약위반이 되므로 계약의 실효성 및 입증의 용이성을 확보할 수 있다.

나. 전직금지의 부가조건

전직금지약정을 할 때 주의할 점은 금지기간이 비밀의 정도, 시장성 등을 고려해 볼 때 과도하게 장기간일 경우에 헌법상 근로자

---

15) 대법원 2003. 7. 16.자 2002마4380 결정.
16) 신권철, "근로자의 경업금지의무", 「노동법연구」 제18호, 2005, 240면.

의 직업선택의 자유(헌법 제15조)와 생존권을 지나치게 제한하게 되어 약정 자체가 무효가 될 수 있다. 헌법재판소는 3년간의 전직금지에 대해 무효를 판시한 바 있다. 이 때문에 대기업은 통상 1년 정도의 전직금지를 약정하고 있다. 그러나 그 구체적인 기간은 영업비밀의 가치나 상황에 따라 달라질 수 있다.[17]

근로계약서에 단순히 "재직 시 습득한 제반 지식 및 기술을 이용해 경업행위를 하지 않는다"라고 규정한 경우 그 효력에 대해 판례는 경업금지기간과 지역, 대상 직종 등이 명시되지 않는다면 이것은 별다른 생계수단이 없는 퇴직자에게 지나친 부담이 될 수 있다고 판시한 바 있다.[18] 이러한 약정은 과도하게 자유로운 경쟁을 저해하고, 직업선택의 자유를 제한하여 선량한 풍속 기타 사회질서에 반하는 약정으로서 무효가 된다(민법 제103조). 따라서 전직금지의 제한은 그 제한 기간, 지역, 직종의 범위 등을 합리적이고 구체적으로 정하여 퇴직자의 생계에 지나친 부담을 주지 않도록 하여야 할 것이다.

전직금지 및 경업금지계약은 원칙적으로 명시적 계약에 의하여야 한다(예를 들면, "퇴직 후 갑의 동의 없이 영업 비밀을 유출하거나 동일 업종의 업체나 경쟁 업체에 최소 1년간 종사하지 않겠다.").[19] 그러나 영업비밀 침해행위를 하거나 하고자 하는 자에 대하여 그 행위로 인하여

---

17) 실제 변호사 사무실에 일하던 사무장 등 직원이 이직하고자 하는 경우 통상 3개월 정도의 전직금지를 부과하고 있다.

18) 백화점의 부인복지판매점 주인이 여점원에 대해 당해 백화점 내의 다른 부인복지상점에 취업하지 않겠다는 서약에 대해 법원은 종업원이 판매를 보조하면서 생활하고 있기 때문에 전직금지 위반으로 해고 시 생활고를 겪을 수 있고 또 이는 미풍양속에도 반하므로 무효라고 판시한 바 있다.

19) 비밀유지서약 및 전직금지서약의 편의를 위해 종업원이 전자적 방식에 의해 서약을 하는 경우 그 효력이 문제되는데, 이는 사안에 따라 달리 판단될 수 있지만 공인인증서명이 아닌 이메일 등에 의한 서약은 그 법적 효력을 인정받기 어려운 경우도 있다.

영업상의 이익이 침해되거나 침해될 우려가 있는 때 등 근로자가 전직한 회사에서 영업비밀과 관련된 업무에 종사하는 것을 금지하지 않고서는 회사의 영업비밀을 보호할 수 없다고 인정되는 경우에는 「부정경쟁방지법」제10조 제1항에 의한 침해행위의 금지 또는 예방 및 이를 위하여 필요한 조치 중의 한 가지로서 그 근로자로 하여금 전직한 회사에서 영업비밀과 관련된 업무에 종사하는 것을 금지하도록 하는 조치를 취할 수 있다(대판 2003. 7. 16. 선고 2002마4380).

또한 전직금지 시에는 계약상 금지기간 동안에 상당하는 적절한 보상을 지급하는 것이 바람직하다. 실제 기업의 임원이 퇴사하는 경우 전직기간 동안 월급에 해당하는 금액을 보상해 주는 사례가 많다(금지기간 동안 명예수당, 기밀수당의 지급 등).

다. 전직금지위반과 위약금의 관계

전직금지계약서 중에서 약정 근무기간 이전에 퇴직하는 경우 계약위반으로 보아 퇴직금의 일부를 반환하도록 벌칙규정을 두는 경우가 있는데 이러한 약정은 「근로기준법」제20조 위약금약정금지에 반하여 무효가 될 소지가 있다.[20] 「근로기준법」제20조에서는 근로자가 계약을 이행하지 않을 경우 손해발생 여부나 실제 손해액과 관계없이 일정한 금액을 배상하게 하거나 위약금을 지불하도록 하는 계약을 금지하고 있다. 이를 '위약금 또는 손해배상액 예정의 금지'라고 하며, 위약금 예정은 근로자의 채무불이행(계약위반)과 관련되나 손해배상은 계약위반 외에 불법행위의 경우에도 발생한다.

민법은 채무불이행의 경우에 채무자가 지급하여야 할 손해배상의 액을 당사자 사이의 계약으로 미리 정하여 두는 손해배상액의 예정을 인정하고 있는데(「민법」제398조1항), 이는 손해액의 입증의 곤란을 배제하고 채무를 이행시키며 다툼을 방지하는 기능이 있기

---

20) 「근로기준법」제20조 (위약예정의 금지): "사용자는 근로계약 불이행에 대한 위약금 또는 손해배상액을 예정하는 계약을 체결하지 못한다."

때문이다. 그러나 주의할 것은 손해배상액의 예정이 성립하기 위해서는 ① 손해배상액예정은 기본채권관계에 종된 계약이므로 기본채권이 유효하게 성립할 것을 전제로 하고, ② 손해배상액예정 역시 일종의 계약이므로 당사자 간에 손해배상액예정에 대한 합의가 있어야 하며, ③ 손해배상액의 예정이 채무자에게 가혹한 결과를 가져오는 경우에는 경제적 약자보호를 위해 민법 제103조, 제104조가 적용되어 무효가 될 수 있다.

만일 사용자가 근로자에게 영업비밀을 침해하지 않고 약정한 10년 동안 근무하겠다는 등의 약속을 하면서 이를 이행하지 않을 때에는 10억 원을 지급하기로 하는 경우 이러한 약정에 따르면 근로자가 약정 근무기간 이전에 퇴직하였다는 이유만으로 사용자에게 어떤 손해가 어느 정도 발생하였는지 묻지 않고 바로 미리 정한 10억 원을 사용자에게 손해배상액으로 지급하기로 하는 것은 근로기준법이 금지하는 전형적인 위약금 또는 손해배상액의 예정에 해당한다.[21] 다만 그 약정이 사용자가 근로자의 교육훈련 또는 연수를 위한 비용을 우선 지출하고 근로자는 실제 지출된 비용의 전부 또는 일부를 상환하는 의무를 부담하기로 하되 장차 일정기간 동안 근무하는 경우에는 그 상환의무를 면제해 주기로 하는 취지인 경우에는 유효한 위약금의 예정이 될 수 있다(대판 1996. 12. 6. 95다24944).

그런데 퇴직 후의 영업비밀 유출에 대한 위약금 예정은 근로기준법 제20조를 위반하지 않는 것으로 보고 있다. 즉 행정해석은 손해배상의 예정이 금지되는 것은 근로계약 유지기간 중에 한하는 것이므로 퇴직 후 영업비밀 유출에 대해 손해배상액을 예정하는 것은 손해배상을 예상한 주된 목적이 근로관계를 강제하는 데 있는 것이 아니라 영업비밀을 보호하는 데 있는 것이므로 손해배상액 예정이 아니라고 보고 있다(근기 68207-2217, 2002. 6. 17).

---

21) 대판 2004. 4. 28. 2001다53875.

┌─ 〈전직금지 명령 위반에 대한 배상 판결〉 ──────────────────

2004년 8월 31일 서울중앙지법 민사50부는 전직금지 약정을 어기고 LG전자
에서 팬택계열사로 이직한 LG 연구원 등 6명에 대하여 '전업금지 처분'과 함
께 이를 위반할 경우 매일 300만 원씩을 배상해야 한다는 판결을 하였다.

피고들은 영업비밀유지 및 "퇴직 후 LG전자의 동의 없이 영업 비밀을 유출하
거나 동일 업종의 업체나 경쟁 업체에 최소 1년간 종사하지 않겠다"는 LG전
자와의 약정을 체결한 바 있다. 그리고 이러한 불법적인 인력 스카웃 행위가
카메라폰 출시 경쟁에서 LG전자가 팬택계열에 뒤진 원인과 무관하지 않음이
인정되었다. 따라서 법원은 "해당 연구원의 전직이 허용되면 LG전자의 중요
한 영업비밀이 침해될 개연성이 너무 높아 1년간의 전직 금지가 불가피하다"
고 결정하였다.

한편, LG전자는 "작년에도 팬택계열사로 옮긴 연구원 5명을 상대로 '전업금
지 가처분'을 법원으로부터 받아냈으나, 해당 연구원들이 법원 결정에도 불
구하고 일을 계속해 큰 피해를 봤다"고 주장하였다. 이에 법원은 "재발 방지
차원에서 해당 연구원들이 법원의 결정을 위반할 때에는 위반 일수마다 각자
가 300만 원씩을 LG전자에 배상해야 한다"고 덧붙였다. 이 판결은 법원이 최
초로 영업비밀 소송에서 전업금지 처분과 함께 예방적 차원의 금전적 배상
명령을 함께 내린 것이다. 〈동종업계 전직금지 어기면 하루 300만 원씩 배
상…법원 판결, 아이뉴스24, 2004.9.2〉

└──

3. 경업금지의무

사용자와 근로자 사이에 경업금지약정이 존재한다고 하더라도,
그와 같은 약정이 헌법상 보장된 근로자의 직업선택의 자유와 근
로권 등을 과도하게 제한하거나 자유로운 경쟁을 지나치게 제한하
는 경우에는 민법 제103조에 정한 선량한 풍속 기타 사회질서에 반
하는 법률행위로서 무효라고 보아야 하며, 이와 같은 경업금지약정
의 유효성에 관한 판단은 보호할 가치 있는 사용자의 이익, 근로자
의 퇴직 전 지위, 경업 제한의 기간·지역 및 대상 직종, 근로자에
대한 대가의 제공 유무, 근로자의 퇴직 경위, 공공의 이익 및 기타
사정 등을 종합적으로 고려하여야 한다.

여기에서 말하는 '보호할 가치 있는 사용자의 이익'이라 함은 「부정경쟁방지법」 제2조 제2호에 정한 '영업비밀'뿐만 아니라 그 정도에 이르지 아니하였더라도 당해 사용자만이 가지고 있는 지식 또는 정보로서 근로자와 이를 제3자에게 누설하지 않기로 약정한 것이거나 고객관계나 영업상의 신용의 유지도 이에 해당한다.[22]

대법원은 피신청인들이 경업금지의무 부과 등에 대한 대가로 1,000만 원 상당의 신청인 회사 주식을 제공받았으나 이 금액은 5년간 경업금지기간을 부과하기에는 상당한 금액으로 보이지 않는다고 판사하고, 피신청인 두 명이 작성한 경업금지기간 서약서 5년은 직업선택의 자유를 지나치게 장기간 제한하는 것으로 피신청인 연구부장은 퇴직 후 3년, 피신청인 영업부장은 퇴직 후 2년으로 제한함이 상당한다고 판시한 바 있다.[23]

VI. 영업비밀 침해와 구제방안

1. 영업비밀 침해

가. 부정한 방법에 의한 취득·공개·사용 등

「부정경쟁방지법」은 절취, 기망, 협박, 산업스파이, 부정한 인력스카웃[24] 등으로 영업비밀을 취득(부정취득행위) 또는 그 취득한 영업비밀을 사용하거나 공개(비밀을 유지하면서 특정인에게 알리는 것 포함)하는 행위를 금지하고 있다. 따라서 영업비밀을 사용하지 않더라도 기업으로부터 빼내는 행위 자체에 대해 손해배상 책임을 인정할 수 있다. 서울고법은 "영업비밀은 그 속성상 알려지지 않아야 가

---

22) 대법원 2010. 3. 11. 선고 2009다82244 판결.

23) 대법원 2013. 8. 22.자 2011마1624 결정.

24) 2004년 5월에 대만의 한 통신회사가 국내 휴대전화 제조사 A사 연구원 등 8명을 한꺼번에 스카웃하여 관련 기술(R&D 200억 원 투자, A4용지 100만 장 분량)을 반출하려다 검찰에 적발되었다.

치를 가지는 것이므로 실제로 사용되든 사용되지 않든 상관없이 영업비밀 보유자 이외의 타인에게 공개되는 것만으로 재산적 가치가 감소되는 것으로써 부정하게 영업비밀을 취득하고 공개했다면 … 손해배상을 청구할 수 있다"고 판시하였다.[25]

나. 비밀유지의무 위반

계약관계 등에 의하여 영업비밀을 유지해야 할 의무가 있는 자가 부정한 이익을 얻거나 그 영업비밀의 보유자에게 손해를 가할 목적으로 그 영업비밀을 사용하거나 공개하는 행위를 금지하고 있다(법 제2조 제3호 라목). 여기서 비밀의무자는 회사의 임원, 연구원, 종업원과 같이 근로계약관계에 있는 자뿐만 아니라 실시권자 등과 같이 라이선스계약에 의하여 영업비밀을 유지해야 할 의무가 있는 자를 포함한다. 또한 그 의무는 재직 중뿐만 아니라 퇴직 후, 그리고 계약 중 또는 계약 종료 후에도 적용된다. 다만 이들의 행위가 침해를 구성하기 위해서는 '부정한 이익을 얻거나' 또는 '그 영업비밀의 보유자에게 손해를 가할 목적으로' 그 영업비밀을 사용 또는 공개해야 한다.

다. 미수, 예비·음모 행위

영업비밀 침해에 대한 미수, 예비·음모 행위에 대해서도 예방적 조치로서 처벌하고 있다. 즉 불법적인 기술유출을 모의하는 준비단계와 기술유출이 좌절되거나 중도에서 포기한 경우까지도 미수와 예비·음모죄로 처벌하고 있다(법 제18조의3).

라. 선의 취득한 제3자

영업비밀을 부정한 방법으로 취득한 자로부터 해당 기술정보를 정당한 거래의 방법으로 취득한 선의의 제3자에 대해서는 영업비밀 침해를 주장할 수 없다. 그러나 영업비밀에 대하여 부정취득행위가 개입된 사실을 알거나 중대한 과실로 알지 못하고 그 영업비

---

25) 서울고등법원 2006. 11. 14. 선고 2005나90379.

밀을 취득하는 행위 또는 그 취득한 영업비밀을 사용하거나 공개하는 행위는 처벌받게 된다(법 제2조 제3호 나목). 여기서 중대한 과실이란 거래상 요구되는 주의의무를 현저히 태만하여 부정취득행위의 사실을 알지 못하는 것을 말한다. 예컨대, 신원미상의 사람으로부터 타인의 영업비밀 자료를 통상의 수준보다 현저히 낮은 가격으로 취득하면서 당해 브로커 및 영업비밀에 관해 아무런 확인도 하지 않는 경우에 인정될 수 있다.

〈장기간의 업무로 지득한 영업비밀에 관한 지식을 사용하는 경우도 처벌이 될까?〉

부정경쟁방지법은 절취, 기망, 협박 등 부정한 방법에 의해 영업비밀을 취득·공개·사용하는 행위를 금지하고 있다. 따라서 이러한 부정한 수단에 의하지 않고 오랫동안의 자신의 경험과 지식에 기초하여 기존에 있는 회사의 영업비밀을 구현하는 행위는 처벌의 대상이 되지 않을 수 있다.

그러나 이러한 경험이 풍부한 핵심인력, 임원 등에 대해서는 비밀유지 의무, 전직금지의무 또는 경업금지 등을 부여함으로써 기업의 영업비밀을 보호할 수 있다. 부정경쟁방지법은 계약관계 등에 따라 영업비밀을 비밀로서 유지해야 할 의무가 있는 자가 부정한 이익을 얻거나 그 영업비밀의 보유자에게 손해를 입힐 목적으로 그 영업비밀을 사용하거나 공개하는 행위를 비밀유지 의무 위반에 의한 영업비밀침해행위로 규정하고 있다(제2조 제3호 라목). 따라서 기업체의 종업원, 영업상 거래관계자, 영업비밀 실시권자 등이 영업비밀유지 의무를 위반하여 퇴직 후 또는 계약 종료 후 부정한 돈을 받거나 상위직에 오를 목적 등으로 또는 그 영업비밀의 보유자에게 손해를 입힐 목적으로 그 영업비밀을 스스로 사용하거나 공개하는 행위는 영업비밀 침해행위가 될 수 있다.

또한 이와 관련된 사례로서, A사에서 품질경영부장으로 근무하던 종업원이 생산에 관한 전반적인 기술과 영업비밀을 알고 있는 상태에서 퇴직하였고, 이후 재직 중인 생산부서, 품질관리부서 직원들을 퇴직하도록 권유한 후 이들과 함께 B사라는 동종업체를 설립하고, 기존 A사의 기술을 이용하여 동일한 제품을 출시, 판매한 경우 영업비밀 침해로 처벌받을 수 있다.

2. 침해에 대한 구제

가. 민사적 구제

1) 손해배상청구

「부정경쟁방지법」은 영업비밀침해 행위에 대하여 민사상 침해행위 금지 또는 예방청구권을 인정하고 있으며, 또한 침해행위를 조성한 물건 등의 폐기·제거청구권과 손해배상청구권 및 신용회복청구권 등을 인정하고 있다. 그리고 영업비밀 침해에 대해 강력한 형사적 제재를 부과하고 있다. 한편, 2019년 개정 「부정경쟁방지법」에서 악의적인 영업비밀 침해행위에 대하여 손해액의 3배 이내에서 손해배상액을 인정할 수 있는 규정을 신설하였다.[26] 구체적으로 손해배상액을 산정함에 있어서 법원은 침해자의 우월적 지위 여부, 고의의 정도, 피해규모, 침해가 얻은 경제적 이익, 침해행위의 기간 및 횟수, 침해자의 피해구제 노력의 정도 등 제반 사정을 고려해야 한다.[27]

2) 가처분

영업비밀 침해에 대한 금지청구에 앞서 영업비밀의 불법적 사용

---

[26] 「부정경쟁방지법」 제14조의2 제6항: "법원은 영업비밀 침해행위가 고의적인 것으로 인정되는 경우에는 제11조에도 불구하고 제1항부터 제5항까지의 규정에 따라 손해로 인정된 금액의 3배를 넘지 아니하는 범위에서 배상액을 정할 수 있다."

[27] 「부정경쟁방지법」 제14조의2 제7항: 제6항에 따른 배상액을 판단할 때에는 다음 각 호의 사항을 고려하여야 한다.
  1. 침해행위를 한 자의 우월적 지위 여부
  2. 고의 또는 손해 발생의 우려를 인식한 정도
  3. 침해행위로 인하여 영업비밀 보유자가 입은 피해규모
  4. 침해행위로 인하여 침해한 자가 얻은 경제적 이익
  5. 침해행위의 기간·횟수 등
  6. 침해행위에 따른 벌금
  7. 침해행위를 한 자의 재산상태
  8. 침해행위를 한 자의 피해구제 노력의 정도

이나 침해의 우려가 있는 경우 법원에 그 침해의 중단을 구하는 가처분 신청을 하는 것이 효과적이다. 가처분 사건은 본안 소송을 전제로 하는 만큼 신속하게 처리되며(통상 2주 내지 1개월 소요), 가처분 결정이 내려지면 사실상 침해자는 형사처벌 등을 두려워하여 먼저 합의를 제안해 오는 경우가 많다. 가처분 결정에 있어서 사실조회가 필요한 경우에는 일정기간이 소요될 수 있으며 이 경우에는 공탁을 필요로 하지 않는다.

나. 형사적 구제

동법 제18조 제1항에서 "부정한 이익을 얻거나 영업비밀 보유자에게 손해를 입힐 목적으로 그 영업비밀을 외국에서 사용하거나 외국에서 사용될 것임을 알면서 취득·사용 또는 제3자에게 누설한 자는 15년 이하의 징역 또는 15억 원 이하의 벌금에 처한다."고 규정하고, 동조 단서에서 "벌금형에 처하는 경우 위반행위로 인한 재산상 이득액의 10배에 해당하는 금액이 15억 원을 초과하면 그 재산상 이득액의 2배 이상 10배 이하의 벌금에 처한다."고 규정하고 있다.

2019년 개정 「부정경쟁방지법」은 침해행위의 유형을 구체적으로 규정하였다. 기존에는 '영업비밀을 취득, 사용하거나 제3자에게 누설한 자'를 징역 또는 벌금에 처하였는데, 개정 법률은 이를 구체화하여 유사사례까지 포섭할 수 있도록 하였다. 동법 제18조 제1항에서 부정한 이익을 얻거나 영업비밀 보유자에 손해를 입힐 목적으로 ① 영업비밀을 취득 또는 사용하거나 제3자에게 누설하는 행위, ② 영업비밀을 지정된 장소 밖으로 무단으로 유출하는 행위, ③ 영업비밀 보유자로부터 영업비밀을 삭제하거나 반환할 것을 요구받고도 이를 계속 보유하는 행위를 포함하도록 하였다.[28]

---

28) 「부정경쟁방지법」 제18조 제1항: 영업비밀을 외국에서 사용하거나 외국에서 사용될 것임을 알면서도 다음 각 호의 어느 하나에 해당하는 행위를 한

동조 제2항에서 "부정한 이익을 얻거나 영업비밀 보유자에게 손해를 입힐 목적으로 그 영업비밀을 취득·사용하거나 제3자에게 누설한 자는 10년 이하의 징역 또는 5억 원 이하의 벌금에 처한다."고 규정하고, 단서에서 "벌금형에 처하는 경우 위반행위로 인한 재산상 이득액의 10배에 해당하는 금액이 5억 원을 초과하면 그 재산상 이득액의 2배 이상 10배 이하의 벌금에 처한다."고 규정하고 있다.

과거 이 법상의 처벌은 친고죄로 정하여 피해자의 고소·고발이 있어야 처벌이 가능했지만, 영업비밀이 사업자의 중요한 자산일 뿐만 아니라 국가의 경쟁력에도 큰 영향을 미치게 되면서 국가가 당사자의 고소·고발이 없이도 침해행위에 대해 처벌할 수 있도록 친고죄 조항을 폐지하였다.

영업비밀 침해에 대한 민·형사상 소송, 가처분신청 등을 제기하기 위해서는 증거를 확보하는 것이 중요하다. 이를 위해서는 비밀유지서약서, 전직금지서약서 등을 확보하고, DRM 기술의 적용 또는 PC 복사 흔적 등을 추적할 수 있는 기술을 적용할 수도 있을 것이다. 또한 의심이 되는 경쟁사의 제품에 대해 유사성에 관한 감

자는 15년 이하의 징역 또는 15억 원 이하의 벌금에 처한다. 다만, 벌금형에 처하는 경우 위반행위로 인한 재산상 이득액의 10배에 해당하는 금액이 15억 원을 초과하면 그 재산상 이득액의 2배 이상 10배 이하의 벌금에 처한다.

1. 부정한 이익을 얻거나 영업비밀 보유자에 손해를 입힐 목적으로 한 다음 각 목의 어느 하나에 해당하는 행위

가. 영업비밀을 취득·사용하거나 제3자에게 누설하는 행위

나. 영업비밀을 지정된 장소 밖으로 무단으로 유출하는 행위

다. 영업비밀 보유자로부터 영업비밀을 삭제하거나 반환할 것을 요구받고도 이를 계속 보유하는 행위

2. 절취·기망·협박, 그 밖의 부정한 수단으로 영업비밀을 취득하는 행위

3. 제1호 또는 제2호에 해당하는 행위가 개입된 사실을 알면서도 그 영업비밀을 취득하거나 사용(제13조 제1항에 따라 허용된 범위에서의 사용은 제외한다)하는 행위

정을 전문기관에 의뢰하거나 경쟁사의 입찰서 등에 자사의 문서상
에 있는 오류와 동일한 것이 있는지 확인하는 것[29]도 중요한 증거
확보 방법이라고 할 수 있다.

다. 경고 서한

소송이나 조정, 중재에 앞서 영업비밀 침해 또는 침해의 우려가
있는 자에게 경고서한을 내용증명우편으로 보냄으로써 침해 행위
를 예방할 수 있는 효과를 기대할 수 있다. 비록 영업비밀이 퇴직자
에 의해 또는 경쟁사에 유출된 경우라도 경고장을 송부함으로써 영
업비밀의 추가적인 사용을 사전에 차단할 수 있다.

Ⅶ. 직무발명과 영업비밀 보호

1. 직무상 개발한 영업비밀에 대한 권리귀속

영업비밀에 관한 분쟁 중 비밀정보로 인해 발생한 성과의 소유
권 귀속에 관한 분쟁이 다수를 차지하고 있다. 만일 종업원이 업무
상 개발한 영업비밀에 대한 권리귀속에 관하여 고용계약서 등에
명시적으로 기준을 마련하고 있는 경우에는 그에 따라 해결하면
될 것이다. 따라서 기업은 종업원의 업무와 관련하여 개발된 영업
비밀 정보에 대한 권리관계를 명확히 해 둠으로써 불필요한 분쟁
을 예방할 필요가 있다.

대법원은 종업원이 고용되어 특정의 개발업무에 종사하면서 회
사의 장비와 설비 등을 이용하거나 회사의 기존 연구를 참조하여
개발한 정보에 대한 권리는 원칙적으로 회사에게 있다고 보았
다.[30] 주의해야 할 것은 직무발명제도와 영업비밀과의 관계를 명

---

29) 2007. 11. 두산중공업에서 STX중공업으로 이직한 핵심 임원에 의한 담
    수·발전 핵심기술정보의 유출 사건 참조.
30) 대법원 1996. 12. 23. 선고 96다16605 판결.

확히 이해할 필요가 있다. 종업원이 개발한 기술정보가 영업비밀에 해당하지만 동시에 직무발명의 요건을 만족하는 경우에는 그 기술에 대한 권리는 발명자인 종업원에게 원시적으로 귀속하며, 회사는 합리적인 보상을 통하여 그 기술에 대한 권리를 승계받을 수 있을 뿐이다. 이 경우 종업원은 개발기술에 대한 내용을 비밀로 유지할 의무가 있다. 한편, 종업원이 직무와 관련하여 생산한 정보가 기술정보가 아닌 경영상 정보인 경우에는 직무발명 원칙이 적용되지 않으므로 원칙적으로 회사가 권리를 갖는다.

2. 직무발명 보상과 중소기업 핵심인력 유출 방지

직무발명 보상제도는 종업원의 발명을 장려하기 위하여 만들어진 제도이다. 이 제도는 중소기업의 핵심인력 유출을 방지하는 효과적인 수단으로도 활용될 수 있다. 최근 중소기업의 핵심정보가 인력 이동에 의해 유출되는 경우가 증가하면서 이 제도에 대한 필요성이 증가하게 되었다. 중소기업의 경우 대기업에 비해 근로환경, 임금, 복지 등이 열악하여 핵심 기술인력이 경쟁사나 대기업으로 이동하는 동인을 제공하고 있다. 우리나라 중소기업의 경우 직무발명 보상제도에 대한 인식이 낮고 또한 보상에 대한 비용부담 등으로 인하여 이를 운영하지 않는 경우가 많다. 오랜 기간 숙련된 핵심 기술인력을 제대로 관리하지 못하여 다른 기업에게 빼앗기게 되면 직무발명 보상으로 드는 비용보다 훨씬 큰 손실을 초래하게 된다. 전직금지 조치와 함께 직무발명 보상제도는 R&D 성과를 높이고 또한 핵심인력을 관리할 수 있는 효과적인 제도이다.

제3절 중소기업기술보호법상 중소기업기술 보호

Ⅰ. 중소기업기술보호법의 입법 배경

중소기업의 기술유출로 인한 피해가 증가하고 건당 피해규모는 연평균 13억 원(2018년 기준)에 이르고 있으나 중소기업은 대기업에 비해 기술보호 대응역량이 취약하여 개선되지 못하고 있다. 또한 산업기술의 부정한 유출을 방지하고 산업기술을 보호하기 위한 「산업기술보호법」이 있으나, 중소기업의 특수성을 고려하고 중소기업의 기술보호 역량을 강화하기 위한 기반 조성과 종합적인 지원을 위한 법적 근거는 미흡한 실정이다. 이에 중소기업기술보호를 지원하기 위한 기반을 확충하고 관련 시책을 수립·추진하기 위하여, 2014년 5월 28일에 「중소기업기술 보호 지원에 관한 법률」(이하 「중소기업기술보호법」이라 한다)을 제정하였다. 따라서 동법은 중소기업기술 보호를 지원하기 위한 기반을 마련하여 중소기업의 기술보호 역량과 기술경쟁력을 강화하는 것을 목적으로 하고 있으며, 규제적 성격이 아닌 지원을 위한 법률이라고 볼 수 있다.

Ⅱ. 중소기업기술 보호 종합계획 수립 및 기술보호 기반조성

1. 종합계획의 수립·시행

「중소기업기술보호법」은 중소벤처기업부장관이 중소기업기술보호에 관한 지원계획을 3년마다 수립·시행하도록 하고, 관련 행정기관의 장·전문가 등과 협의하거나 자문을 받도록 함으로써 체계적이고 범정부 차원의 중소기업 기술보호 정책 추진이 가능하다(법 제5조 및 제6조). 동법에서 정의하고 있는 중소기업기술은 "중소기업 및 「중소기업 기술혁신 촉진법」 제2조 제2호에 따른 중소기업자가 직접 생산하거나 생산할 예정인 제품 또는 용역의 개발·생산·보급 및 사용에 필요한 독립된 경제적 가치를 가지는 기술 또는 경영상의 정보를 말한다"(동법 제2조 제2호).

2. 실태조사와 보호지침의 제정

중소벤처기업부장관은 중소기업기술에 대한 보안역량 강화를 위하여 매년 실태조사를 실시하며(법 제7조), 또한 중소기업들이 기술유출 방지와 보호를 위하여 필요한 방법·절차 등에 관한 지침을 마련하여 활용할 수 있도록 하고 있다(법 제8조).

3. 기술보호 지원

동법은 기술자료 임치제도[31] 활용, 중소기업기술 보호 진단 및 자문, 해외진출 중소기업의 기술보호, 국가연구개발사업 성과물의 보호 등을 위한 다양한 지원을 하도록 규정하고 있다. 나아가 중소기업기술 보호의 기반 조성을 위하여 중소기업기술 보호 지원 전담기관을 설치하고, 보안기술 개발 지원, 기술보호 전문인력 양성, 기술보호관제서비스의 제공, 보안시스템의 구축 등 지원을 한다.

여기서 보안관제서비스("기술지킴 서비스")는 중소기업에서 보유한 PC, 서버(파일서버, 웹서버 등)에 대한 온라인 해킹시도를 24시간 365일 실시간 모니터링하여 신속히 조치·대응해 주는 서비스이다. 이를 통해 취약점을 분석하고 보안사고를 사전에 예방할 수 있다.

---

31) 「대·중소기업 상생협력 촉진에 관한 법률」 제24조의2에서 대기업의 기술탈취 행위를 예방하기 위한 도구로서 '기술자료 임치제도'를 규정하고 있다. 이 제도는 기술자료 거래 시, 개발기업의 기술력을 보호하고 사용기업의 안정적 사업수행을 보장하기 위하여 개발기업의 기술자료를 신뢰성 있는 제3의 기관에 임치하고 교부조건이 발생하는 경우에만 사용기업에게 기술자료를 교부하는 제도이다. 이 제도에 대해서는 「상생협력법」에서 자세히 다루고 있다.

Ⅲ. 기술침해에 대한 행정조사 및 시정권고

1. 행정조사의 필요성

중소기업은 기술유출 사실에 대한 입증의 어려움으로 인하여 기술유출을 당하고도 약 43%의 기업은 아무런 대응 조치를 못 하는 실정이다. 또한 중소기업기술 분쟁해결을 위해 당사자 간 합의를 유도하는 조정제도를 2015년부터 운영해 오고 있으나 제도 특성상 피해구제에 한계[32]를 가지고 있다. 이러한 문제를 해결하기 위해 기술침해 발생 시 피해기업의 신고에 따른 조사와 시정권고 및 권고 사실의 공표 등의 행정조치 방안을 담은 「중소기업기술보호법 개정안」(법률 제15692호, 2018.6.12. 일부개정, 시행 2018.12.13.)을 개정했다.

2. 중소기업기술 침해행위

가. 침해대상 중소기업기술

「중소기업기술보호법」 제2조 제3호 가목은 '침해대상 중소기업기술'을 "공공연히 알려져 있지 아니하고 합리적인 노력에 의하여 비밀로 관리되는 중소기업기술"로 정의하고 있다. 따라서 '침해대상 중소기업기술'이 되기 위해서는 경제성, 비공지성, 비밀관리성 3가지 요건을 충족해야 한다. 이는 부정경쟁방지법에서 '영업비밀'의 보호요건과 유사하나 '비밀관리성' 부분에서 다소 차이가 있다. 앞서 살펴본 바와 같이, 2019년 1월 동법 개정으로 비밀관리성 요건을 완화하여 '합리적인 노력'을 삭제하였다. 그런데, 중소기업기술보호법상 '중소기업기술 침해행위' 규정은 2018년 6월 12일 개정으로 도입된 것이다. 따라서 중소기업기술보호법상 '중소기업기술

---

32) 분쟁조정제도는 여러 가지 장점에도 불구하고 강제력이 없는 관계로 대-중소기업 간 조정절차에 있어서는 31건 중 2건(6.5%)만이 조정이 성립되었다 (2017년 말 기준).

침해행위'는 부정경쟁방지법상 '영업비밀'과의 정합성을 위하여 일 치시키는 것이 바람직할 것이다. 중소기업기술보호법상 '침해대상 중소기업기술' 정의에서 "합리적인 노력에 의하여"를 삭제하는 것 이 마땅하다.

나. 침해행위의 유형

동법 제2조 제3호에서 중소기업기술 침해행위를 정의하고 있는 데, 첫째, 공공연히 알려져 있지 아니하고 합리적인 노력에 의하여 비밀로 관리되는 중소기업기술(이하 "침해대상 중소기업기술"이라 한다) 을 부정한 방법으로 취득·사용 또는 공개(비밀을 유지하면서 특정인 에게 알리는 것을 포함한다. 이하 같다)하는 행위, 둘째, 위 행위가 개입 된 사실을 알고 침해대상 중소기업기술을 취득·사용 또는 공개하 는 행위, 셋째, 위 행위가 개입된 사실을 중대한 과실로 알지 못하고 침해대상 중소기업기술을 취득·사용 또는 공개하는 행위 등이다.

3. 신고와 조사

이와 같은 침해행위를 당한 중소기업 및 중소기업자(이하 "중소기 업자 등"이라 한다)는 그 사실을 중소벤처기업부장관에게 신고하고 필 요한 조치를 요청할 수 있다(법 제8조의2 제1항). 신고를 받은 중소벤 처기업부장관은 중소기업기술 침해행위 사실을 조사하기 위하여 관련 기관 또는 사업자 등에 자료제출을 요구하거나 소속 공무원으 로 하여금 그 사무소·사업장 등 필요한 장소에 출입하여 장부·서 류, 시설 및 그 밖의 물건을 조사하게 할 수 있다(법 제8조의2 제4항).

한편, 중소벤처기업부장관은 분쟁해결을 위하여 필요하다고 판 단되는 경우 중소기업기술분쟁조정·중재위원회의 조정·중재를 권고할 수도 있다(법 제8조의2 제3항). 여기서 신고 접수된 중소기업 기술 침해행위 중 분쟁해결을 위해 조정·중재를 권고할 수 있는 경우란 ① 신고인 또는 피신고인 중 일방 당사자가 해당 사건의 조 정·중재를 희망하는 경우, ② 동법 제8조의2에 따른 조사 결과 피신청인의 중소기업기술 침해행위가 있다고 판단할 상당한 근거가 있는 경우, ③ 소액사건으로서 시간과 비용을 고려할 때 소송으로 해결하는 것이 효율적이지 않은 경우, ④ 그 밖에 중소벤처기업부 장관이 필요하다고 판단하는 경우 등이 있다.

4. 시정권고 및 공표

중소벤처기업부장관은 행정조사 결과 피신청인의 중소기업기술 침해행위가 있다고 판단할 상당한 근거가 있고 이미 피해가 발생하였거나 이를 방치할 경우 회복하기 어려운 피해가 발생할 우려가 있다고 인정될 때에는 30일 이내의 기간을 정하여 그 행위의 중지, 향후 재발 방지, 그 밖에 필요한 사항을 시정하도록 권고할 수 있다(법 제8조의3 제1항). 여기서 "이미 피해가 발생한 경우"의 예로서 중소기업기술 침해행위로 피신청인이 해당 기술을 특허로 등록하거나 동 기술의 적용을 통해 제품 생산 및 판매를 한 경우 등이 있다. 또한, 법문에서 "이를 방치할 경우 회복하기 어려운 피해가 발생할 우려가 있는 경우"란 중소기업기술 침해행위로 인해 피신청인이 해당 기술을 특허출원 준비 중이거나 동 기술의 적용을 통해 제품 생산 준비(기획, 샘플 제작 등 제품 생산 전 과정) 중인 경우 또는 관련 분야 기업에 기술이전을 준비 중인 경우 등이 있을 것이다.[33]

만일 피신청인이 권고를 따르지 아니한 때에는 그 권고대상이나 내용 등을 공표할 수 있다(법 제8조의3 제3항). 공표하려는 경우에는 침해행위의 내용 및 정도, 위반기간, 침해행위로 인하여 발생한 피해의 범위 및 결과 등을 고려해야 한다(동법 시행령 제4조의4 제1항). 지원적 성격을 가진 동 법률의 특성으로 인하여 침해행위에 대해

---

33) 강원선 · 손승우 외, '중소기업기술 침해에 대한 행정조사 및 시정권 운영 규정'제정 연구, 대 · 중소기업 · 농어업협력재단, (사)한국산업보안연구학회, 2018.12.8, 18면.

[그림 2-1] 중소기업기술 침해행위 신고사건 조사 절차

신고접수 → 사전검토 → 조사 개시 → 현장조사 및 자료제출요구 → 조치 (시정권고 등)

서 시정명령에 이르지 못하고 시정권고에 그치도록 하고 있는데, 시정권고 사실에 대한 공표는 침해행위에 대한 시정을 간접적으로 강제하는 효과를 가짐으로써 시정권고의 한계를 보완해 주고 있다. 중소벤처기업부장관은 공표 시에 피신청인의 침해행위의 내용 및 정도, 위반기간, 침해행위로 인하여 발생한 피해의 범위 및 결과 등을 고려하여 공표 매체수, 게재횟수, 공표크기, 공표기간 등 공표 범위 등을 확정해야 한다.

IV. 중소기업기술분쟁조정제도

1. 분쟁조정 및 중재 제도

소송에 앞서 당사자 간의 합의에 의해 해결하는 조정 또는 중재 제도를 활용할 경우 비용이 저렴하고 신속하며 전문가에 의해 비공개로 진행되므로 중소기업기술을 보호할 수 있고 합리적인 타협점에서 분쟁을 해결할 수 있는 장점이 있다. 조정과 중재는 중소기업의 영업비밀 분쟁에 적합한 해결방법이다. 이 제도는 중소기업기술보호법 제23조에 근거하여 도입되었다.

조정(Mediation)이란 분쟁 당사자가 조정인의 도움을 받아 당사자 사이의 대화와 상호양해를 통하여 조리(條理)를 바탕으로 분쟁을 실정에 맞게 자율적으로 해결하는 제도이다. 즉, 조정은 합의를 바탕으로 분쟁을 자율적으로 해결하지만, 조정안 채택 여부에 강제력이 없는 것이 단점이다. 조정은 양 당사자의 의견조율을 통해 합의에 이르게 되므로 분쟁으로 인한 후유증을 최소화할 수 있어 기술침해로 인한 분쟁 해결에 적합하다. 중소기업기술분쟁조정은 전·현직

법조인과 기계, 소재 등 기술분야 전문가에 의해 조정이 이루어지므로 전문성이 있으며, 저렴한 비용으로 재판보다 신속한 분쟁해결을 기대할 수 있다.

중재(arbitration)란 당사자가 분쟁을 중재로 해결하기로 합의한 경우(중재합의)에 해당 분쟁을 법원의 재판이 아닌 중재부의 판정에 의하여 판정하며, 법적 구속력이 있다. 중재는 단심제(최종적 해결)로 진행을 하며, 법원의 확정판결과 동일한 효력을 가지고 있다.[34] 더불어 「외국중재판정의 승인 및 집행에 관한 협약」(일명 뉴욕협약)에 의해 본 협약을 체결한 체약국은 외국중재판정을 상호간 승인하고 강제집행을 보장하고 있다. 중재인은 반드시 해당 분쟁에 대한 기술적·법적 전문성을 갖춘 자이어야 하며 조정과 달리 일정한 절차에 따라 전문적인 판단을 내려 주어야 한다. 가처분과 집행은 법원에 신청하여 압류하고 경매하여야 한다.

2. 중소기업기술분쟁조정·중재위원회

「중소기업기술보호법」 제23조에서 중소기업기술의 보호와 관련된 분쟁을 신속하게 조정·중재하기 위하여 중소벤처기업부장관 소속으로 중소기업기술분쟁조정·중재위원회를 두도록 규정하고 있다. 위원회는 전·현직 판사 및 변호사(23명), 기술분야 전문가(26명) 등 49명으로 구성되어 있고 전문위원이 객관적으로 분쟁해결을 도와준다.

위원회는 조정절차와 중재절차를 별도로 두고 있다. 위원회의 업무를 효율적으로 수행하기 위하여 위원회에 5명 이내의 위원으로 구성된 조정부를 둘 수 있으며, 조정부의 장은 변호사 또는 변

---

34) 중재는 일반적으로 조달계약, 개발협력서, 대기업의 국제계약상에 자주 사용되는데, 만약 계약서에 중재합의조항과 관할합의(소송에 의한)조항이 동시에 있는 경우에는 어느 하나만 선택하여 해결하여야 한다.

[그림 2-2] 분쟁조정 및 중재제도 절차

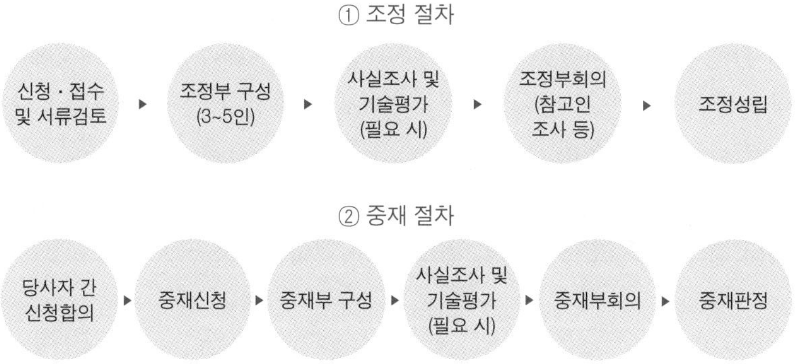

① 조정 절차

신청·접수 및 서류검토 ▶ 조정부 구성 (3~5인) ▶ 사실조사 및 기술평가 (필요 시) ▶ 조정부회의 (참고인 조사 등) ▶ 조정성립

② 중재 절차

당사자 간 신청합의 ▶ 중재신청 ▶ 중재부 구성 ▶ 사실조사 및 기술평가 (필요 시) ▶ 중재부회의 ▶ 중재판정

리사의 자격이 있는 위원 중에서 위원회 위원장이 지명한다. 또한 위원회는 분쟁의 중재를 효율적으로 수행하기 위하여 필요한 경우에는 5명 이내의 위원으로 구성된 중재부를 둘 수 있으며, 중재부의 장은 법관 또는 변호사의 자격이 있는 위원 중에서 위원회 위원장이 지명한다.

조정부 또는 중재부는 사실조사에 기초하여 합의를 도출하거나 중재결정을 내리게 되므로 객관성을 유지할 수 있다. 조정은 조정부가 구성된 날로부터 3개월 내에 조정안을 작성해야 하며, 중재는 5개월 내에 중재판정을 해야 한다(중소기업기술분쟁조정·중재 운영세칙 제25조 및 제30조). 정부는 조정 또는 중재에 소요되는 비용을 지원하고, 나아가 법률대리인 선임 비용까지 지원한다. 조정이 불성립되어 소송이 진행될 경우에는 중소기업에게 소송비용의 일부를 지원해 준다.

3. 조정·중재의 효력

조정은 사건의 당사자가 기술침해 및 손해배상 등이 반영된 조정 내용에 대하여 합의된 사항을 조서에 기재함으로써 성립되며, 이 경우 해당 조서는 재판상의 화해와 동일한 효력이 있다(법 제25

조 제6항). 조정은 강제성이 없으므로 합의 실패 시에는 중재 또는 소송으로 분쟁을 해결할 수 있다. 반면, 중재판정은 양쪽 당사자 간에 확정판결과 동일한 효력이 있다(법 제26조 제8항). 중재판정에는 구속력이 있으므로 분쟁을 종국적으로 해결하고 판정에 대해 소송으로 다툴 수가 없다.

위원회의 조정합의 및 중재판정 결과 불이행 시 관할 법원으로부터 강제집행 판결을 받아 집행할 수 있다.

제4절 하도급법상 기술자료요구 및 유용행위 규제

Ⅰ. 도입 취지

하도급거래에서 우월적 지위에 있는 원사업자가 열등한 지위에 있는 수급사업자에게 기술자료를 요구하는 경우 수급사업자는 거래관계를 고려하여 거절하지 못하는 경우가 많다. 원사업자가 제공받은 기술자료를 유용할 경우 수급사업자는 경영상 큰 어려움을 겪거나 심한 경우 도산으로 이어지게 되므로 법은 일정한 제한을 가하고 있다. 현행 「하도급거래 공정화에 관한 법률」은 중소기업 보호를 위해 대기업의 중소기업에 대한 기술자료 제공요구 및 유용행위를 엄격히 금지하고 있다(하도급법 제12조의3).

기술자료 관련 규정은 2010년 4월 12일 하도급법(법률 제10250호) 개정으로 처음 신설하였다. 그 이전에는 「하도급거래공정화지침」에서 "수급사업자에게 납품관련 기술자료 등을 정당한 이유 없이 요구하여 제공하도록 하는 행위"를 하도급법 제18조의1의 부당한 경영간섭의 하나로 보았다. 이후 2011년 5월 24일 개정으로 기술자료 제공요구를 원칙적으로 금지하고, 서면교부의무를 명시하였으며, 동 위반에 대해 처음으로 3배 손해배상제도를 도입하였다. 또한

2018년 1월 16일 개정으로 기술자료의 정의 규정을 두게 되었다.

Ⅱ. 하도급법 적용 조건

1. 하도급거래

「하도급법」은 하도급거래에 있어서 원사업자의 불공정행위를 규제하기 위한 법률이므로 원사업자와 수급사업자 간의 "하도급거래"를 전제로 한다. 동법 제2조 제1항에서 하도급거래를 원사업자가 수급사업자에게 제조위탁(가공위탁을 포함)·수리위탁·건설위탁 또는 용역위탁을 하거나 원사업자가 다른 사업자로부터 제조위탁·수리위탁·건설위탁 또는 용역위탁을 받은 것을 수급사업자에게 다시 위탁한 경우, 그 위탁을 받은 수급사업자가 위탁받은 것을 제조·수리·시공하거나 용역을 수행하여 원사업자에게 납품·인도 또는 제공하고 그 대가를 받는 행위로 정의하고 있다.[35)]

2. 적용대상

거래상대방이 「중소기업기본법」상 '중소기업자'인 경우에만 하도급법이 적용된다. 원사업자는 중소기업이 아닌 자이거나, 또는 중소기업자이더라도 수급사업자보다 연간매출액이 많은 중소기업자이어야 한다(법 제2조 제2항).

---

35) 「하도급법」은 제조위탁(가공위탁을 포함)·수리위탁·건설위탁 또는 용역위탁 등에 적용되므로 농업, 임업, 어업/전기, 가스, 증기, 공기조절공급업/도매 및 소매업/숙박 및 음식점업/금융 및 보험업/공공행정, 국방, 사회보장행정/교육서비스업/보건업, 사회복지서비스업 등에는 적용되지 않는다.

Ⅲ. 기술자료 요구 및 유용행위

1. 기술자료의 정의

'기술자료'란 합리적인 노력에 의하여 비밀로 유지된 제조·수리·시공 또는 용역수행 방법에 관한 자료, 그 밖에 영업활동에 유용하고 독립된 경제적 가치를 가지는 것으로서 대통령령으로 정하는 자료를 말한다(법 제2조 제15항). 구체적으로 ① 특허권, 실용신안권, 디자인권, 저작권 등의 지식재산권과 관련된 정보, ② 시공 또는 제품개발 등을 위한 연구자료, 연구개발보고서 등 수급사업자의 생산·영업활동에 기술적으로 유용하고 독립된 경제적 가치가 있는 정보를 말한다(시행령 제2조 제8항).

「부정경쟁방지법」상 영업비밀에 해당하는 것은 하도급법상 기술자료에 해당될 수 있다. 다만, 「부정경쟁방지법」은 2019년 개정을 통해 영업비밀 요건 중 비밀관리성에서 "합리적인 노력"을 삭제하였는바, 이 점에서 하도급상의 기술자료와 차이가 있다. 따라서 현행 「하도급법」상 보호되는 기술자료에 해당하기 위하여는 합리적인 노력에 의하여 비밀로 유지되어야 한다. 이는 객관적으로 비밀로 유지·관리되고 있다는 사실이 인식 가능한 상태를 말한다(기술자료 제공요구 유용행위 심사지침, 이하 '심사지침' Ⅲ. 2). 즉, ① 비밀이라고 인식될 수 있는 표시를 하거나 고지를 했는지 여부(예, 자료에 '대외비', '극비' 등 문구를 기재한 경우), ② 자료에 접근할 수 있는 대상자나 접근방법을 제한하였는지 여부(예, 임원, 업무 담당자 등 특정인에게만 접근 권한을 부여한 경우), ③ 자료에 접근한 자에게 비밀유지준수 의무를 부과하였는지 여부(예, 임직원, 거래상대방 등과 비밀유지계약을 체결하거나 그들로부터 비밀유지 각서를 징구한 경우)

2. 기술자료 요구행위

가. 기술자료 요구행위 금지 원칙

원사업자는 원칙적으로 수급사업자의 기술자료를 본인 또는 제3자에게 제공하도록 요구하여서는 아니 된다(법 제12조의3 제1항). 다만, 원사업자가 정당한 사유를 입증한 경우에는 요구할 수 있다. 따라서 기술자료를 제공받지 않더라도 요구하는 행위 자체로 법 위반이 될 수 있다. 즉, 기망이나 협박이 없는 단순한 요구행위가 금지되는 것이다.

나. 적법한 기술자료 제공 요구행위

하도급법 제12조의3 제1항 단서에서 규정한 바와 같이, 예외적으로 원사업자가 정당한 사유를 입증한 경우에는 기술자료를 요구할 수 있는데, 이때 정당한 사유란, 제조 등의 위탁 목적을 달성하기 위해 수급사업자의 기술자료가 절차적, 기술적으로 불가피하게 필요한 경우를 의미하는데, 원사업자와 수급사업자가 공동으로 특허를 개발하는 과정에서 그 특허출원을 위하여 필요한 기술자료를 요구하는 경우, 원사업자와 수급사업자가 공동으로 기술개발 약정을 체결하고 동 약정의 범위 내에서 기술개발에 필요한 기술자료를 요구하는 경우, 하도급대금 조정협의 시 하도급대금의 인상폭 결정과 직접 관련이 있는 원재료의 원가비중 자료를 요구하는 경우 및 제품에 하자가 발생하여 원인 규명을 위해 하자와 직접 관련된 기술자료를 요구하는 경우 등과 같다. 이때 정당한 기술자료 제공요구라 하더라도 요구목적 달성을 위해 필요한 최소한의 범위를 넘어서는 아니 된다. 즉, 수급사업자가 원사업자에게 기술자료를 제공하면서 관련 없는 내용을 삭제한 상태로 제공하였는데 원사업자가 완전한 상태의 기술자료를 요구하는 경우에는 최소한의 범위를 벗어나는 경우라고 할 수 있다.

원사업자가 정당한 사유를 입증하여 수급사업자에게 기술자료를 요구할 경우에도 요구목적, 비밀유지에 관한 사항, 권리귀속 관

계, 대가 등 대통령령으로 정하는 사항을 해당 수급사업자와 미리
협의하여 정한 후 그 내용을 적은 서면(서식 참조)을 해당 수급사업
자에게 주어야 한다(법 제12조의3 제2항).

〈표 2-2〉 기술자료 요구서 서식[36]

1. 원사업자와 수급사업자						
원사업자	사업자명		법인등록번호 또는 사업자등록번호			
	대표자성명		전화번호			
	주 소					
	담당자	성명		소속		전화번호
수급사업자	사업자명		법인등록번호 또는 사업자등록번호			
	대표자성명		전화번호			
	주 소					
	담당자	성명		소속		전화번호
2. 기술자료 요구 관련 사항 (증빙자료가 있는 경우 첨부)						
1) 기술자료 내역	요구하는 기술정보·자료의 명칭과 범위 등 구체적 내역을 명시하여 기재(특허등본원부 등 기술자료에 대한 증빙자료 첨부)					
2) 요구 목적	원사업자가 기술자료를 요구하는 정당한 사유 기재					
3) 비밀유지에 관한 사항	(ⅰ) 상호간 체결한 비밀유지각서 등 첨부, (ⅱ) 기술자료 중 어느 부분을 비밀로 유지할 것인지에 대하여 구체적으로 적시					
4) 권리 귀속 관계	(ⅰ) 원사업자가 요구하는 기술자료의 현재 권리 귀속자,					

	(ⅱ) 상호 간 기술이전계약 체결 여부, (ⅲ) 요구하는 기술이 공동개발한 기술인지 여부, (ⅳ) 기술자료가 제공된 후 권리귀속관계에 대한 상호 합의 사항 등
5) 대 가	기술자료 제공에 따른 대가에 대한 구체적 사항
6) 인도일 및 인도방법	당해 기술자료의 인도일, 구체적인 인도방법 등을 기재
6) 그 밖의 사항	기술자료 임치계약 체결 여부, 기술자료 요구 시 원사업자와 수급사업자 간 기타 합의한 사항 등

원사업자 ○○○ 와 수급사업자 ○○○는 원사업자의 기술자료 요구 시 위 사항을 상호 협의하여 정함을 확인하고, 위 사항이 기재된 본 서면을 교부하여 원사업자가 수급사업자에게 △△△ 기술자료를 요구하는 바입니다.

년   월   일

원 사 업 자 명   대표자   (인)
수급사업자명   대표자   (인)

앞서 설명한 바와 같이, 정당한 사유가 있어 원사업자가 수급사업자에게 기술자료를 제공해줄 것을 요구하는 경우에 다음의 사항에 대해 원사업자는 수급사업자와 '사전'에 협의하여 그 내용을 '문서'로 교부하여야 한다. 즉, ① 기술자료 제공 요구 목적, ② 비밀유지 방법 등 요구대상 기술자료의 비밀유지에 관한 사항, ③ 기술자료와 관련된 권리귀속 관계, ④ 기술자료의 대가 및 대가 지급 방법, ⑤ 기술자료의 명칭 및 범위, ⑥ 요구일, 제공일 및 제공 방법,

---

36) 기술자료 제공 요구ㆍ유용행위 심사지침 [서식 1].

⑦ 기술자료의 사용 기간, ⑧ 반환 또는 폐기방법, ⑨ 기술자료 임치계약 체결 여부, ⑩ 그 밖에 원사업자의 기술자료 제공요구가 정당함을 입증할 수 있는 사항 등이다.

사전협의는 공정하게 이루어져야 한다. 사전협의가 공정하게 이루어졌는지 여부는 협의에 강제성이 있었는지, 수급사업자의 기망이나 착오를 유도했는지, 정당한 대가에 대해 충분히 협의하였는지 여부 등을 종합적으로 고려하여 판단한다.

다. 기술자료 유용행위

원사업자는 취득한 수급사업자의 기술자료에 관하여 부당하게 자기 또는 제3자를 위하여 사용하거나, 제3자에게 제공하여서는 아니 된다(법 제12조의3 제3항). 실제 원사업자는 수급사업자로부터 기술자료를 획득한 후 스스로 동일·유사한 제품을 제조하거나, 또는 다른 회사로 하여금 해당 기술자료에 기초하여 제조한 제품을 저가로 납품하는 사례가 발생하고 있다.

이때의 위법성 판단은 기술자료 제공요구 시 사전협의를 거쳐 서면으로 제시한 기술자료의 사용 목적과 범위를 벗어나 기술자료를 사용함으로써 하도급거래의 공정성을 침해하는지 여부를 위주로 판단한다. 따라서 정당한 대가를 지급한 경우에도 합의된 사용 목적과 범위를 벗어나 사용하는 행위는 하도급거래의 공정성을 침해하였다고 볼 수 있다. 구체적으로 ① 기술자료 사용의 부당성 여부로서 원사업자 및 제3자가 이익을 얻거나 수급사업자에게 손해를 입힐 목적과 의도로 기술자료를 사용하는 것인지 여부, 「특허법」등 관련 법령에 위반하여 기술자료를 사용하거나 사용하도록 하였는지 여부, 기술자료 사용의 범위가 당해 기술의 특수성 등을 고려한 통상적인 업계관행에 벗어나는지 여부, 기술자료 사용에 대해 수급사업자와 충분한 협의를 거치지 않았는지 여부 등을 고려해야 하며, ② 하도급거래 과정에서 기술자료의 사용 태양 및 범위, 사용 대가의 유무 및 금액 등에 대하여 서면을 통하여 충분한 협의를 거쳤음에도 그 합의를 벗어나 사용하였는지 여부, ③ 원사업자의 기술자료 유용으로 수급사업자의 사업활동이 곤란하게 되는지 여부 및 ④ 정상적인 거래관행에 어긋나거나 사회 통념상 올바르지 못한 것으로 인정되는 행위나 수단 등을 사용하였는지 여부를 통해 위법성을 판단하게 된다.

3. 제 재

가. 행정상 제재

최근 대·중소기업 간 불공정한 하도급 거래에 대한 언론과 사회의 비판이 가열되면서 하도급법 위반행위에 대한 강한 제재가 가해지고 있다.

1) 부당한 기술자료 제공요구 공정위 신고

누구든지 이 법에 위반되는 사실이 있다고 인정할 때에는 그 사실을 공정거래위원회에 신고할 수 있다. 이 경우 공정거래위원회는 대통령령으로 정하는 바에 따라 신고자가 동의한 경우에는 원사업자에게 신고가 접수된 사실을 통지하여야 한다(「하도급법」 제22조 제1항). 그리고 공정거래위원회는 신고가 있거나 이 법에 위반되는 사실이 있다고 인정할 때에는 필요한 조사를 할 수 있다(「하도급법」 제22조 제2항).

2) 시정조치 및 공표

사업자는 공정위로부터 하도급 대금 등의 지급, 법 위반행위의 중지, 특약의 삭제나 수정, 향후 재발방지, 그 밖에 시정에 필요한 조치를 권고받거나 명령을 받을 수 있고(「하도급법」 제25조 제1항), 시정명령 받았다는 사실을 공표할 것을 명받을 수 있다(「하도급법」 제25조 제3항).

3) 공정위 조사대상 제외 및 처분 제한

기술자료제공요구 금지행위를 위반한 경우에는 '거래가 끝난 날'[37]로부터 7년이 지난 하도급거래는 공정거래위원회의 조사에서 제외된다(「하도급법」 제23조 제1항). 또한 조사 개시일로부터 3년 또는 신고일로부터 3년이 경과하면 시정조치를 명하거나 과징금을 부과하지 아니하도록 처분기간을 제한하고 있다(「하도급법」 제22조 제4항).

4) 과징금 부과

공정거래위원회는 법을 위반한 발주자·원사업자 또는 수급사업자에 대하여 수급사업자에게 제조 등의 위탁을 한 하도급대금이나 발주자·원사업자로부터 제조 등의 위탁을 받은 하도급대금의 2배를 초과하지 아니하는 범위에서 과징금을 부과할 수 있다(「하도급법」 제25조의3).

나. 형사상 제재

1) 기술자료 제공요구에 대한 벌금

원사업자가 취득한 수급사업자의 기술자료를 부당하게 ⅰ) 자기 또는 제3자를 위하여 사용하거나, ⅱ) 제3자에게 제공하여서는 아니되는데(하도급법 제12조의3 제3항), 만일 원사업자가 이러한 금지행위를 위반한 경우에는 수급사업자에게 제조 등을 위탁한 하도급대금의 2배에 상당하는 금액 이하의 벌금형을 받을 수 있다(「하도급법」 제30조 제1항 제1호).

2) 양벌규정

법 위반행위에 대해 책임이 있는 법인의 대표자나 법인 또는 개인의 대리인, 사용인, 그 밖의 종업원이 그 법인 또는 개인의 업무에 관하여 위반행위를 하면 그 행위자를 벌하는 외에 하도급 대금의 2배에 상당하는 금액 이하의 벌금형을 받을 수 있다. 다만, 법인 또는 개인이 그 위반행위를 방지하기 위하여 해당 업무에 관하여 상당한 주의와 감독을 게을리하지 아니한 경우에는 그러하지 아니

---

37) "거래가 끝난 날"이란 제조위탁·수리위탁의 경우 수급사업자가 원사업자에게 위탁받은 목적물을 납품 또는 인도한 날을 말하며, 하도급 계약이 중도에 해지되거나 하도급 거래가 중지된 경우에는 해지 또는 중지된 날을 말한다(「하도급법」 제23조 제2항).

하다(하도급법 제30조, 제31조).[38]

다. 민사상 제재

1) 사업자의 고의 또는 과실

사업자가 타인에게 손해를 가하는 "기술자료 제공요구 또는 유용행위"시 피해자에게 발생한 손해에 대하여 배상할 책임이 있으며, 이러한 책임을 벗어나기 위해서 사업자가 고의 또는 과실이 없음을 스스로 입증하여야 한다(「하도급법」 제35조 제1항).[39]

2) 기술자료 요구 또는 유용행위로 인한 손해 발생

정당한 사유없이 기술자료를 제공할 것을 요구한 경우 원사업자는 그 행위로 인하여 손해가 발생한 자에게 손해배상책임을 진다. 나아가 사업자가 피해자에게 발생한 손해의 3배를 넘지 아니하는 범위에서 배상책임을 부담한다[40](「하도급법」 제35조 제2항 본문).

사업자의 행위로 인한 손해발생 사실 및 손해액은 피해자가 입증해야 하는 것이 원칙이다. 다만, 손해가 발생된 것은 인정되지만 그 손해액을 입증하기 위해 필요한 사실을 입증하는 것이 해당 사실의 성질상 극히 곤란한 경우에는 법원이 직권으로 상당한 손해액을 인정할 수 있다(「하도급법」 제35조 제4항, 「공정거래법」 제57조).

---

38) 다만, 사업자의 하도급법 위반행위에 대해 수급사업자에게도 책임이 있는 경우에는 고발 또는 벌칙 적용을 할 때 이를 고려할 수 있다(「하도급법」 제33조).

39) 일반불법행위로 인한 손해배상청구의 경우라면 불법행위책임을 주장하는 피해자가 가해자의 고의 또는 과실을 입증하는 것이 원칙이나, 하도급법 위반을 이유로 한 손해배상청구의 경우에는 원사업자가 자신의 고의 또는 과실 없음을 스스로 입증하여야만 면책할 수 있도록 입증책임이 전환되어 있다.

40) 국내법 체계상 위법행위로 인하여 피해자에게 실제 발생한 손해에 대해서만 배상책임을 인정하는 것이 원칙이나, 하도급법은 하도급법상 불공정한 행위를 강력하게 방지하기 위하여 영미법상의 징벌적 손해배상제도(3배 손해배상제도)를 도입하였다.

3) 징벌적 손해배상 책임

원사업자가 기술자료 유용행위 등의 위반을 하여 손해를 입은 자가 있는 경우에는 그 자에게 발생한 손해의 3배를 넘지 아니하는 범위에서 배상책임을 진다. 다만, 원사업자가 고의 또는 과실이 없음을 입증한 경우에는 그러하지 아니하다. 법원은 제2항의 배상액을 정할 때에는 다음 각 호의 사항을 고려하여야 한다(「하도급법」 제35조 제3항).

〈3배배상 시 법원의 고려사항〉

① 고의 또는 손해 발생의 우려를 인식한 정도
② 위반행위로 인하여 수급사업자와 다른 사람이 입은 피해규모
③ 위법행위로 인하여 원사업자가 취득한 경제적 이익
④ 위반행위에 따른 벌금 및 과징금
⑤ 위반행위의 기간·횟수 등
⑥ 원사업자의 재산상태
⑦ 원사업자의 피해구제 노력의 정도

---

4) 손해배상청구권의 행사

사업자의 행위로 인하여 피해자에게 손해가 발생한 경우라도, 피해자가 위와 같은 불법행위로 인한 손해발생 사실에 관하여 현실적이고 구체적으로 인식하고도 3년간 손해배상청구권을 행사하지 않거나, 사업자의 불법행위가 있는 날로부터 10년이 경과하면 사업자의 배상책임은 소멸한다(「민법」 제766조).

라. 벌점 부과

공정위는 사업자의 하도급법 위반행위에 대하여 벌점을 부과하고, 벌점이 일정 점수를 초과하는 경우에는 이러한 사실을 관계 행정기관에 통보하여 입찰참가제한 등의 조치를 하도록 요청하여야 한다(「하도급법」 제26조 제2항).

제 3 장

아이디어탈취와 보호

제1절 아이디어탈취의 개념과 유형

Ⅰ. 아이디어의 개념과 보호의 필요성

1. 아이디어의 개념

가. 부정경쟁방지법상 아이디어의 개념

'아이디어(Idea)'란 "어떤 일에 대한 구상[1]) 내지는 "제안·생각·계획 또는 지식"[2])을 뜻하는 말로서, 고대 그리스어 이데아($\iota\delta\epsilon\alpha$)에서 유래되었다. 고대 그리스 철학에서 이데아는 지식의 원천이자 모든 사물과 단어의 존재근거인 동시에 그것들이 나아가야 하는 목표로서, 사물의 본성을 나타내는 초월적 실체이다.[3]) 이러한 아이디어는 오늘날, 특히 산업적인 측면에서 중요한 가치를 가진다. 도전적인 스타트업 창업의 원천이 되기도 하며, 중요한 영업자산이 되기도 한다.

「부정경쟁방지법」상 아이디어는 "특정 기술 및 제품, 상품의 발상 또는 착상, 착안, 구상, 사상뿐만 아니라 제품판매전략, 고객관리전략 등을 구상한 경영상 정보 등"을 말하며, 동법 제2조 제1호(차)목에 따른 보호의 대상이 된다. 다만 실체가 없는 단순한 구상이나 착상은 해당하지 않는다. 따라서 부정경쟁방지법상 보호받는 아이디어가 되기 위해서는 최소한 자료의 형태로 구체화되어야 하며 경제적 가치가 있어야 한다. 다만 아이디어 제공이 있을 당시 이미 해당 아이디어를 알고 있었거나 동종 업계에서 널리 알려진 경

---

1) 국립국어원 표준국어대사전, "아이디어", 〈https://bit.ly/2LmdS8P〉, (최종검색 2019. 9. 15.).
2) Cambridge Dictionary "IDEA", 〈https://bit.ly/2lPZYPS〉, (최종검색 2019. 9. 15.).
3) 원광대학교, "플라톤의 이데아", 「정신개벽」 통권 제11호, 1992, 208-209면.

우에는 보호 대상에서 제외된다.

예를 들면, 특허청에 아이디어 탈취로 신고를 한 민원인의 경우 A 전자에서 주최한 공모전에 분리형 세탁기에 대한 아이디어를 2014년 9월 제출하였으나 선정되지 못했다. 그런데 2015년 7월 민원인이 제출한 분리형 세탁기 아이디어와 동일한 방식의 세탁기가 A전자에서 출시되었다. 신고를 받은 특허청은 관련 기술이 아이디어 제공 당시에 이미 동종 업계에 널리 알려졌는지를 조사한바, 이 기술과 관련된 특허출원이 2000년 초부터 있었던 사실을 확인하였다.

[그림 3-1] 아이디어 탈취 신고 사례[4]

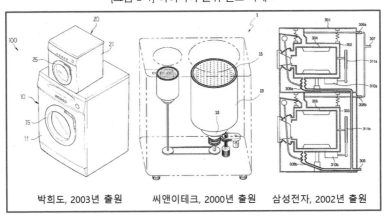

| 박희도, 2003년 출원 | 씨앤이테크, 2000년 출원 | 삼성전자, 2002년 출원 |

아이디어 탈취는 주로 거래 과정에서 발생하므로 「부정경쟁방지법」 제2조 제1호 (차)목의 보호대상인 아이디어는 "사업제안, 입찰, 공모 등 거래교섭 또는 거래과정에서" 상대방에게 제공되는 아이디어에 한한다. 따라서 여기서 아이디어는 주로 계약 체결 전 단계에서 제공되게 된다.

나. 다른 법령상 아이디어 개념과의 비교

전통적인 지식재산권의 영역에서도 아이디어라는 용어가 사용된

---

4) 특허청, 아이디어 행정조사 권고 자료, 2019. 5. 8.

다. 법령에서는 주로 '사상'이라고 표현되는데,「특허법」의 경우 발명의 정의를 "자연법칙을 이용한 기술적 사상의 창작으로서 고도한 것"이라고 표현하고 있다. 즉「특허법」은 아이디어가 산업상 이용가능성, 신규성 및 진보성 등의 요건을 갖춘 경우 보호하고 있다.「저작권법」은 저작물의 정의를 "인간의 사상 또는 감정을 표현한 창작물"로 정의하며 아이디어 그 자체를 보호대상에서 배제하고 있다.

한편, 우리 법제상 '아이디어'라는 법률용어는 2007년 가맹사업진흥법에서 처음 등장하였으며[5] 현재는 부정경쟁방지법을 비롯한 다양한 법령에서 '아이디어'라는 용어를 사용하고 있다. '아이디어'를 명확히 정의하고 있는 법령은 찾아볼 수 없지만, 일부 지방자치단체의 제안조례를 제외하면 우리 법제에서의 아이디어는 그 용례로 미루어 "사업화가 가능하거나 사업적으로 가치 있는 아이템"정도로 해석할 수 있겠다. 예컨대「가맹사업 진흥에 관한 법률」제15조 제1호는 독창적인 아이디어를 기반으로 한 우수 창업, 제17조 제1호는 가맹사업창업자의 아이디어 사업화를,「과학기술기본법」제16조의4 제1항은 창의적인 아이디어에 대한 기술창업 활성화를,「중소기업창업지원법」제4조의2 제1항 제2호에서는 우수 아이디어의 사업화를,「채용절차의 공정화에 관한 법률」제4조 제1항에서는 채용을 가장한 아이디어 수집 금지를 각 규정하고 있다. 부정경쟁방지법상의 아이디어의 개념은 이에 가까운 용례로 파악되는데, 특히 보호의 대상이 되기 위해서는 널리 알려진 아이디어가 아니어야 하며 경제적 가치를 갖고 있어야 한다.

다. 아이디어 보호의 필요성

지식재산권 제도의 핵심은 공개를 통한 산업발전이다. 이러한 이념 속에서는 아이디어 역시도 대중에게 공개될 때 지식재산권

---

5) 2007. 12. 21. 법률 제8761호로 제정되어 2008. 6. 22.부터 시행된「가맹사업 진흥에 관한 법률」을 의미함.

제도 소정의 목적 달성을 위해 기능할 수 있는데, 이러한 지식의 가
치를 인정받기 위해 그 지식을 대중에게 보여 주는 과정에서 그 지
식의 가치는 감소할 수 있다.[6] 이러한 역설 속에서, 아이디어의 적
정 보호 필요성이 발생한다. 아이디어의 사업화를 위해서는 아이
디어 보유자가 자본 보유자에게 그 아이디어를 공개해야 하나, 아
이디어의 공개는 불가역적인 성격으로서, 일단 한 번 공개되면 되
돌릴 수 없게 된다. 따라서 아이디어의 보호가 필요하지만, 반대로
공공영역에 대한 지식재산권법적 보호를 통해 오히려 산업 발전을
저해할 우려 또한 발생한다. 아이디어의 창출은 기술진보와 문화
발전을 위한 지식재산의 창출에 있어 밑거름이라고 할 수 있다. 아
이디어의 보호가 전혀 이뤄지지 않는다면 새로운 아이디어의 창출
에 대한 유인이 줄어들 수 있으며, 경제적 가치가 있는 아이디어를
제3자가 부당하게 이용하게 된다.[7] 이에 따라 현행 부정경쟁방지
법은 요건을 갖춘 아이디어에 대해서 제한적인 보호를 가하고 있
는 것이다.

2. 아이디어 탈취의 개념
가. 넓은 의미의 아이디어 · 기술탈취행위

넓은 의미에서 아이디어 탈취는 기술탈취와도 연관된다. 부정경
쟁방지법을 제외하고는 '아이디어'라는 용어를 쓰고 있지는 않지만
영업활동에 유용한 가치가 있는 것, 그중에서도 지식재산권이 성립
하기 어려운 것들을 부당하게 탈취하는 행위를 규제하기 위해 다
양한 법령에서 관련 규정을 두고 있다. 예컨대 하도급법과 상생협

---

6) Kenneth J. Arrow, "Economic Welfare and the Allocation of Resources for Invention", Essays in the Theory of Risk-Bearing, North-Holland Pub. Co., 1974, 152.

7) 최승재, "부정경쟁행위 판단기준 및 행정조사에 관한 연구", 특허청 연구보고서(2018), 114면.

력법에서는 '기술자료'를 보호하고 있으며, 중소기업기술보호법에
서는 '중소기업기술'을 보호대상으로 규정하고 있다. 또한 부정경
쟁방지법에서는 앞서 설명한 '영업비밀'을 보호하고 있다.

나. 부정경쟁방지법상 아이디어 침해

「부정경쟁방지법」 제2조 제1호 (차)목 소정의 아이디어로 보호
받기 위해서는 그 아이디어가 경제적 가치를 가지는 기술적 또는
영업상의 아이디어에 해당해야 한다. 또한 아이디어 침해가 성립
하기 위해서는 그 행위가 구체적이어야 하는데, 보호 대상에 해당
하는 아이디어를 그 제공목적에 위반하여 자신 또는 제3자의 영업
상 이익을 위하여 부정하게 사용하거나 타인에게 제공하는 등 그
행위의 반사회성을 가지는 사정이 인정되어야 한다. 관련하여 구
체적인 요건은 제3절에서 검토하기로 한다.

다. 아이디어 탈취행위의 유형

「부정경쟁방지법」상 아이디어 탈취행위에 대한 신고례 및 판결
례는 아직 누적되지 않았다는 점에서 그 유형을 명확히 분류할 수
는 없으나, 부정경쟁방지법 제2조 제1호 (차)목의 규정을 토대로
한다면 그 위반행위를 ① 아이디어의 부정사용, ② 아이디어의 타
인 제공으로 구분할 수 있다. 세부적인 행위 유형은 하도급법상 기
술탈취 행위(기술자료 유용 행위)의 분류를 참조하여 아이디어 탈취
행위의 경우를 나누어볼 수 있다.

〈표 3-1〉 아이디어 탈취행위의 유형 분류[8]

대분류	중분류	소분류
아이디어의 부정사용	모인·공동출원	제공받은 아이디어를 통해 공동으로 기술개발/사업화 등 구체화한 뒤 제공받은 자가 단독으로 특허 등 지식재산권 출원
		제공받은 아이디어를 특허 등 지식재산권으로 출원
		제공받은 아이디어를 변형하여 특허 등 지식재산권으로

	출원	
	직접생산	제공받은 아이디어를 통해 자신 또는 계열사가 직접 제품 등을 생산하고 거래관계 파기 또는 계약 미체결
		제공받은 아이디어의 독창적인 디자인·특징 등을 단순 열람한 후 이를 도용
아이디어의 타인 제공	가격을 경쟁시키기 위해 제공받은 아이디어를 경쟁사에 유출	
	제공받은 아이디어를 자신, 계열사 또는 제3자에게 제공	
그 밖의 유형	거래가 성사되지 않거나 파기되었음에도 불구하고 아이디어를 부정사용하거나 타인에게 제공	
	아이디어를 제공받은 뒤 일방적으로 거래관계를 종료하고 아이디어를 부정사용하거나 타인에게 제공	
	기타 아이디어의 제공목적 외 부정한 사용	

제2절 현행법상 아이디어 보호 체계

I. 민법상 불법행위 법리에 따른 보호

1. 민법상 일반불법행위 및 부정경쟁방지법상 보충적 일반조항에 따른 보호

「민법」제750조는 "고의 또는 과실로 인한 위법행위로 타인에게 손해를 가한 자는 그 손해를 배상할 책임이 있다."고 규정하고 있다. 일반불법행위가 성립하기 위해서는 ① 고의·과실, ② 책임능력, ③ 위법성, ④ 인과관계가 있어야 하는데, 거래상의 신뢰관계가 존재하여 상대방이 제공받은 아이디어를 그 제공목적에 따라 사용할 시 의무가 발생하였음에도 상대방이 그 의무를 위반하여 손해를

---

8) 공정거래위원회 예규 제292호, 기술자료 제공 요구·유용행위 심사지침 참조.

가하였다면 그 손해배상을 청구할 근거가 된다.[9] 하지만 「민법」제 750조에 근거하여 성과의 모용을 구제받기 위해서는 그 입증이 몹시 어려울 수 있다. 따라서 「부정경쟁방지법」은 「민법」상 일반불법행위의 법리를 통해 새롭고 다양한 유형의 부정경쟁행위에 적절하게 대응하기 위한 규정을 신설하게 되었다.[10] 이에 따라 같은 법 제2조 제1호(카)목이 부정경쟁행위의 유형으로 구체화되었다[2013. 7. 30., 법률 제11963호로 일부개정된 부정경쟁방지법 제2조 제1호 (차)목].

2. 일반불법행위 법리와 부정경쟁방지법상 아이디어 보호 규정의 관계

앞서 살펴본 바와 같이 「부정경쟁방지법」 제2조 제1호 (카)목의 규정은 경쟁자가 상당한 노력과 투자로 구축한 성과물을 상도덕이나 공정한 경쟁질서에 반하여 자신의 영업을 위하여 무단으로 사용함으로써 경쟁자의 노력과 투자에 편승하여 부당하게 이익을 얻고 경쟁자의 법률상 보호할 가치가 있는 이익을 침해하는 경우에는 부정한 경쟁행위로서 민법상 불법행위에 해당한다는 민법상 불법행위의 법리가[11] 「부정경쟁방지법」상 입법화된 것으로 볼 수 있다.[12] 이를 통해 민법상 불법행위 법리에 따라 규율할 수 있었던 비정형적 부정경쟁행위를 직접 「부정경쟁방지법」을 통해 규율할 수 있게 되었다. 동 조항은 "그 밖에 타인의 상당한 투자나 노력으로 만들어진 성과 등을 공정한 상거래 관행이나 경쟁질서에 반하는 방법으로 자신의 영업을 위하여 무단으로 사용함으로써 타인의 경제적 이익을 침해하는 행위"로서, 「공업소유권 보호를 위한 파리

---

9) 박성준, "[특별기고]아이디어 탈취 금지를 위한 부정경쟁방지법 개정 배경과 주요내용", 대한변협신문, 2018. 7. 16.

10) 김현숙, "아이디어 탈취 금지에 대한 부정경쟁방지법의 의미와 한계", 「과학기술과 법」 제9권 제2호, 2018. 12.

11) 대법원 2012. 3. 29. 선고 2010다20044 판결.

12) 서울고등법원 2018. 10. 11. 선고 2015나2047271 판결.

협약」 제10조의2는 "공업상 또는 상업상의 공정한 관습에 반하는 모든 경쟁행위는 부당 경쟁행위를 구성한다"는 개방적 일반조항과는 달리 보충적 일반조항의 형식으로 입법되었으며, 그 적용대상도 타인의 성과물 도용행위에 국한된다.[13] 중요한 점은, 부정경쟁방지법 제2조 제1호 (카)목은 불법행위의 법리를 명문화한 것으로서, 행위의 불법성 정도에 따라 판단은 달라진다. 우리 법원은 불법행위에 관하여, "사정을 알면서도 법규에 위반하거나 선량한 풍속 또는 사회질서에 위반하는 등 위법한 행위를 함으로써 이익을 침해"하는 경우 불법행위가 성립하고,[14] 여기에서 위법성은 침해되는 채권의 내용, 침해행위의 태양, 침해자의 고의 내지 해의의 유무 등을 참작하여 구체적, 개별적으로 판단하되, 거래자유 보장의 필요성, 경제·사회정책적 요인을 포함한 공공의 이익, 당사자 사이의 이익균형 등을 종합적으로 고려하여야 할 것이라고 판시한 바 있다.[15] 따라서 일반조항에 따른 규율은 일률적으로 적용될 수 없으며, 충분한 보호가치를 가지는 것에 대한 불법행위의 위법성, 불법행위자의 악의성에 관한 판단이 필요하다. 즉, 부정경쟁방지법 제2조 제1호 (카)목은 부정경쟁방지법의 이념을 충실히 반영하여 공정한 경쟁질서의 유지를 위해 기능해야 할 것이다.

한편, (카)목을 통해 아이디어를 보호할 수 있는가의 여부는 불분명하다. 아이디어의 경우 공공영역에 포함될 가능성이 높은 존재로서 전통적인 지식재산으로서 보호되기 어렵다. 특히 그 아이디어의 추상성이 높을수록 보호가치는 낮아질 것이다. 부정경쟁방지법 제2조 제1호 (카)목은 "타인의 상당한 투자나 노력으로 만들어진 성과 등"을 보호하고 있는데, 아이디어가 여기에 포함되는지

---

13) 김원오, "부정경쟁방지법상 신설된 일반조항의 법적 성격과 그 적용의 한계", 「산업재산권」 제45호, 한국지식재산학회(2014), 278면.

14) 대법원 2003. 3. 14. 선고 2000다32437 판결.

15) 대법원 2007. 5. 11. 선고 2004다11162 판결.

의 여부는 불분명하다. 원칙적으로 보호할 수 없지만 일정한 요건을 충족하는 아이디어의 경우라면 보호할 수 있다거나,[16] 아이디어의 무단 사용을 부정경쟁행위로서 규율할 수 있다고 보는 견해가 대립하였는데,[17] 선행 연구의 공통점은 아이디어를 추상적이고 참신하지 못한 것으로 상정하였을 때에는 부정경쟁방지법 일반조항 또는 민법상 불법행위 법리로서 보호받을 수 없다는 견지로 파악된다. 반대로 아이디어의 보호가치가 충분하고, 가해자의 침해행위 태양의 불법성이 매우 불량하거나 신뢰관계나 묵시적 의무 같은 일정한 무단사용 금지의무를 부담하고 있다면 가해행위의 불법성을 무겁게 판단하여 부정경쟁행위로서 규율할 수 있을 것이다.[18] 따라서 부정경쟁방지법 제2조 제1호 (차)목의 보호대상이 되는 수준의 아이디어와 거래 상황을 상정할 때에 한하여, (카)목의 보호대상에 포함될 수 있을 것으로 사료되며 이는 곧 (차)목의 규율은 민법상 불법행위의 법리, 예컨대 신의성실의 원칙, 거래·계약행위, 가해자의 악의성 등에 관한 판단방법을 원용할 수 있다고 사료된다.

3. 부정경쟁방지법에 따른 보호

가. 부정경쟁방지법의 이념 검토

「부정경쟁방지법」의 모태는 1934년 조선부정경쟁방지령에서 찾아볼 수 있으며, 동 령에서는 일본의 「부정경쟁방지법」을 따르도록 규정하고 있었다. 이후 1961. 12. 31. 제정되어 1962. 1. 1. 시행

---

16) 박윤석·박해선, "성과모방행위에 관한 고찰", 「지식재산권연구」제9권 제4호, 한국지식재산연구원(2014), 79-80면.

17) 최호진, "아이디어의 보호가능성과 유형별 사례분석", 「저스티스」통권 제140호, 한국법학원(2014), 163-164면; 정상조, "경제적 불법행위 시론: 아이디어 유통의 민사법적 문제를 중심으로", 「민사판례연구」제34권, 민사판례연구회(2014), 861-862면.

18) 최호진, 위의 책, 164면.

된「부정경쟁방지법」은 부정한 수단에 의한 상업상의 경쟁을 방지하여 건전한 상거래의 질서를 유지함을 목적으로 하고 있다(제1조). 여기에서는 부정경쟁행위의 유형으로 혼동초래행위, 허위 원산지 표기, 오인야기행위, 타인상품사칭행위 및 타인의 신용을 침해하는 행위를 규정하고 있었는데, 이는 부정한 수단에 의한 상업상의 경쟁을 방지하여 건전한 상거래의 질서를 유지하려는 것이었다.19)

부정경쟁방지법이 보호하고자 하는 보호법익에 관하여, ① 인격권설, ② 기업권설, ③ 고객권설, ④ 경쟁지원권설 등의 주장이 있었으나, 오늘날「부정경쟁방지법」의 본질은 인격이나 기업과 같은 주관적인 권리가 아니라 기여원리 즉 성과와 책임에 기한 경쟁질서 그 자체, 또는 영업의 직업윤리라는 견해가 유력하다.20) 동시에「부정경쟁방지법」은「상표법」과 밀접한 관련을 가지고 발달되어 왔으며,「상표법」을 보완하는 기능을 수행하는데, 헌법재판소는 양법 모두 경쟁법의 성격으로 공정한 경쟁을 유도하지만 양자가 추구하는 공익은 다르다고 보고 있다.21) 즉, 부정경쟁방지법은 단지 주지·저명 표장의 보호만을 위해 존재하는 것이 아니라 지식재산권으로 보호받지 못하는 이른바 퍼블릭 도메인에 대해서도, 동법이 추구하는 목적인 건전한 거래질서 유지를 저해하는 행위에 대해서는 규제하기 위하여 작동할 수 있다는 것이다. 이에 따라 동법 제15조 제1항은 "「특허법」,「실용신안법」,「디자인보호법」,「상표법」,「농수산물 품질관리법」 또는「저작권법」에 제2조부터 제6조까지 및 제18조 제3항과 다른 규정이 있으면 그 법에 따른다"고 규정하고 있는데, 이는「부정경쟁방지법」이 타법과 저촉되지 않으면서도 그 범

---

19) 1961. 12. 30. 법률 제911호로 제정되어 1962. 1. 1. 시행된「부정경쟁방지법」제정이유.

20) 하홍준·서천석, "부정경쟁방지 및 영업비밀에 관한 법률 최신동향", 한국발명진흥회 연구보고서(2003), 3면.

21) 헌법재판소 2001. 9. 27. 선고 99헌바77 결정.

위 내에서 부정경쟁행위를 규제할 수 있도록 하여 법의 실효성을 확
보하는 데 도움을 주기 위한 것이며,[22] 이는 지식재산의 보호를 넘
어 공정한 경쟁질서를 도모하고자 함이다.

「부정경쟁방지법」의 이념으로서 "공정한 경쟁질서의 유지"는 특
히 동법 제2조 제1호 (차)목과 (카)목에서 여실히 드러난다. 공정한
경쟁질서를 유지하기 위하여 새로운 유형의 부정경쟁행위를 규율
하기 위하여 부정경쟁방지법 제2조 제1호 (카)목이 입법된 후에도
중소·벤처기업 또는 개발자 등의 경제적 가치를 가지는 아이디어
를 거래상담, 입찰, 공모전 등을 통하여 취득하고 이를 아무런 보상
없이 사업화하여 막대한 경제적 이익을 얻으면서도 개발자는 오히
려 폐업에 이르게 하는 등 기업의 영업활동에 심각한 폐해를 일으
키고 있다는 문제점이 계속 지적되었고, 구체적 요건을 구비하지
못한 경우 상당한 피해를 입더라도 구제해 줄 명확한 규정이 없다
는 한계는 여전히 존재하였다.[23] 이후 명확한 규제를 통한 보호의
실효성 확보를 위하여 「부정경쟁방지법」 제2조 제1호 (차)목이 신
설되었고, 동 목은 비교적 추상적인 한계를 가짐에도 불구하고 "사
업제안, 입찰, 공모 등 거래교섭 또는 거래과정", "제공목적에 위반"
이라는 상황을 상정하고 "경제적 가치를 가지는 타인의 기술적 또
는 영업상의 아이디어가 포함된 정보"만을 보호 대상으로 삼고 있
다. 즉, 동 규정은 부정경쟁방지법상 공정한 경쟁질서의 유지를 이
념으로 자리 잡고 있다는 것이라고 사료된다.

나. 입법연혁

「부정경쟁방지 및 영업비밀보호에 관한 법률」(이하 "부정경쟁방지
법"으로 칭함)은 국내에 널리 알려진 타인의 상표·상호(商號) 등을

---

22) 1986. 12. 12. 국회 상공위원회 제131회-제15차 회의록
23) 「부정경쟁방지 및 영업비밀보호에 관한 법률 일부개정법률안(대안)」, 산
업통상자원중소벤처기업위원장, 의안번호 2012752.

부정하게 사용하는 등의 부정경쟁행위와 타인의 영업비밀을 침해하는 행위를 방지하여 건전한 거래질서를 유지함을 목적으로 하고 있다. 제정 당시[24]에는 그 제명이 「부정경쟁방지법」이었으며 그 목적을 "부정한 수단에 의한 상업상의 경쟁을 방지하여 건전한 상거래의 질서를 유지함"으로 정하며 타인의 주지·저명한 표장을 무단으로 사용하는 행위를 규제하였다.

그러나 1991년, 과학기술투자의 확대와 기술혁신에 따라 산출되는 기술상·경영상 유용한 정보(營業秘密)의 중요성이 높아지고 있는 환경에서 영업비밀의 도용 등 침해행위를 방지하여 기업 간의 건전한 경쟁질서를 확립하고자,[25] 1991. 12. 31. 법률 제4478호로 일부개정된 「부정경쟁방지법」은 영업비밀 보호에 관한 규정을 신설하였다.

이후 우리 기업의 기술수준이 향상되고 국제교류가 증대됨에 따라 핵심기술의 유출 등 영업비밀 침해행위의 증가가 우려되는 환경이었다는 점에서 이에 효율적으로 대처할 수 있도록 관련 규정을 보완하고, 위조상품의 제조·판매 등 부정경쟁행위를 조사할 수 있도록 할 필요성이 대두됨에 따라[26] 「부정경쟁방지법」은 1998. 12. 31. 다시 개정되어 제명을 현재와 같은 「부정경쟁방지 및 영업비밀보호에 관한 법률」로 개칭하고 영업비밀 침해행위에 관한 규제를 체계화하였다.

2013년에는 부정경쟁행위에 관한 보충적 일반조항[제2조 제1호 (카)목]을 마련하여,[27] 기술의 변화 등으로 나타나는 새롭고 다양한

---

24) 1961. 12. 30. 법률 제911호로 제정되어 1962. 1. 1. 시행된 「부정경쟁방지법」을 의미한다.

25) 1991. 12. 31. 법률 제4478호로 일부개정되어 1992. 12. 15. 시행된 「부정경쟁방지 및 영업비밀보호에 관한 법률」 일부개정문 개정이유

26) 1998. 12. 31. 법률 제5621호로 일부개정되어 1999. 1. 1. 시행된 「부정경쟁방지 및 영업비밀보호에 관한 법률」 일부개정문 개정이유

유형의 부정경쟁행위에 적절하게 대응하기 위하여 타인의 상당한 투자나 노력으로 만들어진 성과 등을 공정한 상거래 관행이나 경쟁질서에 반하는 방법으로 자신의 영업을 위하여 무단으로 사용함으로써 타인의 경제적 이익을 침해하는 행위를 부정경쟁행위로 규제할 수 있는 근거를 마련하였으며, 2018년 개정[28]을 통해 "국내에 널리 인식된 타인의 상품 판매·서비스 제공방법 또는 간판·외관·실내장식 등 영업제공 장소의 전체적인 외관과 동일하거나 유사한 것을 사용하여 타인의 영업상의 시설 또는 활동과 혼동하게 하는 행위[제2조 제1호 (나)목 및 (다)목]" 및 "사업제안, 입찰, 공모 등 거래교섭 및 거래과정에서 경제적 가치를 가지는 타인의 기술적 또는 영업상의 아이디어를 그 제공목적에 위반하여 자신 또는 제3자의 영업상 이익을 위하여 부정하게 사용하거나 타인에게 제공하여 사용하게 하는 행위[제2조 제1호 (차)목]"를 부정경쟁행위의 개별 유형으로 신설하였다. 더 나아가 2019년에는[29] 영업비밀의 요건을 완화하고 영업비밀의 침해행위가 고의적인 것으로 인정되는 경우에는 손해로 인정된 금액의 3배를 넘지 아니하는 범위에서 배상액을 인정할 수 있도록 하는 징벌적 손해배상제도를 도입하였다(제14조의2 제6항 및 제7항).

　동 규정이 신설되기 전에는 아이디어 탈취행위를「민법」제750조의 불법행위로 보아 민사소송 또는 부정경쟁방지법상 보충적 일반조항으로 구제하고자 하는 노력이 있었으나, 탈취행위의 입증이 현실적으로 어렵다는 한계가 있었다. 따라서 중소·벤처기업 또는

---

27) 2013. 7. 30. 법률 제11963호로 일부개정되어 2014. 1. 31. 시행된「부정경쟁방지 및 영업비밀보호에 관한 법률」을 의미한다.
28) 2018. 4. 17. 법률 제15580호로 일부개정되어 2018. 7. 18. 시행된「부정경쟁방지 및 영업비밀보호에 관한 법률」을 의미한다.
29) 2019. 1. 8. 법률 제16204호로 일부개정되어 2019. 7. 9. 시행된「부정경쟁방지 및 영업비밀보호에 관한 법률」을 의미한다.

개발자 등의 경제적 가치를 가지는 아이디어를 거래상담, 입찰, 공모전 등을 통하여 취득하고 이를 아무런 보상 없이 사업화하여 막대한 경제적 이익을 얻으면서도 개발자는 오히려 폐업에 이르게 하는 등 기업의 영업활동에 심각한 폐해를 야기하고 있는 실정이었다. 그런데 아이디어 사용에 대한 명시적 계약을 체결하지 않았거나 특허 등 등록에 의한 보호를 위한 구체적 요건을 구비하지 못한 경우 상당한 피해를 입더라도 구제해 줄 명확한 규정이 없어 손해배상은 물론 사용금지를 요청하기도 어려운 실정이므로, 부정경쟁방지법을 통해 중소·벤처기업 및 개발자의 참신한 아이디어를 적극 보호하고, 이를 위반한 행위에 대하여 특허청장이 조사·시정권고를 함으로써 건전한 거래질서가 유지되도록 할 필요성이 제기되었다.30) 이에 따라 부정경쟁방지법 제2조 제1호 (차)목이 신설되어 사업제안, 입찰, 공모 등 거래교섭 및 거래과정에서 경제적 가치를 가지는 타인의 기술적 또는 영업상의 아이디어를 그 제공목적에 위반하여 자신 또는 제3자의 영업상 이익을 위하여 부정하게 사용하거나 타인에게 제공하여 사용하게 하는 행위를 부정경쟁행위 유형으로 신설하고, 제공받은 아이디어가 동종업계에서 널리 알려진 것이거나 아이디어를 제공받은 자가 제공받을 당시 이미 알고 있었던 사실을 입증하는 경우에는 면책되도록 하며, 위반행위에 대해서 조사·시정권고 권한을 부여하게 되었다.

동 입법은 2017년부터 추진되었는데, 김기선 의원 대표발의의 부정경쟁방지법 일부개정법률안31)에서는 "타인의 상당한 투자나 노력으로 축적된 아이디어를 거래관계에서 서면 또는 전자적 방법 등으로 제공받은 자가 그 아이디어를 제공받은 목적 또는 계약에

---

30) 2018. 4. 17. 법률 제15580호로 일부개정되어 2018. 7. 18. 시행된 「부정경쟁방지 및 영업비밀보호에 관한 법률」 개정문 개정이유.

31) 김기선 의원 대표발의, 부정경쟁방지 및 영업비밀보호에 관한 법률 일부개정법률안, 2017. 9. 22. 의안번호 2009554.

위반하여 자신 또는 제3자의 이익을 위하여 무단으로 사용함으로
써 타인의 경제적 이익을 침해하는 행위"를 제안하였고, 이후 홍익
표 의원 대표발의안[32]에서는 현재와 같은 "사업제안, 입찰, 공모
등 거래교섭 또는 거래과정에서 경제적 가치를 가지는 타인의 기
술적 또는 영업상의 아이디어를 그 제공목적에 위반하여 자신 또
는 제3자의 영업상 이익을 위하여 부정하게 사용하거나 타인에게
제공하여 사용하게 하는 행위. 다만, 아이디어를 제공받은 자가 아
이디어를 제공받을 당시 이미 그 아이디어를 알고 있었거나, 제공
받은 아이디어가 동종 업계에서 널리 알려진 경우에는 그러하지
아니하다."라고 제안하였다.

　그러나 국회 산업통상자원중소벤처기업위원회의 검토에서는 양
개정안 모두 "아이디어라는 용어가 불분명하고, 아이디어 탈취행
위를 부정경쟁행위로 보고 해당 시정권고를 할 수 있도록 규정하
고 있으나 벌칙규정에서는 제외하고 있음에도 불구하고 시정권고
이후 해당 기업이 시정을 하지 않을 경우에 제재수단이 존재하지
않으므로 아이디어 탈취행위를 부정경쟁행위로 보더라도 탈취행
위를 방지하는 측면에서 실효성이 부족할 것으로 보인다"고 판단
한 바 있다.[33] 이후 국회에서는 "해당 규정에 대하여 아이디어 탈
취 행위를 부정경쟁행위의 한 유형으로 추가하는 것은 '아이디어'
라는 용어에 대한 명확화 및 시정권고 이후 탈취 행위에 대한 제재
수단의 추가 규정 여부에 대한 논의가 필요해 보인다"[34]고 판단하
였으나, 중소·벤처기업 또는 개발자 등의 경제적 가치를 가지는

---

32) 홍익표 의원 대표발의, 부정경쟁방지 및 영업비밀보호에 관한 법률 일부개
　　정법률안, 2017. 11. 23, 의안번호 2010360.
33) 국회 산업통상자원중소벤처기업위원회, 부정경쟁방지 및 영업비밀보호에 관
　　한 법률 일부개정법률안 검토보고서, 홍익표 의원 대표발의, 2018. 2, 8-9면.
34) 제356회 국회(임시회) 산업통상자원중소벤처기업위원회 회의록, 2018. 2.
　　12, 16면.

아이디어를 거래상담, 입찰, 공모전 등을 통하여 취득하고 이를 아무런 보상 없이 사업화하여 막대한 경제적 이익을 얻으면서도 개발자는 오히려 폐업에 이르게 하는 등 기업의 영업활동에 심각한 폐해를 야기하고 있는 실정에서 아이디어 사용에 대한 명시적 계약을 체결하지 않았거나 특허 등 등록에 의한 보호를 위한 구체적 요건을 구비하지 못한 경우라면 상당한 피해를 입더라도 구제해 줄 명확한 규정이 없어 손해배상은 물론 사용금지를 요청하기도 어려운 실정이므로, 입법의 필요성이 인정되어 현재와 같은 아이디어 탈취행위 규제 규정이 마련되었다. 동시에 위반행위에 대해서는 특허청의 행정조사와 시정권고의 대상이 되도록 하고, 여전히 이를 형사적으로 제재할 방안은 없으나 관련 조사기록은 법원이 요청할 경우 증거자료로 제출할 수 있도록 하고 있다는 점에서(제14조의7) 실질적인 구제수단으로 작용한 여지가 있다고 보여진다.

〈부정경쟁방지법 제2조 제1호 (차)목〉

"사업제안, 입찰, 공모 등 거래교섭 또는 거래과정에서 경제적 가치를 가지는 타인의 기술적 또는 영업상의 아이디어가 포함된 정보를 그 제공목적에 위반하여 자신 또는 제3자의 영업상 이익을 위하여 부정하게 사용하거나 타인에게 제공하여 사용하게 하는 행위. 다만, 아이디어를 제공받은 자가 제공받을 당시 이미 그 아이디어를 알고 있었거나 그 아이디어가 동종 업계에서 널리 알려진 경우에는 그러하지 아니하다."

'아이디어 탈취'를 2018년 4월 17일 법 개정을 통해 새로운 부정경쟁행위 유형(제2조 제1호 차목)으로 규정하게 되었고, 부정경쟁행위 조사·시정권고의 대상을 상표에서 아이디어 탈취 등 부정경쟁행위로 확대하였다. 아이디어 탈취는 주로 사업제안, 입찰, 공모 등 합법적인 거래교섭 또는 거래과정에서 이루어지므로 주로 부정한 수단에 의해서 이루어지는 영업비밀 침해와는 차이가 있다. 또한

아이디어 탈취는 주로 본계약 체결 전 단계에서 이루어지는 것이 특징이다.[35]

이러한 아이디어 탈취의 특징을 보면 최초 아이디어를 만드는 것에는 상당한 노력과 투자가 들어가는 반면, 관련 전문가가 교섭 과정에서 해당 아이디어에 대한 설명을 듣고 난 이후에는 쉽게 이해하게 되고, 자신들이 직접 아이디어를 만들 수 있겠다는 생각에서 발생되게 된다. 이러한 점에서 그간 시장에서는 아이디어 탈취가 공공연히 발생하였으나 그 보호는 지식재산권법 체계 밖에 제한적으로 존재하였으므로 권리구제가 쉽지 않았다. 차목 신설과 아이디어 탈취를 행정조사의 대상으로 포함하면서 이제는 아이디어 보호가 체계적으로 이루어질 수 있게 되었다.

요컨대 부정경쟁방지법은 ① 국내에 널리 알려진 타인의 상표·상호(商號)등을 부정하게 사용하는 행위와 거짓의 원산지 표기, 타인의 상품을 사칭하는 행위, 국제조약 위반행위, 정당한 권원이 없는 자가 다음의 어느 하나의 목적으로 국내에 널리 인식된 타인의 성명, 상호, 상표, 간판·외관·실내장식 등 영업제공 장소의 전체적인 외관을 포함하는 그 밖의 표지와 동일하거나 유사한 도메인 이름을 등록·보유·이전 또는 사용하는 행위 및 상품의 형태를 모방하는 행위와 아이디어 부정사용 및 제공 등의 부정경쟁행위, ② 타인의 영업비밀을 침해하는 행위를 보호한다고 할 것인데, 정리하자면 이하와 같다.

〈표 3-2〉 부정경쟁방지법의 내용

행위 분야	행위범주	조문	조문
부정	상표·	혼동초래행위	제2조 제1호

---

35) 손승우, 지식재산권법의 이해 (제3판), 동방문화사, 2019, 참조.

			(가)목 및 (나)목
경쟁 행위	표장 관련	희석행위	제2조 제1호 (다)목
		상표권 관련 국제규범 위반행위	제2조 제1호 (사)목
	지리적 표시 및 표시·광고	지리적표시 부정사용행위	제2조 제1호 (라)목 및 (마)목
		부정한 선전 또는 표시행위	제2조 제1호 (바)목
	도메인	권원 없는 자의 도메인 등록 등 행위	제2조 제1호 (아)목
	형태모방 및 아이디어 탈취	형태모방행위	제2조 제1호 (자)목
		아이디어 탈취행위	제2조 제1호 (차)목
	일반조항	보충적 일반적 부정경쟁행위	제2조 제1호 (카)목
영업 비밀 침해 행위	부정취득·사용행위	부정취득행위 또는 부정취득한 영업비밀의 사용·공개행위	제2조 제3호 (가)목
		부정취득행위가 개입되었음을 알았거나 중대한 과실로 알지 못하고 영업비밀의 부정취득 또는 그 사용·공개행위	제2조 제3호 (나)목
		영업비밀 취득 후, 그 영업비밀에 대하여 부정취득행위가 개입된 사실을 알거나 중대한 과실로 알지 못하고 그 영업비밀을 사용·공개행위	제2조 제3호 (다)목
	비밀유지 의무자 및 관련자의 영업비밀	계약관계 등에 따라 영업비밀을 비밀로서 유지하여야 할 의무가 있는 자가 부정한 이익을 얻거나 그 영업비밀의 보유자에게 손해를 입힐 목적으로 그 영업비밀	제2조 제3호 (라)목

		을 사용·공개하는 행위	
침해행위		영업비밀이 라목에 따라 공개된 사실 또는 그러한 공개행위가 개입된 사실을 알거나 중대한 과실로 알지 못하고 그 영업비밀을 취득하는 행위 또는 그 취득한 영업비밀을 사용하거나 공개하는 행위	제2조 제3호 (마)목
		영업비밀을 취득한 후에 그 영업비밀이 라목에 따라 공개된 사실 또는 그러한 공개행위가 개입된 사실을 알거나 중대한 과실로 알지 못하고 그 영업비밀을 사용하거나 공개하는 행위	제2조 제3호 (바)목

다. 보충적 일반조항과의 비교

한편, 부정경쟁방지법 제2조 제1호 (카)목의 보충적 일반조항은 아래와 같이 규정하고 있다.

〈부정경쟁방지법 제2조 1호 카목〉

"그 밖에 타인의 상당한 투자나 노력으로 만들어진 성과 등을 공정한 상거래 관행이나 경쟁질서에 반하는 방법으로 자신의 영업을 위하여 무단으로 사용함으로써 타인의 경제적 이익을 침해하는 행위"

위 조문에서 보는 바와 같이, (카)목은 부정경쟁행위의 한 유형으로서 성과모용 행위를 규제 대상으로 삼고 있다. 동시에 "그 밖에…"라고 규정하고 있어서 다른 조항과 비교하여 포괄적이고 보충적 조항으로서 역할을 한다. 즉 법원은 카목을 적용하여 기존의 지식재산권 범주에서 보호받지 못하는 아이디어에 대해서도 부정경쟁 원리를 적용하여 침해를 인정하고 있다. 한편, 카목의 부정경쟁행위는 아목, 차목과 함께 형사처벌의 대상으로 삼고 있지 않으며, 다만 금지청구와 손해배상책임을 부담하도록 하고 있다.

「부정경쟁방지법」[36] 제2조 제1호 (차)목은 "사업제안, 입찰, 공모 등 거래교섭 또는 거래과정에서 경제적 가치를 가지는 타인의 기술적 또는 영업상의 아이디어가 포함된 정보를 그 제공목적에 위반하여 자신 또는 제3자의 영업상 이익을 위하여 부정하게 사용하거나 타인에게 제공하여 사용하게 하는 행위. 다만, 아이디어를 제공받은 자가 제공받을 당시 이미 그 아이디어를 알고 있었거나 그 아이디어가 동종 업계에서 널리 알려진 경우에는 그러하지 아니하다."라고 규정하고 있다.

이는 기술적 사상을 보호하는 특허제도와 별개로, 심사·출원·등록의 과정을 거치지 않고 추상적인 아이디어를 보호한다는 점에서 보호요건과 구체적인 적용기준이 문제될 것이다. 이에 이하에서는 부정경쟁방지법상 아이디어 탈취의 금지규정인 제2조 제1호 (차)목에 관하여 검토한다.

제3절 아이디어 탈취행위의 판단 기준

Ⅰ. 요건 분석

1. 문언상 요건 분석

부정경쟁방지법 제2조 제1호 (차)목은 "사업제안, 입찰, 공모 등 거래교섭 또는 거래과정에서 경제적 가치를 가지는 타인의 기술적 또는 영업상의 아이디어가 포함된 정보를 그 제공목적에 위반하여 자신 또는 제3자의 영업상 이익을 위하여 부정하게 사용하거나 타인에게 제공하여 사용하게 하는 행위. 다만, 아이디어를 제공받은

---

36) 2018. 4. 17. 법률 제15580호로 일부개정되어 2018. 7. 18. 시행된 「부정경쟁방지 및 영업비밀보호에 관한 법률」을 의미한다.

〈표 3-3〉 문언상 아이디어 침해의 요건

보호대상	기술적 또는 영업상의 아이디어가 포함된 정보일 것
	아이디어가 경제적 가치를 가질 것
주체	타인의 아이디어일 것
	자신 또는 제3자의 영업상 이익을 위해 부정하게 사용하거나, 아이디어를 타인(제3자)에게 제공할 것
행위	제공목적에 위반할 것
	자신 또는 제3자의 영업상 이익을 위하여 부정하게 사용하거나 타인에게 제공하여 사용하게 하는 행위일 것
상황	사업제안, 입찰, 공모 등 거래교섭 중이거나 거래과정일 것
예외사유	아이디어를 제공받은 자가 제공받을 당시 이미 그 아이디어를 알고 있었거나 그 아이디어가 동종 업계에서 널리 알려진 경우라면 미적용

자가 제공받을 당시 이미 그 아이디어를 알고 있었거나 그 아이디어가 동종 업계에서 널리 알려진 경우에는 그러하지 아니하다."라고 규정하고 있는바, 아래와 같이 그 요건을 분리할 수 있다.

아이디어 침해에 있어서 위와 같은 요건 충족 여부를 판단하기 위해서는 ① 아이디어의 보호가능성, 즉 아이디어의 경제적 가치 판단, ② 거래교섭 또는 거래과정인지의 여부 판단, ③ 제공목적에 위반하여 부정사용하였는지 여부 또는 타인에게 제공하였는지 여부에 대한 판단, ④ 예외사유로서 아이디어를 이미 알고있었거나 당해 아이디어가 널리 알려진 것인지의 여부에 대한 판단이 필요하다. 이하 각 요건에 대해 살펴본다.

2. 아이디어의 보호가능성(경제적 가치) 판단

부정경쟁방지법 제2조 제1호 (차)목에 의해 보호받을 수 있는 아이디어라면 당해 아이디어가 독립된 경제적 가치를 가져야 한다.

여기에서 독립된 경제적 가치를 가진다는 것은, ① 그 정보의 보유 자가 그 정보의 사용을 통해 경쟁자에 대하여 경쟁상의 이익을 얻을 수 있거나 ② 그 정보의 취득이나 개발을 위해 상당한 비용이나 노력이 필요하다는 것을 의미한다.[37]

특허제도는 기술적인 사상, 즉 아이디어를 보호하는 제도이다. 그러나 특허제도에서와는 달리 「부정경쟁방지법」은 기술적인 아이디어인 경우 특허법에서와 같은 절대적 신규성이라든지 기술적 구체성을 요구하지 않는다. 왜냐하면 이 조항은 특허제도에 의한 보호의 한계를 극복하기 위해 도입된 제도이고 독점·배타적 권리인 재산권을 설정해 주는 것이 아니라 규제적인 법규이기 때문이다. 즉, 「특허법」에서는 무형의 지식에 대해 독점·배타적 권리를 설정해 주는 것이므로 엄격한 형식요건에 의해 권리범위를 명확히 하고 심사와 등록을 통해 선의의 제3자의 피해를 막도록 노력하고 있다.

반면 아이디어 탈취행위의 규제는 악의적인 특정 상대방과의 관계에서만 문제이고 독점·배타적 권리를 부여하는 것도 아니다. 따라서 아이디어 자체의 재산권으로서 범위설정이나 선의의 제3자와의 권리충돌을 방지하기 위해 특허법에서와 같은 엄격한 요건이 요구되지 않는다. 다만, 동 조항은 상대방의 노력에 무임승차한 것이 있느냐에 집중하고 있다. 따라서 아이디어 제공 당시에는 특허로서 구체성이 미비했거나 사후적으로 검색해 보니 유사한 정보를 찾아낼 수 있는 경우라 할지라도 여전히 아이디어 수령자가 수령당시 몰랐거나 매우 알기 어려운 아이디어를 제공받고 상대방의 노력에 무임승차한 부분이 있다면 이 조항을 적용받을 가능성이 있다.

한편, 부정경쟁방지법에서 보호하는 아이디어는 기술적 아이디어에 국한되지 않는다. 영업상의 아이디어를 포함하고 있고 이는 마케팅 전략, 광고방법 등 다양한 분야를 포함한다.

---

37) 대법원 2008. 2. 15. 선고 2005도6223 판결.

3. 거래교섭 또는 거래과정의 판단

거래교섭은 거래를 성사시키기 위하여 의논하고 절충하는 과정을 의미하며, 이는 당사자 간의 묵시적 의사표시의 존재로 충분하며, 묵시적 의사표시는 당사자의 의사가 객관적으로 표현되었다고 볼 만한 행위나 정황이 있어야 한다.[38]

아이디어 탈취행위의 제재는 민법상 불법행위에 그 연원을 두고 있다. 「민법」제750조의 불법행위책임은 구체적인 법률위반에 의해서뿐만 아니라, 법의 일반원칙 위반에서도 발생할 수 있다는 점에서 거래상의 신뢰관계가 존재하여 상대방이 제공받은 아이디어를 그 제공목적에 따라 사용하여야 할 의무가 발생하였음에도 상대방이 그 의무를 위반하여 손해를 가하였다면 그 손해배상을 청구할 근거가 될 수 있었던 것이다. 다만 앞서 검토한 바와 같이 민법상 불법행위법리로는 구제가 녹록지 않다는 점에서 아이디어 탈취행위가 개별 부정경쟁행위의 한 유형으로 신설된 것이다. 따라서 이 조항은 기본적으로 신의성실의 의무가 존재하는 당사자 간에 적용이 된다고 할 것인데, 이에 따라 조문상 "사업제안, 입찰, 공모 등 거래교섭 또는 거래과정에서"라는 조건은 단지 "그 당사자 간에 신의성실의 의무가 존재한다고 인정되는 관계일 것"을 예시하는 것이지 열거하는 것은 아니라고 보인다.

한편, 대부분의 아이디어 탈취행위는 계약체결 이전 단계에서 발생하지만 동 규정의 취지나 문언을 고려할 때, 계약체결 이전 단계뿐만 아니라 계약체결 이후의 거래과정에도 아이디어에 대한 보호 규정은 적용된다. 예컨대 아이디어 제공자가 아이디어를 제공받은 자와 계약을 체결하여 제공한 아이디어를 구체화·사업화하는 경우라고 하더라도 동 규정은 적용될 수 있다고 보아야 한다. 이때, 아이디어 제공자의 기여, 계약의 내용을 종합적으로 고려해야

---

38) 서울중앙지방법원 2006. 4. 26. 선고 2005가합79993 판결.

할 것이다. 특히 당해 아이디어를 구체화하여 특허 등 지식재산권으로 출원한 경우라면 직무발명에 해당하여 당해 발명의 권리는 발명자인 종업원 등에게 귀속한다는 법리에 비추어, 아이디어를 제공한 이후 투자계약을 체결하거나 합작법인 등을 설립해 아이디어의 구체화·사업화를 완성한 경우라면, 「부정경쟁방지법」 제2조 제1호 (차)목이 적용된다고 보인다.

4. 제공목적에 위반하여 부정사용 또는 타인제공

"제공목적에 위반하여 부정하게"의 의미는 「부정경쟁방지법」의 목적 중 하나인 공정한 경쟁질서와 관련하여 당해 행위의 부정경쟁성을 중심으로 판단해야 할 것이다. 따라서 사회통념이나 거래관행상 아이디어 제공자의 기대에 부응하지 못하고 용인되기 어려운 방법으로 당해 아이디어를 사용한다면 제공목적에 위반한 부정사용으로 볼 수 있을 것이다. 한편, '사용'이라 함은 그 아이디어의 본래 목적에 부합하게 사용하는 것으로서, '부정사용'은 목적을 벗어난 사용을 의미한다.

한편, 아이디어, 기술탈취 사건의 많은 경우는 정보를 제공받은 자가 직접 사용하지 않고 제3자로 하여금 사용하게 하여 그 이익을 누리는 경우가 많다. 납품업체 A로부터 아이디어를 제공받았지만 이를 다른 납품업체 B나 자회사에게 제공하여 제품을 생산하게 하는 경우가 많이 존재하기 때문이다. 따라서 아이디어를 제공받은 자가 제3자에게 사용하게 하거나 제3자의 이익을 위하여 사용하는 경우에도 역시 금지대상이 된다.

5. 예외사유 판단

부정경쟁방지법은 아이디어 보호에 따른 불확실성을 덜어주기 위하여 면책조항을 부여하고 있는데, ① 아이디어를 제공받을 당시 이미 알고 있는 정보인 경우, ② 동종업계에서는 널리 알려져 있는 정보인 경우라면 면책된다.

이를 판단하기 위해서는 당해 아이디어에 관련된 제반 사항을 종합적으로 검토하여야 할 것인바. 여기서 중요한 점은 동종업계에 '널리 알려진' 경우에만 면책된다는 것이다. 따라서 동종 업계에 소수의 사람이 알고 있었다는 것만으로 자동으로 면책되는 것은 아니다. 아이디어를 제공받을 당시에 동종업계에서 널리 알려져서 아이디어로서의 참신성이나 경제적 가치를 인정받기 어려운 경우에 한해서 면책이 인정된다는 것이다.

절대적 신규성이나 특허성이 없다 하더라도 해당 아이디어를 모르는 상태에서 동일한 아이디어를 개발하는 데 투여했을 시간과 비용만큼의 실질적인 무임승차가 존재한다면 보호가치는 여전히 존재한다고 보인다. 주목할 것은 면책사유는 아이디어를 제공받은 자가 입증하여야 한다는 것이다.

II. 주요 사례 검토

1. 맥주 광고 사건[39)

가. 사건개요

개인인 A가 甲맥주회사에 맥주병 표면에 온도테이프를 부착하여 적정한 맥주 온도를 측정할 수 있도록 하는 판매 전략 및 견본을 제공하였는데, 甲맥주회사는 당해 아이디어를 사용하여 용기 표면에 온도감응 잉크로 인쇄하여 맥주의 온도가 7~8도가 될 시 암반천 연수 마크가 선명하게 드러나는 맥주를 생산·판매하였다. 이에 따라 甲맥주회사는 상당한 매출액 증가를 누릴 수 있었다. 이에 A는 민법상 일반불법행위를 주장하였으나 법원은 이를 인정하지 않았다.

---

39) 서울고등법원 1998. 4. 28. 선고 97나15229 판결.

나. 판 단

동 판결은 「부정경쟁방지법」상 아이디어 보호규정이나 보충적 일반조항이 등장하기 이전의 판결로서, 아이디어의 탈취행위가 민법상 일반불법행위를 구성할 수 있는지에 관해 판단하였다. 동 판결에서는 지식재산권 또는 영업비밀에 해당하지 아니하는 아이디어에 대한 침해가 「민법」상 일반불법행위를 구성할 수 있다는 듯한 판시를 하며 그 요건으로 "아이디어의 참신성(독창성)"과 "이를 침해하는 행위"를 제시하였다는 것에 그 의의가 있다.

법원은 A의 제안에 따라 甲맥주회사가 이러한 것을 생산하였다는 사실은 인정하였으나, 온도감응테이프(잉크)를 용기에 부착하는 아이디어는 이미 국외에서 1983년경부터 공지·공용되어 있었다는 점, 이를 판매전략으로 활용한 사례가 있었다는 점, 국내에서도 유사 전략이 있어 甲맥주회사가 당해 아이디어를 모르고 있었다고 인정하기는 어려운 점 및 실제 기술상의 차이가 드러난다는 점에 비추어 A의 아이디어는 참신성(독창성)이 결여되어 있고 甲맥주회사가 A의 아이디어를 이용하여 맥주 용기를 생산하였다고 단정하기도 어려워 불법행위를 구성하지 않는다고 판단하였다.

2. 수경재배기 사건[40]

가. 사건 개요

A주식회사는 수경재배기, 새싹인삼 화분 등을 재배·판매하는 법인으로서, 수경재배기에 대한 특허[41] 및 카네이삼이라는 상표[42]를 보유하고 있었다. 甲은 A주식회사에 대하여 사업 확장을 제안하였고 이에 A주식회사는 甲에게 수 차례에 걸쳐 사업성 검토자료, 영업자료, 재배 방법 등의 정보를 제공하였고 甲의 사업장 내에 관

---

40) 특허법원 2019. 7. 6. 선고 2018허당9107 판결 등.
41) 특허청, "요철이 형성된 화분 수직 재배장치", 등록특허 10-1650690.
42) 특허청, "카네이삼", 등록상표 40-1085738.

련 설비·제품을 설치·납품하였다. 이후 A주식회사와 甲의 협업은 무산되었으나, 甲은 별도의 농업협동조합을 설립하여 A주식회사의 특허제품과 유사한 수경재배기를 실용신안·디자인으로 출원하였고, A주식회사의 새싹인삼 화분과 유사한 제품을 생산하여 "새싹카네이&삼"을 상표로 출원한 뒤 유사한 사업을 실시하였다.

나. 판 단

1) 아이디어의 보호가능성(경제적 가치) 판단

앞서 검토한 바와 같이 독립된 경제적 가치는 ① 그 정보의 보유자가 그 정보의 사용을 통해 경쟁자에 대하여 경쟁상의 이익을 얻을 수 있거나 ② 그 정보의 취득이나 개발을 위해 상당한 비용이나 노력이 필요한 경우 인정된다. 동 사안에서 수경재배기는 수많은 시제품 제작과 실험을 거친 것으로서 상당한 비용과 노력이 투입되었음은 물론, 甲역시도 이에 대한 관심을 갖고 먼저 협업을 제안하였다는 점에서 그 경제적 가치가 인정된다. 한편, 카네이삼에 대하여, 새싹인삼을 기존과 다르게 화분에 키우고, 이것을 카네이션(조화)에 결합하여 선물용으로 판매한 것은 충분한 차별성이 인정되어 경쟁상 이익을 얻을 수 있는 것으로 보인다. 중요한 것은, 아이디어의 경제적 가치 판단에 있어 지식재산권의 출원·등록 여부는 고려하지 않는다는 점이다. 입법취지상 아이디어 침해에 대한 판단에 있어서 다른 지식재산권 성립 여부는 필요치 않으며, 지식재산권 침해에 대한 사안은 개별 소송에서 다룰 수 있기 때문이다.

2) 거래교섭 또는 거래과정인지 여부에 대한 판단

거래교섭이란 명시적인 의사표시 외에도 묵시적 의사표시로서 인정될 수 있다. A주식회사와 甲 간에는 사업성 검토서, 협업 가이드 등의 메일이 오갔으며 시험재배시설에 대한 구매 계약이 체결된 바 있다는 점에서 충분히 거래교섭 과정에 있었다고 판단할 수 있다.

3) 제공목적에 위반하여 부정사용 했는지 여부에 대한 판단

A주식회사의 수경재배기와 甲의 수경재배기는 화분이 기울어질

수 있도록 턱이 돌출되어 있다는 점, 양액이 월류할 수 있는 홀이 형성되어 있는 점에서 동일하였으며 카네이삼의 경우 새싹인삼과 카네이션(조화)의 결합이라는 점이 일치하였다는 점에서 甲이 A주식회사의 아이디어를 모방하였다는 점이 인정되었다.

한편, A주식회사는 甲과 납품계약을 체결하며 향후 협업을 수행하는 것으로 기대하였는데, 이에 관하여 甲의 역설계나, 납품대금 지급에 따른 권리 소진이론이 적용되는지의 여부를 별론으로, 甲은 거래과정에서 얻은 당해 아이디어를 사용하여 A주식회사의 영업상 이익을 침해하였다는 점에서 부정한 사용을 하였다고 판단된다.

4) 예외사유 판단

甲은 A주식회사의 수경재배기를 신문을 통해 보았으며, 이를 통해 A주식회사의 사업에 관심을 갖게 되었다는 점에서 특별한 다툼은 없었다. 다만, 수경재배기에 대한 상세한 내용은 신문에 게재되어 있지 않았으나 카네이삼의 경우 신문기사에 그대로 게재되어 있었다는 점에서, 이미 甲은 당해 아이디어를 알고 있었다고 판단하였다. 즉 법원은 신문 등 발간자료에 게재된 사업 홍보자료 또한, 위법성 조각의 자료가 될 수 있다고 보았다. 따라서 카네이삼에 대해서는 아이디어 탈취행위가 인정되지 않는다. 한편, 아이디어가 동종업계에 널리 알려져 있었는지의 여부에 대해서는, A주식회사의 판매자료에 비추어 당해 아이디어가 널리 알려져 있었다고 보기는 어렵다고 판단했다.

제4절 아이디어 침해의 구제 및 아이디어 보호 방안

「부정경쟁방지법」은 부정경쟁행위에 대하여 아래의 표와 같이 민사적 구제, 형사처벌 및 행정처분을 규정하고 있다. 이하에서는 아이디어 탈취행위에 대한 민사적 구제, 행정적 조치를 구분하여 검토한다.

〈표 3-4〉 부정경쟁행위에 대한 제재

분류	내용	조문	적용
금지/예방 청구권	금지/예방청구	부정경쟁방지법 제4조 제1항	O
	부정경쟁행위 조성 물건 폐기	부정경쟁방지법 제4조 제2항 제1호	O
	부정경쟁행위 조성 설비 제거	부정경쟁방지법 제4조 제2항 제2호	O
	부정경쟁행위의 대상이 된 도메인이름의 등록말소	부정경쟁방지법 제4조 제2항 제3호	O
	그 밖에 부정경쟁행위의 금지 또는 예방을 위해 필요한 조치	부정경쟁방지법 제4조 제2항 제4호	O
손해배상 청구권	고의/과실에 의한 부정경쟁행위로 받은 손해에 대한 배상책임	부정경쟁방지법 제5조	O
신용회복	법원의 신용회복 조치 명령	부정경쟁방지법 제6조	O
행정조치	부정경쟁행위 조사	부정경쟁방지법 제7조	O
	시정권고	부정경쟁방지법 제9조의4 제5항	O
	조사 거부에 따른 과태료	부정경쟁방지법 제20조 제1항 제1호	O
	시정명령 미이행에 따른 과태료	부정경쟁방지법 제20조 제1항 제2호	O
처벌	3년 이하의 징역 또는 3천만원 이하의 벌금	부정경쟁방지법 제18조 제3항 제1호	X

I. 민사적 구제

부정경쟁방지법 제2조 제1호 (차)목 위반에 대한 민사적 구제는 ① 금지·예방청구, ② 손해배상청구, ③ 신용회복청구로 나눌 수 있다.

아이디어의 제공자는 타인의 아이디어를 침해한 자에 대해서는 그 행위의 중지·금지를 청구할 수 있으며, 이때 부정경쟁행위를 조성한 물건의 폐기·부정경쟁행위에 제공된 설비의 제거·그 밖에 부정경쟁행위의 금지 또는 예방을 위하여 필요한 조치를 함께 청구할 수 있다(제4조 제2항 제1호, 제2호 및 제4호).

또한 고의 또는 과실에 의해 부정경쟁행위를 한 행위자는 그 행위로 인하여 손해를 입은 자에게 손해배상 책임을 부담하며 이때 손해액의 추정은 ① 침해자가 아이디어를 침해하게 한 물건을 양도하였을 때에는 물건의 양도수량에 물건의 단위수량당 이익액을 곱한 액수(일실이익), ② 침해자의 이익액, ③ 당해 아이디어를 양도하였을 때 통상 얻을 수 있었던 금액, ④ 변론 전체의 취지와 증거조사의 결과에 기초하여 법원이 인정한 상당한 금액 중 하나가 된다.

한편, 다른 부정경쟁행위와 달리 동 규정 위반에 대해서는 형사처벌의 대상에서 제외하고 있다. 그 이유는 동법은 아이디어를 규제하는 세계 최초의 입법으로서 적용사례가 적고 보호 대상이 되는 아이디어의 범위가 분명하지 않기 때문이다.

II. 행정적 조치

아이디어 침해행위로 피해를 입은 자는 특허청에 신고를 할 수 있으며 신고를 접수한 특허청은 해당 행위가 부정경쟁행위에 해당하는지 조사할 수 있으며, 필요한 시정권고를 할 수 있다.

「부정경쟁방지법」제7조 제1항은 동법 제2조 제1호 각 목에 규정된 부정경쟁행위에 대하여 행정조사를 할 수 있도록 하고 있고 동법 제8조는 부정경쟁행위에 해당한다고 인정되는 경우 그 행위를 중지하거나 표지의 제거 또는 폐기 등 시정권고를 할 수 있도록 규정하고 있다.

시정권고 대상의 대표적인 것은 트레이드드레스 침해, 유명상표 침해, 상품형태 모방 등이 있고 이번에 추가된 아이디어 탈취행위도 역시 시정권고 대상에 포함된다.

그동안 특허청은 유명상표의 위조상품 단속에 한해서 시정권고를 발동하여 왔으나 올해부터는 모든 부정경쟁행위에 대하여 적극적으로 조사와 시정권고 권한을 발동하고 있으며 아이디어 탈취 금지 개정안이 발효된 이후 이 분야에 더욱 역량을 집중하여 처리해 나갈 계획임을 밝혔다. 또한, 부정경쟁행위에 대한 조사기록은 향후 법원의 요청이 있을 경우 법원에 제출할 수 있도록 하고 있어 (제14조의7) 당사자의 입증부담을 덜어주는 효과가 있다는 것도 주목할 만한 부분이다.

III. 아이디어 보호 방안[43]

실무적으로 교섭과정에서 발생되는 아이디어 탈취를 방지하기 위해서는 무엇보다도 비밀유지계약서(NDA) 체결을 통해 비밀유지 의무를 부과하는 것이 효과적이다.

먼저 아이디어를 제안받는 경우라면, 아이디어를 포함한 정보의 사용에 대한 대가 · 사업화 및 지식재산권 귀속문제 등에 대하여 합의한 후 계약을 체결해야 한다. 또한 계약 체결 전 자사에 유사한 전략, 지식재산권 등이 존재하는지 검토해야 하며, 이미 유사한 아이디어가 사내에 존재하는 경우라면 제안을 명확히 거절하고 필요한 경우 확인서를 작성하여 불필요한 분쟁의 소지를 미연에 제거해야 한다. 또한 아이디어를 제공받은 경우 제3자에게 제공한다면 침해에 해당할 수 있으므로 사내 보안 유지 및 관련 자료 관리규정

---

43) 특허청, 『아이디어 보호 및 탈취 예방 가이드라인』, 특허청 산업재산보호 협력국, 2019, 18-27면 참조.

을 마련해야 할 것이다.

아이디어를 제공하는 경우라면, 제공목적과 그 출처를 명확히 하여 계약을 체결해야 하고 비밀유지계약을 함께 체결한다면 아이디어의 공개에 대한 안전성을 확보할 수 있다. 또한 관련 지식재산권의 선확보, 영업비밀 원본증명서비스, 기술임치 등의 제도를 활용할 수 있다.

제 4 장

직무발명의 공정한 보상

제1절 직무발명제도

Ⅰ. 직무발명제도의 목적

1. 발명진흥법

「발명진흥법」은 발명을 장려하고 발명의 신속하고 효율적인 권리화와 사업화를 촉진함으로써 산업의 기술 경쟁력을 높이고 나아가 국민경제 발전에 이바지함을 목적으로 하는 법률이다(제1조). 이를 위해 동법상에는 직무발명에 관하여 직무발명의 정의(제2조 제2호), 직무발명에 관한 권리귀속 원칙(제10조), 직무발명 완성사실의 통지(제12조), 승계여부의 통지(제13조), 공동발명에 대한 권리의 승계(제14조) 및 직무발명에 대한 보상(제15조) 등을 규정하고 있다.

「발명진흥법」상 종업원등이란 종업원, 법인의 임원 또는 공무원을 의미하며, 사용자등이란 사용자 · 법인 또는 국가나 지방자치단체를 의미한다. 동법에 따라 종업원등은 직무발명을 완성한 경우 즉시 그 사실을 사용자등에게 문서로 알려야 한다. 직무발명에 관한 권리는 원칙적으로 종업원등에게 귀속되며(발명자주의), 사용자등은 당해 직무발명의 승계 여부를 대통령령으로 정하는 기간(동법 시행령 제7조에 따라 통지를 받은 날부터 4개월 이내)에 종업원등에게 승계 여부에 대한 통지를 하여야 한다. 이때 해당 기간에 사용자가 승계여부를 통지하지 않으면 승계하지 않는 것으로 본다. 만약 사용자등이 종업원등의 직무발명을 승계하지 않는 경우라도 사용자등은 무상의 통상실시권을 가질 수 있으나, 승계여부 미통지의 경우라면 무상의 통상실시권을 가질 수 없다. 한편, 종업원의 직무발명에 대한 권리를 사용자가 승계하는 경우 정당한 보상을 하여야 하며 이는 법률로 강제된다(법정보상제도). 이에 따라 종업원 등은 직무발명에 대하여 특허등을 받을 수 있는 권리나 특허권 등을 계약이나 근무규정에

따라 사용자 등에게 승계하게 하거나 전용실시권을 설정한 경우에
는 정당한 보상을 받을 권리를 가진다(제15조 제1항).

2. 도입목적

우리나라가 직무발명에 대한 법정보상제도를 마련한 이유로서,
우선 선진국과 비교하여 종업원이 고용계약 체결 시 보상문제 등
에 대해 대등한 교섭력을 확보하고 있지 못한 상황에 있으며, 사용
자 등은 직무발명을 급여에 대한 반대급부로 종업원의 노무의 산
물이라는 인식이 만연된 등 직무발명제도에 대한 인식이 부족한
편이다. 2013년 특허청 조사에 따르면, 국내 전체 특허출원 중 기
업 등 법인의 특허출원이 약 80.4%를 차지하고 있는바 직무발명제
도가 우수 특허를 확보하는 데 있어서 핵심적인 유인책 기능을 하
고 있다. 이러한 직무발명제도는 연구개발투자와 시설 등을 제공

[그림 4-1] 직무발명 보상규정 보유기업과 미보유 기업의 비교1)

1) 특허청, 지식재산활동 실태조사, 2013.

한 사용자와 창조적인 노력을 제공하여 발명을 한 종업원 사이에서 합리적인 이익배분을 함으로써 종업원의 개발의욕을 장려하고 기업은 이를 사업화에 활용할 수 있도록 한다.[2]

3. 주요 내용
가. 직무발명의 정의

'직무발명'이란 종업원, 법인의 임원 또는 공무원이 그 직무에 관하여 발명한 것이 성질상 사용자등의 업무 범위에 속하고 그 발명을 하게 된 행위가 종업원등의 현재 또는 과거의 직무에 속하는 발명을 말한다(「발명진흥법」 제2조 제2호).

우선, 직무발명이 성립되려면 사용자와 종업원 사이의 고용관계가 요구된다. 그러나 종업원의 발명이라고 하여 모두 이 법의 적용 대상이 되는 것은 아니다. 예를 들면, 종업원이 회사에 입사하기 전에 발명된 것은 직무발명에 해당하지 않는다. 회사와의 개발의뢰 계약이 존재하더라도 이는 고용계약이 아니고, 그 후에 해당 개인이 회사에 입사한 사실이 있더라도 그것은 사후적으로 발생한 고용계약이므로 입사 전에 완성된 발명을 회사에 대한 직무발명으로 볼 수 없다.[3]

직무발명은 현재 근무하고 있는 회사에서의 과거 또는 현재 직무에 해당해야 한다. 따라서 다른 회사의 경험에 기반한 발명은 직무발명이 될 수 없으며, 종업원의 현재 직무에 속하는 발명은 물론 과거에 담당했던 직무와 관련된 발명도 포함된다.

그리고 여기에서의 발명은 「특허법」상의 발명뿐만이 아니라 「특허법」・「실용신안법」 또는 「디자인보호법」에 따라 보호 대상이 되는 발명, 고안 및 창작을 말한다(「발명진흥법」 제2조 제1호).

---

2) 특허청, 『직무발명 보상절차 가이드라인』, 2006, 8-9면.
3) 손승우, 『지식재산권법의 이해』, 제3판, 동방문화사, 2019 참조.

<표 4-1> 직무발명의 요건

요건	관련법령	내용
종업원의 발명	「발명진흥법」 제2조 제2호 및 제2조 제1호	- 고용관계가 성립되어야 함 - 종업원은 고용계약에 의해 타인의 사무에 종사하는 자 - 종업원, 법인의 임원, 공무원을 포함하며, 상근 비상근을 묻지 않고 촉탁지원이나 임시직원도 포함 - 발명은 「특허법」상의 발명, 「실용신안법」상의 고안, 「디자인보호법」상의 창작을 포함
종업원의 발명이 성질상 사용자 등의 업무범위에 포함	「발명진흥법」 제2조 제2호	- 사용자는 종업원을 고용하는 개인, 법인, 국가나 지방자치단체를 지칭함 - 업무범위는 사업자가 수행하는 사업범위를 의미함
발명행위가 종업원의 현재 또는 과거 직무에 포함	「발명진흥법」 제2조 제2호	- 종업원이 기업 내에서 과거 수행했거나 현재 수행하는 직무 - 종업원의 발명 의도는 고려하지 않음

한편, 위의 요건에 해당하지 않고 종업원등의 현재 또는 과거의 직무에 속하는 발명에 해당하지 않는 발명은 원칙적으로 종업원등의 개인발명(자유발명)이다. 2006년 3월 3일, 법률 제7869호로 개정되기 이전의 「발명진흥법」 제2조 제3호에서는 "자유발명(직무발명 외의 발명)"이라는 용어를 정의하고 있었으나, 이후 해당 규정이 삭제되고 "개인발명가(직무발명 외의 발명을 한 자)"를 정의하고 있으므로(제2조 제3호), '자유발명'이라는 용어는 더 이상 법률용어가 아니지만 실무에서는 여전히 '자유발명'이라는 표현이 많이 쓰이고 있는 것으로 파악되므로,[4] 이하에서는 '자유발명'으로 표기하도록 한다.

---

4) 특허청 · 한국발명진흥회, 『개정 직무발명보상제도 해설 및 편람』, 2013, 5면.

나. 직무발명과 자유발명의 구분

직무발명과 다른 개념으로서 '자유발명'과 '업무발명'이 있다. 자유발명이란 회사의 업무범위에 속하지 않는 발명을 말한다. 그리고 업무발명은 회사의 업무범위에 속하지만, 종업원의 직무범위에 속하지 않는 발명을 말한다. 예를 들면, 제약회사의 R&D부서에서 근무하는 연구원이 신약을 개발한 경우에는 직무발명에 속하지만, 당해 연구원이 새로운 악기를 발명하였다면 이는 자유발명에 속한다. 그리고 휴대전화를 생산·판매하는 회사의 총무팀에 근무하는 직원이 새로운 방식의 자판을 개발한 경우에는 업무발명에 속하게 된다.[5] 이러한 자유발명과 업무발명은 직무발명에 해당하지 않으므로 양자의 구분은 큰 의미가 없으며, 법정보상의 대상이 아니다.

[그림 4-2] 직무발명, 업무발명 및 자유발명의 범위

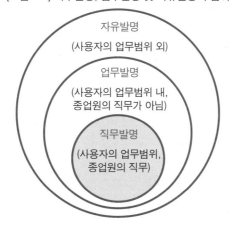

다. 원 칙

「발명진흥법」은 직무발명에 대한 권리가 발명자에게 귀속된다는 발명자주의 원칙을 취한다. 발명자주의에 따라 직무발명에 대

---

5) 손승우, 앞의 책, 273면.

한 권리는 종업원에게 원시적으로 귀속하므로 사용자가 그 발명에 대한 권리를 승계받기 위해서는 계약 또는 근무규정을 체결하고 보상조치를 마련하여야 한다.

한편, 사용자인 회사는 특허발명에 대한 무상의 통상실시권을 갖는다. 이는 사용자가 설비·자재·비용을 제공함으로써 발명의 완성을 위한 물리적 기반을 제공한 대가로 이해할 수 있는데, 「발명진흥법」 제10조 제1항에서 직무발명에 대하여 종업원이 특허, 실용신안등록, 디자인등록을 받았거나 특허등을 받을 수 있는 권리를 승계한 자가 특허등을 받으면 사용자는 특허권 등에 대하여 통상실시권을 가질 수 있도록 규정하고 있다. 이 경우 종업원에게 별도의 보상을 할 필요는 없다. 다만, 2013. 7. 30. 「발명진흥법」이 법률 제11960호로 개정되며, 같은 법 제10조 제1항 단서에서는 사용자등이 「중소기업기본법」 제2조에 따른 중소기업이 아닌 기업인 경우 종업원등과의 협의를 거쳐 미리 ① 종업원등의 직무발명에 대하여 사용자등에게 특허등을 받을 수 있는 권리나 특허권등을 승계시키는 계약 또는 근무규정, ② 종업원등의 직무발명에 대하여 사용자등을 위하여 전용실시권을 설정하도록 하는 계약 또는 근무규정 중 어느 하나에 해당하는 계약 또는 근무규정을 체결 또는 는 작성하지 아니한 경우에는 사용자등이 무상의 통상실시권을 갖지 못하도록 규정하고 있다.

사용자인 회사는 계약 또는 근무규정에 의하여 직무발명에 대한 권리를 '예약승계'할 수 있다. 예약승계는 발명의 완성 전에 이루어지는 계약 등에 따라 종업원의 직무발명에 대한 권리를 사용자에게 승계시키는 것을 의미한다. 이 경우 종업원은 정당한 보상을 받을 권리를 가지며, 통상 회사의 입장에서는 통상실시권보다 전용실시권 또는 특허권의 승계를 통해 이익을 향유하는 경우가 대부분이다.[6]

---

6) 손승우, 앞의 책, 271-272면.

〈표 4-2〉「발명진흥법」상 직무발명 관련 규정

구분	내용	관련규정
발명자주의	- 발명자(종업원등)가 원시취득	「특허법」 제33조 제1항 본문
	- 공무원의 직무발명에 대한 권리는 국가·지자체 또는 기술이전·사업화 전담조직이 취득	「발명진흥법」 제10조 제2항
사용자등의 통상실시권	- 사용자등은 종업원등의 직무발명에 대해 무상의 통상실시권을 가짐	「발명진흥법」 제10조 제1항 본문
	- 중소기업이 아닌 경우, 종업원등과의 협의를 거 쳐 미리 예약승계 규정 또는 직무발명에 대한 전 용실시권 설정 규정을 마련하지 아니한 경우 배제	「발명진흥법」 제10조 제1항 단서
	- 직무발명 승계여부 미통지의 경우 배제됨(종업 원등의 동의하에 통상실시권 취득 가능)	「발명진흥법」 제13조 제3항
예약승계	- 사용자인 회사는 계약 또는 근무규정에 의하여 직 무발명에 대한 권리를 "예약승계"할 수 있음	「발명진흥법」 제10조 제1항 각 호
	- 직무발명 외의 종업원등의 발명에 대하여 미리 사용자등에게 특허등을 받을 수 있는 권리나 특허 권등을 승계시키거나 사용자등을 위하여 전용실 시권을 설정하도록 하는 계약이나 근무규정의 조 항은 무효	「발명진흥법」 제10조 제3항
보상규정	- 종업원등의 보상청구권	「발명진흥법」 제15조 제1항
	- 보상규정의 마련	「발명진흥법」 제15조 제2항
직무발명 통지 등	- 직무발명을 완성할 경우 지체없이 서면통지	「발명진흥법」 제12조 전단
	- 승계여부의 통지(4개월 이내)	「발명진흥법」 제13조 제1항
직무발명 심의위원회	- 직무발명심의위원회의 설치·운영 및 분쟁조정 등	「발명진흥법」 제17조 및 제18조

II. 발명자주의와 예약승계규정 및 직무발명 보상규정

1. 직무발명에 있어서의 발명자주의와 사용자주의

우리나라는 직무발명에 있어 '발명자주의'의 원칙을 취하고 있다. 발명자주의는 우리나라를 비롯한 미국, 일본, 독일 등이 취하고 있는데, 발명자주의는 이념적인 관점에서 노동이론 내지 생산자 원칙에 충실하며 정책적인 관점에서도 발명자에게 발명을 유인할 매력적인 제도와 환경을 제공한다는 측면에서 바람직하다고 본다.[7]「발명진흥법」은 직무발명에 대한 권리가 발명자에게 귀속된다는 발명자주의 원칙을 명시적으로 선언하고 있지는 않지만,「특허법」제33조 제1항 본문은 "발명을 한 사람 또는 그 승계인은 이 법에서 정하는 바에 따라 특허를 받을 수 있는 권리를 가진다"고 규정하고 있으며 직무발명의 권리 귀속에 관한 특별한 규정이 없다는 점에서 우리 법제상 직무발명의 권리는 발명자인 종업원(법인의 임원, 공무원 포함)에게 귀속된다. 다만,「발명진흥법」제10조 제2항에서 "공무원의 직무발명에 대한 권리는 국가나 지방자치단체가 승계하며, 국가나 지방자치단체가 승계한 공무원의 직무발명에 대한 특허권등은 국유나 공유로 한다"고 규정하여 공무원의 직무발명은 원칙적으로 국가 또는 지방자치단체에 귀속한다. 그리고 이 경우 국·공립학교 교직원의 직무발명은 기술이전·사업화 전담조직의 소유가 된다.

반면, 종업원의 직무발명에 대하여 특허를 받을 수 있는 권리 및 그 특허권을 시설 및 자금을 지원한 사용자에게 귀속시키는 입장을 '사용자주의'라고 한다. 사용자주의 입장에서는 직무발명은 종업원의 업무 중 하나이며 직무발명을 하게 된 동기는 사용자의 급

---

7) 손경한, "지식재산 권리귀속제도의 문제점과 개선방안",「IP Policy」제19호, 2014, 32면.

여지급, 연구자료 확보 등의 노력 없이는 불가능하다는 점에서 종업원의 직무발명에 대하여 특허를 받을 권리 내지 그 특허권은 사용자에게 귀속됨이 타당하다는 논리를 중심으로 종업원의 직무발명을 해당 종업원의 개인적 성과가 아니라 기업 등의 조직적 성과로 보게 되는데, 종업원의 직무발명에 대하여 특허를 받을 수 있는 권리 내지 그 특허권이 원천적으로 사용자에게 있으므로, 직무발명자인 종업원에게는 해당 발명에 대하여 어떠한 권리도 없으며, 따라서 당사자 간 별도의 계약이나 근무규정 기타 약정 등이 불필요함은 물론 보상 또한 요구되지 아니한다.[8]

2. 예약승계규정

사용자등은 종업원등의 직무발명에 대하여 사용자등에게 특허등을 받을 수 있는 권리나 특허권등을 승계시키는 계약 또는 근무규정 또는 종업원등의 직무발명에 대하여 사용자등을 위하여 전용실시권을 설정하도록 하는 계약 또는 근무규정을 둘 수 있다.

이를 '예약승계규정'이라 하며, 예약승계규정의 도입이 의무적인 것은 아니지만 「발명진흥법」 제10조 제1항에 따라 중소기업이 아닌 기업 사용자인 대기업이 예약승계규정을 두고 있지 않다면 종업원등의 직무발명에 대한 무상의 통상실시권을 가질 수 없도록 하고 있다. 이러한 규정은 종업원 등의 협상력 및 절차적 권리를 강화하여 실질적으로 보상과정에 참여하도록 하고, 대기업의 직무발명보상제도 도입을 적극적으로 유도함으로써 기업 전반에 정당한 보상문화를 정착시켜 지식산업시대의 기업경쟁력과 국가경쟁력을 강화하기 위하여 2013. 7. 30. 법률 제11960호로 개정된 「발명진흥법」에 추가되었다.[9] 그러나 자유발명 또는 업무발명에 대한 예약

---

8) 특허청·한국발명진흥회, 앞의 책, 76-77면.
9) 2013. 7. 30. 법률 제11960호로 일부개정되어 2014. 1. 31.부터 시행된 「발

승계규정은 무효이다(「발명진흥법」 제10조 제3항).

명시적인 예약승계계약이나 고용계약서에 관련된 내용은 없더라도 회사에서 관련 규정(직무발명제안지침)을 만들어 시행하였고, 해당 지침에 따른 직무발명에 대한 보상 및 그에 따른 권리승계가 이루어졌다면 종업원 등의 묵시적인 합의가 있었던 것으로 인정하여 그 효력을 인정할 수 있다.[10] 즉, 일방적인 의사표시에 따른 예약승계규정 또한 종업원등의 묵시적인 동의가 있는 경우라면 유효하다.

3. 직무발명 보상규정

「발명진흥법」은 사용자로 하여금 보상에 대하여 보상형태와 보상액을 결정하기 위한 기준, 지급방법 등이 명시된 보상규정을 작성하여 종업원등에게 문서로 알리도록 규정하였다. 이에 따라 종업원등은 직무발명에 대하여 특허등을 받을 수 있는 권리나 특허권등을 계약이나 근무규정에 따라 사용자등에게 승계하게 하거나 전용실시권을 설정한 경우에는 정당한 보상을 받을 권리를 가진다.

사용자등은 보상형태와 보상액을 결정하기 위한 기준, 지급방법 등이 명시된 보상규정을 작성하여야 하며, 이를 종업원등에게 문서로 알려야 한다. 보상규정의 작성 또는 변경의 경우 사용자등은 종업원등과 협의해야 하며, 보상규정을 종업원등에게 불리하게 변경하는 경우라면 종업원등의 동의를 받아야 한다. 이때 협의의 경우 새로 작성하거나 변경하려는 보상규정의 적용을 받게 되는 종업원등(변경 전부터 적용받고 있는 종업원등을 포함)의 과반수와의 협의를 의미하며, 동의의 경우 불리하게 변경하려는 보상규정의 적용을 받고 있는 종업원등의 과반수의 동의를 의미한다(「발명진흥법 시행령」

명진흥법」의 개정이유 참조.
[10] 서울중앙지방법원 2009. 8. 14. 선고 2008가합115791 판결.

제7조의2). 보상규정의 변경 시, 사용자등은 새로 작성하거나 변경하는 보상규정(불리하게 변경하는 보상규정을 포함)을 적용하려는 날의 15일 전까지 보상형태와 보상액을 결정하기 위한 기준 및 지급방법 등에 관하여 종업원등에게 알려야 한다.

사용자등은 보상을 받을 종업원등에게 보상규정에 따라 결정된 보상액 등 보상의 구체적 사항을 문서로 알려야 하며 규정에 따라 종업원등에게 보상한 경우에는 정당한 보상을 한 것으로 간주하되 그 보상액이 직무발명에 의하여 사용자등이 얻을 이익과 그 발명의 완성에 사용자등과 종업원등이 공헌한 정도를 고려하지 아니한 경우에는 그러하지 아니한다. 한편, 공무원의 직무발명에 대한 보상에 관한 사항은 대통령령 또는 조례로 정한다.

III. 직무발명 보상절차 및 사용자와 발명자의 권리·의무

1. 직무발명 보상의 종류

종업원이 직무발명에 대하여 특허를 받을 수 있는 권리를 사용자 등에게 승계하거나 전용실시권을 설정한 경우에는 정당한 보상을 받을 권리를 가진다. 보상의 종류에는 발명(제안)보상, 출원보상, 출원유보보상, 등록보상, 실시·처분보상 등이 있다.

〈표 4-3〉 발명 단계별 직무발명 보상 종류[11]

구분	내용
발명(제안)보상	- 발명보상은 종업원이 고안한 발명을 특허청에 출원하기 전에 받는 보상 - 출원유무에 상관없이 종업원의 아이디어와 발명적 노력에 대한 장려금적 성질을 가진 보상
출원유보보상 (「발명진흥법」 제16조)	- 출원유보는 사용자가 직무발명을 승계한 후 영업비밀 등의 이유로 출원하지 않거나 출원을 포기 또는 취하하는 경우에 종업원에게 주어지는 보상

	- 출원유보에 대해 사용자의 보상의무를 명시적으로 규정 - 통상 사용자가 직무발명을 출원하지 않고, 유보하는 것은 당 해 발명을 영업비밀 등으로 간직하는 경우로 발명의 가치가 높 은 경우가 많기 때문
출원보상	- 출원보상은 종업원의 발명의 특허출원권을 사용자가 승계하 여 특허청에 출원함으로써 발생하는 보상 - 출원은 해당 발명이 특허성과 경제성이 있다는 판단으로 하게 되며, 출원후에는 후출원배제효과 및 출원공개 시 확대된 선출 원의 지위를 가지므로 지급하는 장려금적 성질의 보상
등록보상	- 사용자가 승계받은 발명이 특허등록되면 지급하는 보상
실시(실적)보상	- 사용자가 출원중인 발명 또는 특허등록된 발명을 실시하여 이 익을 얻은 경우 지급하는 보상금 - 사용자가 얻은 이익액에 따라 차등지급
자사실시보상	- 직무발명을 발명자가 속한 회사에서 이용하여 수익이 발생하 는 경우 지급하는 보상
타사실시보상	- 직무발명을 라이선스 계약 등을 통해 타 기업에게 이전하고 기술료 수입이 발생한 경우 지급하는 보상
처분보상	- 사용자가 직무발명에 대한 특허출원권 내지 특허권을 타인에 게 양도하거나 실시를 허여했을 경우 지급하는 보상
기타보상	- 그 밖의 보상에는 출원발명의 심사청구 시 보상되는 '심사청 구보상', 자사의 업종과 관련된 타인의 출원발명에 대해 이의신 청 또는 심판에 참여하여 무효로 하였을 경우 또는 자사의 특허 에 대한 침해 적발 시 지급하는 '방어보상' 등

2. 직무발명 보상절차

가. 종업원의 직무발명 완성사실 및 승계여부의 통지

종업원등이 직무발명을 완성한 경우에는 지체 없이 그 사실을

---

11) 특허청·한국발명진흥회, 2011년도 직무발명제도 운영 우수사례집(2011)
참조.

사용자등에게 문서로 알려야 하며(「발명진흥법」제12조 전단), 2명 이상의 종업원등이 공동으로 직무발명을 완성한 경우에는 공동으로 알려야 한다(「발명진흥법」 제12조 후단). 이때 "지체 없이"라는 기간은 사정이 허락하는 범위에서 가장 신속한 기간으로서, 정당하거나 합리적인 이유에 따른 지체는 허용되는 것으로 해석된다.

한편, 예약승계 규정이 있는 경우, 종업원 등은 사용자 등이 승계하지 아니하는 것으로 확정되기까지는 그 발명의 내용에 관한 비밀을 유지한 채 사용자 등의 특허권 등 권리의 취득에 협력하여야 할 신임관계에 있다. 따라서 종업원 등이 이러한 신임관계에 의한 협력의무를 위배하여 직무발명을 완성하고도 그 사실을 사용자 등에게 알리지 아니한 채 그 발명에 대한 특허를 받을 수 있는 권리를 제3자에게 이중으로 양도하여 제3자가 특허권 등록까지 마치도록 하였다면, 이는 사용자 등에 대한 배임행위로서 불법행위가 된다.[12]

나. 사용자의 권리승계 통지

종업원으로부터 통지를 받은 사용자는 4개월 내에 그 발명에 대한 권리의 승계 여부를 종업원 등에게 문서로 알려야 한다(「발명진흥법」 제13조 제1항 및 동법 시행령 제7조). 다만, 미리 사용자 등에게 특허 등을 받을 수 있는 권리나 특허권 등을 승계시키거나 사용자 등을 위하여 전용실시권을 설정하도록 하는 계약이나 근무규정이 없는 경우에는 사용자 등이 종업원 등의 의사와 다르게 그 발명에 대한 권리의 승계를 주장할 수 없다(「발명진흥법」 제13조 제1항). 사용자가 4개월 내에 당해 발명에 대한 권리의 승계 의사를 알린 때에는 그때부터 그 발명에 대한 권리는 사용자 등에게 승계된 것으로 본다(「발명진흥법」 제13조 제2항). 만일 사용자가 그 기간에 승계 여부를 알리지 아니한 경우에는 사용자 등은 그 발명에 대한 권리의 승계를 포기한 것으로 보며, 이 경우 사용자 등은 그 발명을 한 종업

---

[12] 대법원 2014. 11. 13. 선고 2011다77313, 77320 판결.

원 등의 동의를 받지 아니하고는 통상실시권을 가질 수 없다(「발명진흥법」 제13조 제3항 단서).

다. 직무발명심의위원회 및 분쟁조정

사용자등은 종업원등의 직무발명에 관한 사항을 심의하기 위하여 직무발명심의위원회를 설치·운영할 수 있다(「발명진흥법」 제17조 제1항). 동 위원회는 직무발명에 관한 규정의 작성·변경 및 운용에 관한 사항, 직무발명에 대한 권리 및 보상 등에 관한 종업원등과 사용자등의 이견 조정에 관한 사항, 그 밖에 직무발명과 관련하여 필요한 사항 등을 심의하게 된다. 직무발명심의위원회는 사용자등과 종업원등(법인의 임원은 제외)을 각각 대표하는 같은 수의 위원으로 구성하되, 필요한 경우에는 관련 분야의 전문가를 자문위원으로 위촉할 수 있는데, 같은 법 시행령에서는 사용자 측 위원의 경우 사용자 또는 법인의 대표자와 사용자 또는 법인의 대표자가 위촉하는 사람일 것, 종업원 측 위원의 경우 종업원등이 직접·비밀·무기명투표로 선출한 사람일 것을 요구하고 있다(「발명진흥법 시행령」 제7조의3).

한편, 종업원등은 직무발명인지 여부에 관하여 사용자등과 이견이 있는 경우, 사용자등이 종업원등의 의사와 다르게 직무발명 외의 발명에 대한 권리의 승계 또는 전용실시권의 설정을 주장하는 경우, 사용자등이 종업원등의 의사와 다르게 직무발명에 대한 권리의 승계 또는 전용실시권의 설정을 주장하는 경우, 사용자등이 권리승계의 통지를 법정기간 내에 하지 않았음에도 불구하고 통상실시권을 주장하는 경우, 사용자등이 제시한 보상규정에 이견이 있는 경우, 사용자등과의 협의 또는 동의 절차에 이견이 있는 경우, 사용자등이 통지한 보상액 등 보상의 구체적 사항에 이견이 있는 경우, 사용자등이 종업원등에게 보상하지 아니하는 경우, 그 밖에 직무발명에 대한 권리 및 보상 등에 관하여 사용자등과 종업원등 간에 이견이 있는 경우에는 사용자등에게 심의위원회를 구성하여 심의하도록 요구할 수 있다(「발명진흥법」 제18조 제1항 각 호). 다만, 이러한 심의요구는 사유가 발생한 날 또는 통지받은 날부터 30일 이내에 행사하여야 하며 사용자등은 이러한 종업원등의 요구를 받은 경우 60일 이내에 심의위원회를 구성하여 심의해야 한다.

3. 사용자와 발명자의 권리 · 의무

가. 직무발명에 대한 보상

종업원등은 직무발명에 대하여 특허등을 받을 수 있는 권리나 특허권등을 계약이나 근무규정에 따라 사용자등에게 승계하게 하거나 전용실시권을 설정한 경우에는 정당한 보상을 받을 권리를 가지는데(「발명진흥법」 제15조 제1항), 사용자등은 이에 따른 보상형태와 보상액을 결정하기 위한 기준, 지급방법 등이 명시된 「보상규정」을 작성하고 종업원등에게 문서로 알려야 한다(「발명진흥법」 제15조 제2항). 직무발명 보상에 관한 「발명진흥법」상 직무발명의 보상에 관한 규정은 구체적으로 아래 표와 같다.

〈표 4-4〉 「발명진흥법」상 직무발명 보상 관련 규정

구분	내용	관련규정
보상청구권	- 특허등을 받을 수 있는 권리 · 특허권등 - 계약이나 근무규정에 의거 - 사용자등에게 승계 · 전용실시권 설정	제15조 제1항
보상규정	- 보상형태와 보상액을 결정하기 위한 기준, 지급방법 등이 명시된 보상규정 - 종업원등에게 문서로 알려야 함	제15조 제2항
보상규정의 작성 또는 변경	- 보상규정의 작성 또는 변경에 관하여 종업원등과 협의 의무 - 보상규정을 종업원등에게 불리하게 변경하는 경우에는 해당 계약 또는 규정의 적용을 받는 종업원등의 과반수의 동의	제15조 제3항

	- 협의: 새로 작성하거나 변경하려는 보상규정의 적용을 받게 되는 종업원등(변경 전부터 적용 받고 있는 종업원등을 포함한다)의 과반수 - 동의: 불리하게 변경하려는 보상규정의 적용을 받고 있는 종업원등의 과반수 - 기간: 사용자등은 새로 작성하거나 변경하는 보상규정(불리하게 변경하는 보상규정을 포함한다)을 적용하려는 날의 15일 전까지 보상형태와 보상액을 결정하기 위한 기준 및 지급방법 등에 관하여 종업원등에게 알려야 함	제15조 제5항 및 동법 시행령 제7조의2
보상	- 보상을 받을 종업원등에게 보상규정에 따라 결정된 보상액 등 보상의 구체적 사항을 문서로 알려야 함 - 규정에 따라 종업원등에게 보상한 경우에는 정당한 보상을 한 것으로 간주 - 다만, 그 보상액이 직무발명에 의하여 사용자등이 얻을 이익과 그 발명의 완성에 사용자등과 종업원등이 공헌한 정도를 고려하지 아니한 경우에는 그러하지 아니함	제15조 제6항
	- 공무원의 직무발명에 대한 보상에 관한 사항은 대통령령 또는 조례로 정함	제15조 제7항

실무적으로 기업이 직무발명을 승계한 후 회사 사정이 어려워져 보상을 해 주지 못한 경우 종업원은 보상 미지급을 이유로 해당 기술을 유출할 수 있는지가 문제된다. 이 경우 종업원이 직무발명 사실에 대한 통지가 있었고 사용자는 승계 의사에 의해서 권리를 이전받았으므로 발명에 대한 권리는 사용자에게 존재하며, 또한 종업원이 가지는 보상청구권은 채권적 지위에 불과하므로 보상을 지급하지 않았다는 사정만으로 기술을 유출하는 것은 부정한 기술유출에 해당될 수 있다.[13]

---

13) 손승우, 앞의 책, 276면.

나. 사용자의 무상의 통상실시권

사용자인 회사는 특허발명을 무상으로 실시할 법정의 실시권을 갖는다. 이는 사용자가 설비·자재·비용을 제공함으로써 발명의 완성을 위한 물리적 기반을 제공한 대가로 이해할 수 있다. 「발명진흥법」 제10조 제1항에서 직무발명에 대하여 종업원이 특허, 실용신안등록, 디자인등록을 받았거나 특허등을 받을 수 있는 권리를 승계한 자가 특허등을 받으면 사용자는 특허권 등에 대하여 통상실시권을 가질 수 있도록 규정하고 있다. 이 경우 종업원에게 별도의 보상을 할 필요는 없다. 한편, 2013. 7. 30. 개정 「발명진흥법」에 신설된 단서에서는 사용자 등이 중소기업이 아닌 기업인 경우 종업원과의 협의를 거쳐 미리 일정한 계약 또는 근무규정(종업원 등의 직무발명에 대하여 사용자 등에게 특허 등을 받을 수 있는 권리나 특허권 등을 승계시키는 계약 또는 근무규정/ 종업원 등의 직무발명에 대하여 사용자 등을 위하여 전용실시권을 설정하도록 하는 계약 또는 근무규정)을 체결 또는 작성하지 아니한 경우에는 직무발명에 대한 통상실시권을 취득할 수 없도록 하였다. 즉 대기업이 직무발명의 예약승계 규정을 마련하지 않는 경우에는 직무발명에 대한 무상의 통상실시권을 갖지 못하도록 한 것이다.

한편, 사용자인 회사는 계약 또는 근무규정에 의하여 직무발명에 대한 권리를 예약승계할 수 있는데, 이 경우 종업원은 정당한 보상을 받을 권리를 가지며 사용자의 경우 전용실시권을 갖거나 특허권을 승계하게 된다. 통상 회사의 입장에서는 통상실시보다는 전용실시 또는 특허권의 승계를 통해 이익을 향유하는 경우가 대부분이라는 점에서 직무발명에 대한 예약승계규정은 효과적일 수 있다.

제2절 직무발명제도 관련 주요 논점

I. 직무발명 해당성

1. 종업원 여부

「발명진흥법」상 "종업원등"이란 종업원, 법인의 임원 또는 공무원의 약칭이다. 따라서 직원은 물론 임원 또한 종업원등에 해당한다. 이때 종업원등은 사용자(국가, 법인, 사장 등)에 대한 노무제공의 사실관계만 있으면 되므로, 고용관계가 계속적이지 않은 임시 고용직이나 수습공을 포함하고, 상근·비상근, 보수지급 유무에 관계없이 사용자와 고용관계에 있으면 종업원으로 보게 된다. 종업원이 다른 회사로 출장을 간 상태에서 발명을 한 경우에는 급여·지휘 내지 명령을 내린 사용자의 직무발명이라고 보아야 할 것이다.[14) 이때 고용관계의 존재는 발명의 완성 당시를 기준으로 하므로, 발명의 구상을 구성하였다가 이직 후 발명을 완성한 경우 이직 후 회사의 직무발명이 된다.[15) 이에 따라 원칙적으로 퇴직 후 발명은 직무발명으로 볼 수 없다. 그러나 발명이 재직 중에 완성된 것이라면 퇴직 후에 출원하더라도 직무발명에 해당하며, 퇴직 후에 완성된 경우라도 그 발명의 상당 부분 또는 주요 부분이 재직 중에 이루어졌다면 직무발명으로 볼 수 있는 여지가 있다.

그러나 발명의 완성 시점이 퇴직 전인지 후인지를 판단하는 것은 매우 어려우므로 그에 관한 대비책으로 퇴직 후 일정기간 이내에 이루어진 발명은 종전의 사용자등에게 승계한다는 내용의 고용계약규정, 즉 추적조항(追跡條項)을 두는 것은 가능하다. 다만, 영구

---

14) 서울중앙지방법원 2009. 11. 11. 선고 2009가합72372 판결.
15) 서울고등법원 2007. 8. 21. 선고 2006나89086 판결.

적인 추적조항 또는 기간의 정함이 없는 추적조항은 특별한 이유가 없는 한 민법상 무효에 해당할 수 있으므로 주의해야 한다.[16)]

한편, 공과대학의 연구실에 소속된 대학원생이 연구와 관련된 발명을 한 경우라면, 대학에서 이루어지는 연구개발 중 연구업무에 종사하는 교직원이 대학 또는 외부로부터 연구비를 지원받아 대학의 시설, 장비, 인력 등을 활용하여 이룩한 발명이 당해 교직원의 현재 또는 과거의 직무에 속하는 것이라면 직무발명이라고 할 수 있다. 그러나 대학과 학생 간에는 고용관계가 성립되지 않으므로 대학원생이 연구과정에서 개발한 발명은 발명진흥법상의 직무발명에 해당되지 않는다. 다만 특정의 연구프로젝트에 참가한 학생이 대학과 계약을 체결하여 고용관계가 형성된 경우에 있어서 당해 학생의 발명은 직무발명을 구성할 수 있을 것이다. 대학교수가 기업체 연구개발 의뢰에 따라 연구비를 지급받고 발명한 것은 사용자인 대학과는 무관한 것이므로 직무발명이 아닌 자유발명이 된다. 다만 대학 연구소의 시설 및 장비를 사용하였다면 대학은 계약, 대학 규정에 따라 일부 권리를 주장할 수 있다.[17)]

2. 직무발명 여부

직무발명은 종업원등의 현재 또는 과거의 업무범위에 속해야 하는데, 이에 대한 판단은 직무수행 내지 직책을 참고하여야 할 것이고, 특히 공무원의 경우 소속 기관의 직제와 직책, 업무분장 등이 일응의 기준이 된다.[18)] 예를 들면, 교통 관련 행정업무를 담당하던 공무원이 주·정차 위반차량 단속시스템을 발명한 사안에서 당해 공무원은 단순히 교통행정 및 각종 교통대책 종합계획의 수립·조

---

16) 손승우, 앞의 책, 276면.
17) 손승우, 앞의 책, 280면.
18) 서울북부지방법원 2008. 6. 26. 선고 2007가합9775 판결.

정, 불법 주·정차의 지도·단속에 관한 사항에 불과할 뿐 이 사건
의 주·정차 위반차량 단속시스템을 연구하고 개발하는 것을 업무
로 하지 않았으며, 해당 공무원이 소속기관으로부터 이 사건의
주·정차 위반차량 단속시스템을 개발하라는 과제를 부여받거나
이를 개발하기 위한 연구비 등을 지원받았음을 인정할 만한 증거
가 없는 점 등을 종합하면 주·정차 위반차량 단속시스템은 직무
발명에 해당하지 않는다.[19]

II. 합리적인 보상금의 산정

1. 직무발명 보상금의 성격

직무발명보상금 청구권은 통상적으로 사업자에 비해 열악한 지
위에 있는 종업원의 권익을 보호하고 발명을 진흥하기 위해 인정
되는 것으로서 직무발명보상금에 관한 구 특허법의 규정은 강행규
정이므로, 직무발명보상금 청구권의 발생, 행사 및 보상금의 정당
한 액수에 어떠한 제한을 가하는 계약 또는 근무규정은 무효이고,
나아가 직무발명보상금은 특허를 받을 권리를 양도한 대가로서 인
정되는 법정채권으로서 노동의 대가인 임금과는 그 성격상 명확히
구분되므로, 당사자 사이에 명시적인 약정이 없는 한 일반적인 임
금, 성과급 등의 지급으로써 특정한 직무발명에 대한 보상금의 지
급에 갈음하였다고 보아서는 안 된다.[20] 따라서 직무발명보상금청
구권은 특허를 받을 수 있는 권리나 특허권의 승계 시 혹은 전용권
설정 시에 당연히 일정액으로써 발생하는 특별한 법률상의 채권으
로 노동의 대가인 일반적인 임금채권과는 구별되는 것이어서 보수

---

19) 특허법원 2010. 12. 16. 선고 2010허4854 판결.
20) 대법원 2011. 9. 8. 선고 2009다91507 판결; 서울고등법원 2009. 10. 7. 선
　고 2009나26840 판결(원심).

의 인상, 성과급 등으로 대체할 수 없다.[21] 특히 직무발명보상금은 소득세 면세대상임에도 불구하고 성과급의 명목으로 지급 후 이에서 갑종 근로소득세, 주민세, 고용보험료 등을 공제한 사안에 대하여, 정당한 보상금을 지급한 것으로 인정할 수 없다는 하급심 판례가 있다.[22]

또한 법원은 단지 직무발명에 대한 특허에 무효사유가 있다는 사정만으로는 특허권에 따른 독점적·배타적 이익을 단순하게 부정하여 직무발명보상금의 지급을 면할 수는 없으며, 그 무효사유는 특허권으로 인한 독점적·배타적 이익을 산정할 때 참고요소로 고려할 수 있을 뿐이라고 하였다.[23]

한편, 직무발명보상금청구권의 소멸시효는 원칙적으로 일반채권과 마찬가지로 10년간 행사하지 않으면 완성되고 그 기산점은 일반적으로 특허등록 혹은 특허승계 시로 볼 수 있다. 그러나 근무규칙 등에서 대가의 지불시기가 정하여진 경우에는 그 지급시기가 도래할 때까지는 정당한 보상액의 지급을 받을 권리의 행사에 법률상 장애가 있다고 보아 그 지급시기가 정당한 보상액의 지급을 받을 권리의 소멸시효의 기산점이 된다고 해석하여야 할 것이다.[24]

2. 사용자의 이익 산정

직무발명에 대한 보상액의 산정은 직무발명에 의하여 사용자가 얻을 이익, 사용자와 종업원이 공헌한 정도, 발명자 개인의 기여도를 종합적으로 고려하여 산정한다. 따라서 직무발명 보상금은 직무발명으로 인한 '사용자의 이익' 산정이 우선되어야 한다. 여기서

---

21) 서울남부지방법원 2009. 9. 11. 선고 2008가합4316 판결.
22) 서울고등법원 2011. 8. 31. 선고 2010나72955 판결.
23) 대법원 2017. 1. 25. 선고 2014다220347 판결.
24) 대법원 2011. 7. 28. 선고 2009다75178 판결; 서울고등법원 2009. 8. 20. 선고 2008나119134 판결 등.

〈표 4-5〉 사용자가 얻을 이익의 일반적인 산정식

사용자가 얻을 이익 =
사용자의 매출액 × 직무발명의 기여도 × 실시료율 × 독점권 기여율

① 사용자의 매출액: 해당 직무발명이 사용된 제품 등의 총 매출액
② 직무발명의 기여도: 위 제품에 사용된 여러 기술 가운데 해당 직무발명이 차지하는 비율
③ 실시료율: 해당 직무발명을 라이선싱한 경우 받을 수 있는 금액
④ 독점권 기여율: 전체 매출액 중에서 사용자가 갖는 무상의 통상실시권 부분을 넘어 다른 기업의 제조판매를 금지할 수 있는 독점권에 의한 부분의 비율
* 일반적으로 30%~50% 정도로 인정되나, 사용자가 실시하고 있지 않은 등의 사정이 있는 경우에는 0.1%로 인정한 사례도 있음[25)]

'사용자가 얻을 이익'은 사용자가 직무발명을 실시하여 받은 이익 전체가 되는 것이 아니라 직무발명을 독점적·배타적으로 실시할 수 있는 지위를 취득함으로써 얻을 이익을 말한다. 그 이유는 사용자는 종업원으로부터 그 권리를 승계하지 않더라도 직무발명에 대한 무상의 통상실시권을 취득하므로(「발명진흥법」제10조 제1항), '사용자가 얻을 이익'은 통상실시권에 따른 매출액을 초과하는 매출, 즉 직무발명을 독점함으로써 얻는 이익을 의미한다. 따라서 사용자가 직무발명을 직접 실시하지 않고 제조·판매하는 제품이 직무발명의 권리범위에 포함되지 않아도 그것이 직무발명 실시제품의 수요를 대체할 수 있는 제품으로서 사용자가 직무발명에 대한 특허권을 기반으로 경쟁 회사가 직무발명과 동일 유사한 제품을 실시할 수 없도록 하여 시장에서 우위를 차지할 수 있었고 그 매출이 증가하였다면, 그로 인한 이익을 직무발명에 의한 사용자의 이익으로 평가할 수 있다.

'사용자가 얻을 이익'과 관련하여, 대법원은 사용자가 종업원으

---

25) 서울중앙지방법원 2013. 7. 18. 선고 2012가합501788 판결.

로부터 승계하여 특허등록을 한 직무발명이 이미 공지된 기술이거나 공지된 기술로부터 통상의 기술자가 쉽게 발명할 수 있는 등의 특허무효사유가 있고 경쟁관계에 있는 제3자도 그와 같은 사정을 용이하게 알 수 있어서 사용자가 현실적으로 그 특허권으로 인한 독점적·배타적 이익을 전혀 얻지 못하고 있다고 볼 수 있는 경우에는 직무발명 보상금 중 실시보상금을 지급할 의무가 없다고 판시한 바 있다.[26]

제3절 직무발명 보상 관련 분쟁의 예방과 해결

Ⅰ. 주요 분쟁사례 및 분쟁의 예방

1. 직무발명 여부에 관한 분쟁

가. 사용자의 업무범위

1) 사용자의 의미[27]

원고는 피고와 동업하기로 하고 이 사건 등록디자인을 창작하였다. 그런데 사업을 진행하는 과정에서 원고는 피고를 배제한 채 단독으로 이 사건 등록디자인과 동일, 유사한 형상의 완성품인 피고의 실시제품 1, 2와 위 완성품의 구성요소로서 상호 교환하여 조립 가능한 안경 부품으로서 이 사건 등록디자인에 관한 물품의 생산에만 사용되는 물품의 피고 시제품을 생산, 판매하였다. 이에 대해 원고는 피고와 단순한 동업관계이므로 사용자와 종업원 관계에 해당하지 않아 직무발명이 아니라고 주장하였다. 그리고 피고는 이 사건 등록디자인은 공동사업을 위해 창작된 것이므로 직무발명으

26) 대법원 2011. 9. 8. 선고 2009다91507 판결.
27) 서울중앙지방법원 2015. 5. 29. 선고 2014카합81041 판결.

로서 피고가 법정실시권을 가진다고 주장하였다.

이와 관련하여 법원은 직무발명제도에서 말하는 '사용자'란 타인을 선임하여 어느 사무에 종사하게 하고 그 지휘, 감독을 하는 자를 말한다고 밝히고, "이 사건 등록디자인에 관하여 기록상 제출된 자료에 따르면 피고가 원고를 상대로 이 사건 등록디자인의 창작에 관하여 어떠한 지휘, 감독을 하였다는 점을 소명하기에 부족하다"고 판단하였다. 그리고 "원고는 장래에 피고와 동업계약을 체결할 것을 전제로 계약체결에 앞서 이 사건 등록디자인을 창작하였으나 금형제작비용의 부담 등에 관한 합의에 이르지 못하여 실제 동업계약의 체결에는 이르지 못한 것으로 볼 여지가 있을 따름이다"고 설시하였다.

2) 업무범위[28]

원고는 국가이고 피고는 공무원으로서, 피고는 소외 공동고안자(공무원)와 함께 이 사건 고안을 공동명의로 실용신안을 출원하여 등록을 경료하였다. 이후 소외 공동고안자는 피고와의 상의 없이 이 사건 고안을 직무발명으로 신고하였고, 원고는 이 사건 고안 및 실용신안권을 승계하기로 결정하였다. 이에 원고는 피고에게 실용신안권의 지분에 대한 이전등록절차 이행을 구하기 위하여 소송을 제기하였다.

이에 관하여 법원은 당해 고안이 직무발명으로 신고되었다고 하더라도 그러한 사정만으로는 직무발명에 해당되지 않는다고 보아 원고의 청구를 기각하였다.

이 사건 고안은 원고의 업무범위에 속하지만, 피고가 이 사건 고안에 이르게 된 행위가 피고의 직무범위에 속하는지 여부에 대한 구체적인 판단은 피고의 직무수행 내지 직책을 참고하여야 할 것이고, 피고와 같은 공무원의 경우에는 소속된 기관의 직제와 직책,

---

28) 서울북부지방법원 2008. 6. 26. 선고 2007가합9775 판결.

업무분장에서 정해진 업무범위 등이 일응의 기준이 된다고 할 것
인바, 피고 등이 근무한 부서에서의 직책과 구체적인 업무는 대부
분 민원, 행정관리업무였고, 이 사건 고안과 직접 관련된 분야에서
근무하거나 기술업무에 종사한 것은 아니었으며, 이 사건 고안에
이르게 된 경위와 과정, 공동고안자가 직무발명으로 신고하게 된
경위, 이 사건 고안의 완성 및 실용신안등록에 이르기까지 원고로
부터 기술·자재지원이나 자료제공 등 지원을 받은 바 없는 점, 피
고 등은 자신들의 비용으로 업무 외의 시간을 활용하여 고안을 한
점, 피고 등이 위 고안과 관련된 분야에서 원고로부터 업무적인 지
시나 감독을 받은 바도 없는 점, 피고 등의 업무가 이 사건 고안의
시험, 개발 등과 관련된 것으로 보기 어렵고, 피고가 담당한 직무내
용과 책임범위로 보아 발명을 꾀하고 이를 수행하는 것이 당연히
예정되거나 또는 기대되는 것이라고 인정하기에 부족하고, 달리 이
를 인정할 증거가 없으며, 이 사건 고안의 공동실용신안등록권자가
원고에게 위 고안을 직무발명으로 신고를 하였다고 하더라도 그러
한 사정만으로 위 고안이 당연히 직무발명에 해당한다고 할 수도
없다.

나. 직무발명 성립요건

1) 종업원 등의 범위[29]

피고는 원고(회사)의 직원으로서 피고의 회사는 원고의 사내창업
규정 및 절차에 따라 설립한 사내 스타트업이다. 피고는 자신의 명
의로 특허를 출원하여 등록을 받았고, 피고 회사의 명의로 이전등
록을 해 주었는데, 원고는 이를 직무발명으로 보아 특허권이전 등
록 등을 청구하였다.

이에 법원은 이 사건 발명은 피고가 재직 중에 완성한 것이 아니
라는 점에서 원고의 청구를 기각하였다.

---

29) 서울중앙지방법원 2009. 11. 11. 선고 2009가합72372 판결.

직무발명에서의 '종업원등'이라 함은 사용자(국가, 법인, 사장 등)에 대한 노무제공의 사실관계만 있으면 되므로, 고용관계가 계속적이지 않은 임시 고용직이나 수습공을 포함하고, 상근·비상근, 보수 지급 유무에 관계없이 사용자와 고용관계에 있으면 종업원으로 보게 된다. 그런데 A사의 종업원이 타 회사(B)에 출장 가서 직무발명을 한 경우 그 발명이 어느 회사의 직무발명이 되는지 문제되는바, 이때 출장기간 중 B사의 사원이 되어 B사에서 급여를 받고 B사의 지휘 내지 명령까지 받았다면 B사의, 그 반대라면 A사의 직무발명이 된다고 할 것이고, 이와 같은 법리는 종업원이 사내창업을 위한 휴직을 하여 창업된 회사에서 근무하는 경우에도 마찬가지라고 할 것이다. 피고는 사내창업 휴직을 하면서 그 기간 동안 원고로부터 급여를 받지 않았고, 위 휴직기간은 재직연수에도 포함되지 아니하며, 원고는 위 기간 동안 피고에게 실질적인 지휘 내지 명령권도 없었던 반면, 위 기간 동안 피고는 피고 회사의 임원으로서 피고 회사로부터 급여를 받고 피고 회사의 실질적 지배하에 있었던 점을 감안할 때, 이 사건 특허가 피고의 사내창업 휴직기간 중에 출원된 이상 이 사건 발명은 원고의 직무발명으로 보기 어렵다고 할 것이다.

2) 고용관계의 여부[30]

원고는 피고회사의 직원으로서, 직무발명을 완성하였고 동 발명은 특허로 등록되었다. 이후 피고회사는 소외 A회사에게 이 사건 특허권을 포함한 일체의 자산을 이전하였는데, 원고는 피고회사에게 직무발명에 의한 보상금을 청구하였다.

법원은 직무발명의 요건 중 고용관계의 존재는 발명의 완성 당시를 기준으로 한다는 점에서 원고는 이 사건 특허의 직무발명자로서 보상금청구권이 존재한다고 보았다.

직무발명자라고 하기 위해서는 그 종업원이 자신의 현재 또는

---

[30] 서울고등법원 2007. 8. 21. 선고 2006나89086 판결.

과거의 직무에 속하는 사용자의 업무범위 내의 발명을 하였어야 하고, 만약 그 발명에 다수의 사람들이 관계되는 경우에는 기술적 과제의 해결수단인 발명의 특징적 부분을 착상하거나 그 착상을 구체화함으로써 발명의 완성에 창작적으로 공헌하였는지 여부를 기준으로 공동발명자의 지위를 정하며, 또한 직무발명의 요건인 "고용관계의 존재"는 발명의 완성 당시를 기준으로 하므로 어떤 종업원이 과거의 재직회사에서 발명의 기본적인 골격을 구성하였다가 새롭게 이직한 회사에서 발명의 구체적인 내용을 완성한 경우에는 그 발명은 나중 회사의 직무발명이 된다. 원고 등이 피고회사에 입사하기 전에 이 사건 특허발명에 관한 연구개발을 시작하였으나, 피고회사에 입사한 후에야 비로소 이 사건 특허발명을 완성한 사실은 앞서 인정한 바와 같으므로, 결국 원고는 이 사건 특허의 직무발명자로서 피고회사에 대하여 정당한 보상금을 청구할 권리를 갖는다.

3) 발명자 여부(아이디어 제공)[31]

원고는 피고회사 소속 책임연구원이며, 피고는 제품 개발에 관련된 위탁용역 개발계약을 체결한 바 있고, 원고는 당해 용역업체를 관리하였다. 이후 소외 A, B가 발명을 완성하였으나 원고는 소외 A를 제외하고 자신과 소외 B의 이름으로 직무발명을 신고하였다.

법원은 단지 아이디어를 제공하고 제안하는 수준에 그친 원고는 형식적으로 직무발명 신고서에 등재된 것으로 보고 원고를 진정한 발명자로 볼 수 없다고 판단하였다.

「특허법」 제2조 제1호에서는 "발명이라 함은 자연법칙을 이용한 기술적 사상의 창작으로서 고도한 것을 말한다"고 규정하고 있는바, 결국 발명자라 함은 "어떠한 문제를 해결하기 위하여 기술적 수단을 착상하고 이를 반복하여 실현하는 방법을 만든 자"라고 할 것

---

31) 수원지방법원 2008. 10. 17. 선고 2007가합14622 판결.

이고, 단순히 기술의 착상에만 그치고 이를 구체화하는 과정에 관여하지 않은 자, 일반적인 지식을 제공한 조언자, 단순한 보조자, 자금제공자, 도급인이나 명령자는 진정한 발명자라고 할 수 없다. 원고는 이 사건 용역계약을 의뢰한 피고의 책임연구원으로서 형식적으로 이 사건 특허발명의 공동발명자로 등재되었던 것으로 추단할 수 있고 단순히 어떠한 기술을 적용해 보자는 제안만 하였거나, 실제품의 양산과정에 참여하여 그 부품의 소재나 재질, 품질향상 문제를 해결하는 데 도움을 준 자는 이 사건 특허발명의 발명자라고 볼 수 없는 것이므로, 가사 원고가 용역업체 업무를 감독하면서 특정 기술을 적용해 개발해보자고 제안하였다거나, 제품양산 단계에서 부품의 개발에 관여한 사실이 있다고 하여도, 그러한 사실만으로는 원고가 이 사건 특허발명의 공동발명자라고 볼 수 없을 것이다.

4) 공동발명자 여부[32]

피고회사에서 공장장으로 근무하던 A는 퇴사 후 피고회사와 동종의 기계를 제조·판매하는 B회사를 설립하였다. 원고는 피고 회사를 퇴사 후 곧바로 B회사에 입사하였다. 원고가 피고회사에서 근무하면서 한 발명에 대하여 피고회사의 대표이사 명의로 특허등록이 이루어졌다. 원고는 해당 발명은 자신의 단독발명인데 피고회사의 대표이사는 자신을 발명자로 하여 몰래 특허등록을 마쳤다고 주장하였다. 반면 피고는 원고가 발명의 완성에 실질적으로 기여한 바가 없어 공동발명자에 해당하지 않는다고 주장하였다.

이와 관련하여 법원은 "발명자(공동발명자 포함)에 해당하려면 단순히 발명에 대한 기본적인 과제와 아이디어만을 제공하였거나 연구자를 일반적으로 관리하고 연구자의 지시로 데이터의 정리와 실험만을 한 경우 또는 자금·설비 등을 제공하여 발명의 완성을 후원·위탁하였을 뿐인 정도 등에 그치지 않고 발명의 기술적 과제

---

32) 서울고등법원 2015. 11. 27. 선고 2014나12203 판결.

를 해결하기 위한 구체적인 착상을 새롭게 제시·부가·보완하거나, 실험 등을 통하여 새로운 착상을 구체화하거나 발명의 목적 및 효과를 달성하기 위한 구체적인 수단과 방법의 제공 또는 구체적인 조언·지도를 통하여 발명을 가능하게 한 경우 등과 같이 기술적 사상의 창작행위에 실질적으로 기여하기에 이르러야 한다"고 설시하였다. 그리고 이 사건의 원고와 피고회사의 대표이사는 다음과 같은 사유로 공동발명자에 해당한다고 판단하였다. ① 원고는 피고들이 가지고 있던 기술과 도면 등을 기본틀로 하여 거래처의 주문과 요청을 충족시키기 위한 보다 세부적인 기술의 설계 및 개발을 하는 방식으로 업무를 처리하였다. ② 피고회사는 2006. 1. 경부터 C회사(제3회사)와 '슬롯다이 코팅장치' 제작 관련 업무협의를 해 오다가 2006. 4.경부터 코팅머신을 설계, 제작하여 2006. 9. 30.까지 납품하는 내용의 계약을 체결하였다. ③ 이 사건의 기술적 사상은 피고 대표이사가 기존에 보유해 온 '슬롯다이 코팅장치' 도면에는 나타나 있지 않고 피고 회사가 C회사와 계약을 체결하고 기술회의 과정에서 협의하기 이전까지는 적용된 적이 없다. ④ 피고는 연구개발비 2억 원 가량을 소요하였다.

따라서 이 사건 특허발명은 원고 단독이 아니라 피고회사의 위와 같은 기술정보들을 창작한 사람과 공동으로 발명하였다고 보이며, 피고회사에서 원고 이외에 이와 같은 기술정보들의 창작에 실질적으로 기여할 수 있는 사람은 코팅장치 설계의 전문성을 갖춘 피고 대표이사로 보인다.

5) 발명자 여부(관리·감독자)[33]

원고는 피고의 생산팀장으로서, 피고에게 보상금을 요구하였으나, 법원은 개발에 착수하도록 지시하였다고 하더라도 이는 생산팀장으로서 해야 할 통상적인 업무수행의 한 내용으로 볼 수 있을 뿐

---

33) 서울고등법원 2006. 6. 22. 선고 2006나 62159 판결.

특허발명에 대한 기여요소로 인정할 수 없으며, 기술개발과정에 대한 개별적인 보고를 하는 경우에 원고는 동종의 기술분야에서 누구나 손쉽게 지적할 수 있는 내용을 언급하는 데 그쳤을 뿐 당면한 기술개발의 어려움을 타개할 만한 새로운 아이디어를 제공하지는 않았기 때문에 원고는 기술 담당자가 이 사건 발명을 발명하는 데 있어서 생산팀장으로서 통상적인 수준의 관리·감독업무를 한 사실이 인정될 뿐이고, 이에 더 나아가 이 사건 특허의 발명에 창작적으로 기여한 진정한 공동발명자라고 볼 수 없다고 보았다.

2. 사용자등의 권리 및 의무 분쟁
가. 무상의 법정실시권 인정 여부[34)]

피고는 원고회사의 직원으로 이 사건 장치에 대해 자신의 명의로 2012. 2. 6. 출원하여 2012. 9. 26. 특허등록하였다. 원고는 피고가 원고회사의 직원으로서 직무와 관련하여 이 사건 장치를 발명한 것이므로 직무발명에 해당하고 따라서 사용자인 원고회사는 이 사건 특허에 관한 무상실시권을 가진다고 주장하였다. 반면 피고는 특약계약을 통한 발명은 사용자의 업무범위에 해당하는 것이 아니므로 무상의 법정실시권이 인정될 수 없다고 주장하였다. 이에 대해 법원은 원고회사가 무상의 법정실시권을 가지는지 여부에 대해 "피고는 배연창기기의 개발 및 시공을 하는 사람으로 원고회사와 그 경쟁관계에 있는 다른 회사를 오가며 일을 한 점에 비추어 피고가 원고회사에 고용되어 업무를 수행했다기보다 어느 정도 자유로운 지위에서 독립적으로 일을 하였고 근로자와는 다른 형태의 급부를 제공한 점, 산재보험 가입 내역 등에 비추어 피고가 원고회사의 종업원 지위에서 이 사건 발명을 하였다고 볼 수 없다. 또한 피고는 동종 업종에 있는 회사들에서 일을 하면서 습득한 기술을 이용하여

---

34) 서울남부지방법원 2014. 6. 13. 선고 2013가합7678 판결.

이 사건 장치를 발명하게 된 것으로 원고회사의 직무와 관련하여 이 사건 장치를 발명한 것으로 볼 수 없다."고 판결하였다.

나. 예약승계에 따른 권리귀속[35]

종업원의 직무발명에 관한 권리를 사용자에게 승계시키도록 하는 근무규정, 즉 예약승계규정이 있는 경우, 사용자가 종업원으로부터 직무발명의 완성 사실을 통지받은 날로부터 4개월 이내에 그 발명에 대한 권리를 승계할 의사를 종업원에게 통지하면 종업원의 승낙을 묻지 않고 사용자의 일방적 의사만으로 승계의 효과가 발생하며 만일 승계할 의사의 통지 없이 4개월이 경과하면 사용자가 승계를 포기한 것으로 간주되어 발명에 대한 권리가 종업원에게 귀속되는 것으로 확정된다.

이 사건에서 피고회사의 지적재산권관리규정에 직무발명에 관한 예약승계규정을 두고 있다. 따라서 종업원은 피고회사의 승계 결정 통지 없이 4개월이 경과되었을 때 비로소 직무발명에 관한 특허를 받을 권리를 확정적으로 취득하게 된다 할 것이고 그전까지 직무발명에 관한 특허를 받을 권리의 귀속은 전적으로 피고회사의 일방적 의사에 달려 있다. 이 사건 원고 등 공동발명자들이 피고회사에 이 사건 발명의 완성 사실을 통지하였다는 사정에 관한 입증이 없으므로 피고회사의 승계 포기 간주로 인한 이 사건 발명에 관한 권리의 종업원 귀속의 효과가 발생하였다고 할 수 없다.

다. 출원유보 시 보상의무[36]

과학기술분야에 관한 연구지원을 목적으로 하는 원고 법인은 PCT 출원에 대하여 진입기간 내에 각국의 국내단계진입 절차를 이행하지 아니하여 피고는 PCT 출원에 기초가 된 발명에 관하여 특허권을 취득할 수 없는 손해가 발생하였다. 이에 대해 원고는 고의

---

35) 서울중앙지방법원 2015. 9. 24. 선고 2014가합565830 판결.
36) 대전지방법원 2014. 6. 12. 선고 20011가합8564 판결.

적으로 관리소홀한 것이 아니라고 주장하였고, 피고는 원고의 고의
적인 관리소홀로 출원포기에 따른 손해배상 책임을 주장하였다.

이에 대하여 법원은 원고회사는 PCT 후속절차를 소홀히 하는 등
으로 출원을 포기하거나 취하간주 등의 상태에 있게 하였고 이에
따라 PCT 출원의 기초가 된 발명에 관해 특허권을 취득할 수 없게
되는 손해를 입게 되었다고 할 것이므로 이러한 불법행위로 인하
여 원고가 입은 손해를 배상할 책임이 있다고 하였다.

3. 보상금에 관한 분쟁

가. 무효심결이 확정된 특허[37]

원고는 재직 당시 다수의 직무발명을 완성하여 피고회사에 그
권리를 승계하였다. 이에 피고회사는 직무발명보상금 사내 지급기
준에 따라 지급하였으나, 원고는 보상액을 이유로 소송을 제기하였
다. 특히 이 사건 직무발명들 중 1개의 발명에 의한 특허권은 무효
심결이 확정되었고, 4개의 발명에 관련된 공법은 공사에 적용하기
어려워 피고에 의한 이용이 중단된 사실이 있다.

법원은 그러나, 무효사유는 보상금 산정에 고려되는 요소일 뿐
청구권 행사 자체를 저지할 사유는 아니고, 4개의 발명에 의한 공
법에 문제가 있어 당해 직무발명의 이용을 중단하였다고 하더라도
이미 진행한 공사들, 즉 이미 이용한 발명 또는 특허에 대해서 여전
히 정당한 보상금을 지급할 의무가 있다고 보았다.

나. 거절 · 무효사유가 명백한 발명[38]

원고는 피고회사의 책임연구원으로서, 직무발명자이다. 원고는
당해 직무발명을 통해 피고회사의 생산비용이 저감되었으므로 이
에 따른 직무발명보상금을 청구하였다. 그런데 이 사건 발명에 대

---

37) 서울중앙지방법원 2012. 9. 28. 선고 2011가합37396 판결.
38) 서울고등법원 2010. 6. 17. 선고 2009가합48041 판결.

한 미국, 유럽의 특허출원은 거절된 사실이 있으며, 국내 특허출원은 심사청구가 없는 상태이고, 신규성 및 진보성이 결여되어 있다.

법원은 직무발명 보상금 산정에 기초가 되는 사용자 등이 얻을 이익액은 사용자 등이 특허를 받을 권리 등을 종업원 등으로부터 승계하여 발명의 실시를 배타적으로 독점할 수 있는 지위를 취득하여 얻을 것으로 예상되는 이익액이라고 봄이 상당하다고 판시하였다. 또한 사용자 등이 직무발명을 스스로 실시하는 경우에도 위발명에 관한 독점적 지위에 기하여 초과적으로 발생할 것으로 예상되는 이익액 또는 사용자 등이 얻을 수 있었던 이익액 중에서 직무발명에 관한 독점적 지위가 기여한 정도 등을 고려하여 직무발명 보상금 산정의 기초가 되는 사용자등이 얻을 이익의 액을 합리적으로 산정하여야 할 것이라는 점에서, 피고가 이 사건 발명의 실시를 배타적으로 독점할 수 있는 지위를 취득하여 얻을 수 있다고 예상되는 이익액을 인정하지 않았다. 즉, 거절·무효사유가 명백한 발명은 사용자등이 얻을 이익이 없다고 보았다.

다. 상당한 이익[39]

피고는 의약품 제조·매매를 영위하는 법인이며 원고는 피고회사에 재직하던 사람으로서, 원고는 재직 당시 직무발명을 완성하였고 피고는 이를 특허출원하여 등록받았다. 원고는 보상금이 적다는 이유로 소를 제기하였다.

직무발명에 대한 보상금액을 결정함에 있어서는 그 발명에 의하여 사용자 등이 얻을 이익의 액과 그 발명의 완성에 사용자 등 및 종업원 등이 공헌한 정도를 고려하여야 하는데, 법원은 이 사건의 경우 특허발명으로 인하여 약가가 조정되었다고 보이지는 않는 점, 매출수량 중 이 사건 특허발명이 적용된 제품이 차지하는 비율이 피고가 이전부터 채택하고 있는 방식이 적용된 제품의 비율보다

---

39) 서울중앙지방법원 2010. 10. 28. 선고 2010가합9097 판결.

훨씬 작은 점, 이 사건 특허발명이 현저한 효과를 가져오는 것으로 보이지도 않는 점 등을 종합하여 볼 때, 피고가 이 사건 특허발명을 실시하여 상당한 이익을 얻었거나 얻을 것이라는 원고 주장과 같은 직무발명보상금을 지급할 의무가 있다고 할 수 없다고 보았다.

라. 크로스 라이선스에 대한 보상금[40]

원고는 피고의 연구소 소속 연구원으로서 리튬2차전지, 리튬이온폴리머전지 등을 발명·고안한 직무발명자이다. 피고는 당해 발명·고안에 기한 특허권등을 통해 소외 A회사와 상호 실시허락을 체결하였다. 피고회사와 A회사는 실시료가 무상인 크로스 라이선스를 체결하고, 피고는 A회사로부터 특허의 침해 또는 특허침해 주장에 대한 상대방의 책임을 면제하도록 하는 대가로 미화 50만 달러를 지급받기로 약정하였다. 이에 원고는 크로스 라이선스에 따른 이익도 보상금 산정에 포함되어야 한다고 주장한다.

법원은 그러나, 피고가 통상실시권자를 넘어서서 이 사건 특허발명 및 등록고안의 권리자로서 얻는 이익을 산정하는 이상, 피고가 현실적으로 A사로부터 받은 금전을 더할 것은 아니라고 보았다. 피고는 통상실시권자의 지위를 넘어서 특허권자이자 실용신안권자로서 이 사건 발명 및 고안에 대한 독점적 지위를 누리고 있다고 할 것이므로 피고에게 무상의 통상실시권이 있다고 하여 피고가 원고에게 별도의 보상금을 지급할 의무가 없다는 것이다. 다만, 피고가 무상의 통상실시권을 보유할 수 있다는 사정은 정당한 보상금액을 산정하는 데 고려할 수 있는 요소가 될 수 있다.

마. 공동발명자로부터 양수한 지분에 대한 보상금[41]

원고는 피고회사에 재직하는 동안 이 사건 발명을 A와 공동으로 완성하였고, 이 사건 발명에 관하여 특허를 받을 권리 중 원고와 A

---

40) 수원지방법원 2010. 11. 4. 선고 2009가합2746 판결.
41) 서울중앙지방법원 2015. 9. 24. 선고 2014가합565830 판결.

지분을 피고회사가 승계하였다. 원고는 A의 지분을 양수하고 자신의 지분과 양수한 A의 지분에 대한 보상금을 청구하였고 피고는 원고는 양수한 지분에 대해 보상금을 청구할 수 없다고 주장하였다. 이에 대하여 법원은 피고회사는 이 사건 발명에 대한 권리의 승계를 결정하였으므로 A가 원고에게 자신의 지분을 양도하였더라도 피고회사에 대한 효력은 없다고 판시하였다. 즉 발명자 본인에 대한 보상금청구권은 인정되지만 공동발명자로부터 양수한 지분에 기한 직무발명 보상금청구는 인정되지 않는다.

바. 퇴직금으로 보상금청구권 갈음 여부[42]

원고는 피고회사에 재직 시 피고회사의 주식을 액면가로 부여받고 고액의 연봉 및 통상의 3배에 이르는 퇴직금을 지급받았다. 원고는 통상보다 과다한 금액을 받았어도 직무발명보상금청구권이 있다고 주장한 반면, 피고는 원고가 과다한 금액을 수령하였으므로 보상금청구권을 포기하였다고 주장하였다. 이에 대하여 법원은 원고가 직무발명보상금을 포기하였거나 이미 지급받았음을 인정할 만한 증거가 부족하므로 보상금청구권이 소멸되지 않는다고 판시하였다.

4. 기타 분쟁 사례

가. 보상금을 받을 수 있는 발명[43]

원고는 회사재직 중 자신이 한 고안은 일종의 발명이며, 회사가 이러한 발명을 실시하여 원가를 절감하는 이익을 보았으므로 보상금을 지급할 의무가 있다고 주장하였다. 피고회사는 원고의 발명은 특허를 받을 발명이거나 특허를 받을 수 있는 발명에 해당하지 않아 보상금을 받을 권리가 없다고 주장하였다. 이와 관련하여 법

---

42) 서울중앙지방법원 2015. 2. 6. 선고 2013가합92632 판결.
43) 울산지방법원 2015. 3. 13. 선고 2014가단1361 판결.

원은 "종업원이 직무발명을 이유로 발명진흥법에 기한 보상을 받기 위해서는 종업원이 주장하는 '발명'이 '출원되어 특허를 받은 발명'이거나 적어도 '특허를 받을 수 있는 발명'에 해당해야 한다"고 설시하였다. 이 사건과 관련하여 원고가 주장하는 발명은 '특허를 받을 발명'이거나 '특허를 받을 수 있는 발명'을 인정할 증거가 없어 보상금청구권이 발생하지 않는다고 판시하였다.

나. 특허를 받을 수 있는 권리의 침해[44]

원고는 피고회사의 임원으로 재직하던 중 대표이사와 공동으로 이 사건 발명을 완성하였다. 그러나 피고는 공동발명자인 원고와의 계약 없이 자신의 단독발명으로 하여 회사의 명의로 특허권을 취득하였다. 이후 피고는 소외 A회사에게 당해 특허권에 대한 독점적 실시권을 부여하는 계약을 체결하였다. 이후 원고는 피고회사를 사직하고 특허권이전등록청구 및 손해배상을 청구하였다.

법원은 당해 발명은 직무발명에 해당하며 피고가 원고의 특허를 받을 수 있는 권리를 적법하게 승계하지 않고 보상도 이루어지지 않은 상태에서 원고를 배제한 채 피고를 발명자로 한 피고 회사 명의의 이 사건 특허등록을 마침으로써 원고의 특허를 받을 수 있는 권리를 침해하였다고 보았다.

법원은 그러나 이 경우 원고가 입은 재산상 손해액은 정당한 보상금 상당액이고, 등록된 특허권 또는 전용실시권의 침해행위로 인한 손해배상액의 산정에 관한 「특허법」 제128조 제2항을 유추 적용하여 이를 산정할 것은 아니라고 보았다. 따라서 보상액은 직무발명제도와 그 보상에 관한 법령의 취지를 참작하고 증거조사의 결과와 변론 전체의 취지에 의하여 밝혀진 당사자들 사이의 관계, 특허를 받을 수 있는 권리를 침해하게 된 경위, 이 사건 발명의 객관적인 기술적 가치, 유사한 대체기술의 존재 여부, 이 사건 발명에

---

44) 대법원 2008. 12. 24. 선고 2007다37370 판결.

의하여 피고회사가 얻을 이익과 그 발명의 완성에 원고와 피고회사가 공헌한 정도, 피고회사의 과거의 직무발명에 대한 보상금 지급례, 이 사건 특허의 이용 형태 등 관련된 모든 간접사실들을 종합하여 정하도록 하였다.

다. 영업비밀 침해[45]

피고인은 A회사에 근무하던 중 직무발명을 완성하였고, 출원 이전 B회사에 당해 기술을 제공하는 것을 조건으로 취직하였다. 이후 B회사는 당해 발명을 출원하였다. 이에 검사와 A회사는 피고인이 기업의 유용한 기술상의 영업비밀을 정당한 사유 없이 누설하였다고 주장하나, 피고는 직무발명에 해당하여 영업비밀이 성립하지 않는다고 항변하였다.

법원은 자유발명이 아닌 이상 사용자로서 당연히 통상실시권 등 일정한 권리를 취득하는 것이고, 기술적 창작을 일반 공중에 공개하는 것을 대가로 국가로부터 독점권을 부여받는 특허나 실용신안 제도의 취지에 비추어, 비록 직무발명자라 하여도 영업비밀인 그의 고안이 실용신안출원 및 등록 등을 통하여 공개되기 전의 비공개 상태에서 이를 제3자에게 누설한다면 이는 직무발명에 대하여 일정한 권리를 가지는 사용자의 영업비밀을 침해한 행위에 해당한다고 할 것이라고 보았다. 이 사건에서 피고인은 A회사로부터 소정의 급여를 지급받았고 A회사는 이 사건 기술 개발을 위하여 인적·물적 설비를 지원하였을 뿐만 아니라 상당한 자금을 지출하였는데도, 피고인은 그 결과 발명한 이 사건 기술을 A회사 재직 중에 제3자인 B회사의 대표이사인 C에게 누설한 사실을 인정할 수 있는바, 이 사건 기술이 직무발명에 속한다 하더라도 피고인의 행위는 A회사의 영업비밀을 침해한 죄에 해당한다.

---

45) 서울동부지방법원 2004. 1. 30. 선고 2001고단3568 판결.

라. 업무상 배임(성립)[46]

피고인은 A의 생명과학과 부교수로 임용되어 A가 제공하는 연구실, 고가의 연구 장비 및 인력을 이용하여 이 사건 기술에 관한 연구를 수행하였고, 이후 피고인은 이 사건 기술에 대한 특허를 받을 수 있는 권리를 자신이 설립한 B주식회사에 양도하였다. 이후 B주식회사가 특허출원을 할 당시, 당해 기술은 단순한 아이디어 단계를 넘어 여러 차례의 실험을 통하여 얻은 구체적인 데이터를 근거로 특허출원이 가능할 정도에 이르렀고, 피고인은 A소속 책임연구원 소외 甲과 함께 당해 기술에 관한 주요 실험을 완료하였고, B주식회사는 소외 甲과 실험한 위 결과들을 근거자료로 하여 특허출원을 하였다.

피고인은 A의 교수로서 A가 제공하는 연구실, 장비 및 인력을 이용하여 직무와 관련한 연구를 한 것이고, 그 연구 성과가 단순한 아이디어의 단계를 넘어 여러 차례의 실험을 통해 어느 정도 완성단계에 이르렀다고 판단되어 특허법상 우선권 주장을 위한 특허(선)출원을 하기에 이른 것이므로 그것이 그 당시에 특허를 받을 수 없는 미완성발명이었음이 명백하지 않은 이상, 피고인으로서는 A가 특허출원 등의 절차를 취할 수 있도록 협력하여야 하고, A가 그 출원을 하기 전에는 이 사건 기술의 내용에 관하여 비밀을 유지하여야 하며 A의 승낙 없이 이를 무단으로 양도하여서는 안 될 임무가 있다. 그럼에도 불구하고 이러한 임무에 위배하여 자신이 설립한 주식회사 B에 특허를 받을 수 있는 권리를 양도하여 특허출원을 하게 하였으므로 피고인의 이러한 행위는 업무상배임죄에 해당한다고 보아야 하고, 피고인이 상당한 시간, 노력 및 비용을 들여 실험에 성공한 이 사건 기술은 특허등록 여부에 관계없이 그 당시 그 자체가 재산상 이익이 있어 보이고 특허(선)출원으로 A에게 무용의

---

46) 대전지방법원 2010. 1. 26. 선고 2009노1274 판결.

부담을 지우게 하였으므로 결과적으로 이 사건 특허출원의 등록 여부와 관계없이(실제로 거절되었음) 이 사건 출원 당시 A에게 재산상 손해발생의 위험이 초래되지 않았다고 볼 수도 없으므로 업무상 배임이 성립한다.

마. 업무상 배임(불성립)[47]

피고인은 토목공사업 등을 목적으로 설립된 피해자 K 주식회사의 공무이사로 근무하면서 견적서 작성 및 제출, 현장공사 관리 등의 업무에 종사하던 사람으로서, 피고인은 피해자 회사의 특허권을 응용, 보완하여 발명을 완성하였다. 피해자 회사 취업규칙에는 예약승계규정이 존재하여 피해자 회사의 직원이 직무발명을 한 때에는 피해자 회사가 그 발명에 대하여 특허를 받을 수 있는 권리를 승계하므로, 직무발명을 한 직원은 대표이사에게 직무발명 완성사실을 알리고, 피해자 회사가 특허출원을 하도록 협조하여야 할 업무상 임무가 있었다. 그럼에도 불구하고 피고인은 위와 같이 직무발명을 완성한 사실을 피해자 회사에 알리지 아니한 채 특허를 출원하였고 이는 등록되었다.

피고인은 이 사건 취업규칙에 대하여 어떠한 설명을 들은 바 없으며, 근로계약서도 작성하지 아니하였으므로 이 사건 취업규칙이 적용되지 아니하므로 업무상 배임죄가 성립하지 않는다고 주장하는바 살피건대, 직무발명에 대한 권리가 사용자등에게 승계될 수 있는 예약승계규정이 피해자 주식회사에 존재하였으나 증인의 법정진술에 의하면, 피고인은 위와 같은 근로계약서 작성을 거부한 사실을 인정할 수 있고, 실제로 피고인과 피해자 회사 사이의 근로계약서가 이 법정에 제출되지 않았는바, 그렇다면 피고인과 피해자 회사 사이에는 피고인이 직무발명을 한 경우 이를 회사가 승계하기로 하는 내용의 약정이 서면으로 체결되었다고 보기 어렵다. 또

---

47) 수원지방법원 2012. 8. 23. 선고 2011고정2046 판결.

한 피고인이 이와 같은 내용이 규정되어 있는 피해자 회사의 취업규칙의 내용을 알고 있었는지 여부에 관하여 살펴보면, 증인들의 이 법정에서의 각 진술만으로는 피고인이 이와 같은 내용이 규정되어 있는 피해자 회사의 취업규칙의 내용을 알고 있었다고 단정하기 어렵고, 그 밖에 이를 인정할 만한 증거가 없다. 따라서 법원은 피고인의 업무상 배임죄가 성립하지 않는다고 보았다.

5. 분쟁의 예방

직무발명보상제도를 도입하려는 기업들은 기업 내에 직무발명제도와 관련된 위원회를 구성하여 발명을 사용할 대표, 특허부서 전담자, 직원 측 대표가 모여 규정을 합의하고 적정한 보상금액을 정하여 사내에 공표하는 것으로 도입할 수 있다. 직무발명보상제도는 핵심인재를 채용, 유지할 수 있으며 우수 직원의 이탈과 기술유출을 막을 수 있는 다양한 효과를 제공하므로 중소기업이라면 적극적으로 제도의 도입을 고려하고 활용하는 것이 바람직하다. 이하에서는 직무발명에 관한 분쟁의 해결 방법을 검토한 뒤, 절을 바꾸어 직무발명제도를 촉진하는 정책 및 제도를 소개한다.

II. 분쟁의 해결

1. 직무발명 심의위원회

종업원등은 직무발명에 관하여 사용자등과 이견이 있는 경우 사용자등에게 심의위원회를 구성하여 심의하도록 요구할 수 있다. 즉, 직무발명심의위원회는 자체적이고 일차적인 분쟁의 해결수단이 될 수 있다. 구체적으로 다음과 같은 경우에 종업원등은 직무발명심의위원회의 심의를 요구할 수 있다. ① 직무발명인지 여부에 관하여 사용자등과 이견이 있는 경우, ② 사용자등이 종업원등의 의사와 다르게 직무발명 외의 발명에 대한 권리의 승계 또는 전용실시권의 설정을 주장하는 경우, ③ 사용자등이 종업원등의 의사와 다르게 직무발명에 대한 권리의 승계 또는 전용실시권의 설정을 주장하는 경우, ④ 사용자등이 권리승계의 통지를 법정기간 내에 하지 않았음에도 불구하고 통상실시권을 주장하는 경우, ⑤ 사용자 등이 제시한 보상규정에 이견이 있는 경우, ⑥ 사용자등과의 협의 또는 동의 절차에 이견이 있는 경우, ⑦ 사용자등이 통지한 보상액 등 보상의 구체적 사항에 이견이 있는 경우, ⑧ 사용자등이 종업원 등에게 보상하지 아니하는 경우, ⑨ 그 밖에 직무발명에 대한 권리 및 보상 등에 관하여 사용자등과 종업원등 간에 이견이 있는 경우 에는 사용자등에게 심의위원회를 구성하여 심의하도록 요구할 수 있다(「발명진흥법」 제18조 제1항 각 호). 직무발명심의위원회의 구체 적인 운영은 아래 그림과 같다.

[그림 4-3] 직무발명심의위원회의 운영

직무발명심의 위원회 설치	- 직무발명에 관한 규정의 작성·변경 및 운용에 관한 사항 심의 - 직무발명에 대한 권리 및 보상 등에 관한 종업원등과 사용자등의 이견 조정에 관한 사항 - 그 밖에 직무발명과 관련하여 필요한 사항	「발명진흥법」 제17조 제1항
	↓	
분쟁 발생	- 종업원등의 심의 요구 · 당해 종업원등의 의견을 청취할 의무	「발명진흥법」 제18조 및 「발명진흥법 시행령」 제7조의4 제2항
	↓ 30일 이내 심의 요구, 60일 이내 심의위원회 구성	
직무발명심의 위원회 구성	- 사용자등과 종업원등(법인의 임원은 제외한다)을 각각 대표하는 같은 수의 위원	「발명진흥법」 시행령」

	·각각 3인 이상(상시근무 종업원 수 30명 미만인 경우 각각 1인 이상) ·사용자위원: 사용자 또는 법인의 대표자와 사용자 또는 법인의 대표자가 위촉하는 사람일 것 ·종업원위원: 종업원등이 직접·비밀·무기명투표로 선출한 사람일 것 - 위원장 호선하되 사용자위원과 종업원위원 각각 1명을 공동위원장으로 할 수 있음 - 필요한 경우에는 관련 분야의 전문가를 자문위원으로 위촉 ·사용자위원과 종업원위원이 합의하여 위촉한 사람 - 종업원등의 심의 요구에 따른 구성 시 직무발명 관련 분야의 전문가인 자문위원이 1명 이상 포함	제7조의3

↓

직무발명심의위원회 운영	- 위원장은 심의위원회의 회의를 소집하여 그 의장이 되며, 회의 개최 15일 전에 회의 일시, 장소 및 의제 등을 각 위원에게 통보하고 심의 관련 자료를 제공 - 사용자위원과 종업원위원의 각 과반수의 출석으로 개의하고, 출석위원(자문위원 제외) 과반수의 찬성으로 의결 - 공개회의 원칙(의결로 비공개 가능) - 회의록 3년간 보존의무 - 정부는 사용자등의 요청에 따라 관련 분야의 전문가를 제3항에 따른 자문위원으로 파견 가능	「발명진흥법」 제18조 및 「발명진흥법 시행령」 제7조의4

↓ 지체 없이

심의결과 통지	- 심의의 결과를 사용자등과 종업원등에게 지	「발명진흥법」

| | 체 없이 서면으로 통지
- 불복 시 산업재산권분쟁조정위원회에 조정 신청 가능 | 제18조
제4항,
제6항 |

2. 산업재산권 분쟁조정위원회

직무발명심의위원회의 심의 결과에 불복하는 사용자등 또는 종업원등은 산업재산권 분쟁조정위원회에 조정을 신청할 수 있다.

산업재산권분쟁조정위원회는「발명진흥법」제41조를 근거로 설치되었다. 대표적인 대체적 분쟁해결수단으로서, 신속하고 공정한 해결을 위해 분쟁조정을 지원한다. 산업재산권 분쟁조정제도는 복수의 소송에 해당하는 사안은 1회의 절차에 의해 해결할 수 있다는 점에서 시간과 비용을 절약할 수 있으며, 관련 전문가로 구성된 조정위원들에 의해 구성된다. 조정이 성립하는 경우 재판상 화해의 효력이 발생하고, 소송과는 달리 양 당사자의 이해관계를 고려하여 타협할 수 있다. 조정은 비공개를 원칙으로 한다.

산업재산권분쟁조정위원회는 직무발명에 대한 분쟁조정은 물론 산업재산권, 영업비밀의 분쟁을 조정하는 기능을 한다.

3. 소송에 의한 분쟁 해결

직무발명심의위원회 및 산업재산권분쟁조정위원회를 통해 직무발명에 대한 분쟁이 해결되지 않는다면 소송에 의하여 분쟁을 해결할 수 있다. 앞서 다수의 분쟁사례를 검토한 바와 같이, 권리의 이전 청구, 보상금청구는 물론 손해배상청구와 형사상 배임 등에 관하여 다툴 수 있다.

제4절 직무발명제도 활성화 정책·제도

본 장의 서두에서 논한 바와 같이 직무발명제도는 공정한 보상을 통해 발명의지를 고취하고, 기업의 우수한 기술의 확보를 통해 R&D 및 기반 투자를 촉진하여 다시 우수한 기술을 창출할 수 있는 선순환 구조를 만들 수 있는 제도이다. 이는 헌법이 선언하고 있는 발명가의 권리를 보호함과 동시에 기업 경쟁력을 강화할 수 있는 효과적인 수단이다.

이에 직무발명제도를 활성화하기 위한 노력이 계속되어 왔는데, 그 시작은 「발명진흥법」의 개정이라 할 것이다. 직무발명에 관한 사항은 당초 「특허법」과 「발명진흥법」에 각각 규정되어 있었으나 직무발명보상과 관련한 분쟁 등을 소송 외 대체적 분쟁해결시스템을 통해 효과적·경제적으로 해결하기 위한 방안으로 산업재산권 분쟁조정위원회의 조정의 효력을 강화하는 한편, 국가 과학기술혁신을 위한 직무발명의 역할이 증대됨에 따라 직무발명을 활성화하고 직무발명에 대한 보상을 강화하기 위하여 직무발명에 대한 보상기준 및 절차 등을 체계적으로 정비하고, 「특허법」과 「발명진흥법」에 각각 규정되어 있는 직무발명 관련 규정을 통합하여 제도의 운영상 나타난 일부 미비점을 개선·보완하기 위하여 2009년부터 「발명진흥법」에 통합되었다.[48]

이후 2013년 개정을 통해 종업원 등의 협상력 및 절차적 권리를 강화하여 실질적으로 보상과정에 참여하도록 하고, 대기업의 직무발명보상제도 도입을 적극적으로 유도함으로써 기업 전반에 정당한 보상문화를 정착시켜 지식산업시대의 기업경쟁력과 국가경쟁력을 강화하며, 산업재산권 서비스업의 육성 및 관련 협회의 설립

---

48) 2009. 3. 3. 법률 제7869호로 일부개정된 「발명진흥법」 개정이유.

근거를 마련하여 고부가가치 산업으로 발전할 수 있는 토대를 마련하기 위하여 직무발명 보상규정에 관한 조항, 직무발명심의위원회의 설치 등을 신설하였다.[49]

현재 직무발명제도를 활성화하기 위한 다양한 제도가 존재하는데, 「발명진흥법」 제11조는 직무발명제도를 장려하기 위한 정부의 조치를, 제11조의2에서는 우수기업 지원 등을 규정하여 직무발명제도의 활성화를 꾀하고 있다. 이하에서는 직무발명제도 활성화 제도 및 정책을 소개하도록 한다.

Ⅰ. 직무발명에 대한 세제혜택 현황

1. 발명자에 대한 비과세 혜택

직무발명보상금은 500만 원 한도로 비과세 혜택을 받을 수 있다. 직무발명보상금은 「소득세법」상 재직 중이라면 근로소득, 퇴직 후라면 기타소득으로 분류된다. 그런데 같은 법 제12조 제3호 (어)목 및 제5호 (라)목에서는 직무발명보상금을 비과세 소득으로 분류하고 있고, 같은 법 시행령 제17조의3 및 제18조에서는 500만 원까지를 과세하지 않는다고 규정하고 있다.

2017년 이전까지는 직무발명보상금이 「소득세법」상 비과세 기타소득으로만 분류되어 있어 비과세 한도액 없이 전액 비과세되었으나, 이러한 과세제도의 오남용을 방지하기 위하여 300만 원을 한도로 비과세하는 것으로 개정된 후, 2019년 시행령 개정을 통해 500만 원으로 상향조정되었다.

한편, 이러한 비과세 혜택은 특허등이 등록되었을 때만 인정된다. 즉, 실시보상금과 같은 경우 비과세 소득으로 인정받을 수 없다.[50] 단, 직무발명보상금은 1건에 대한 보상금이 아니라 "연 500

---

49) 2013. 7. 30. 법률 제11960호로 일부개정된 「발명진흥법」 개정이유.

만 원"을 한도로 비과세된다는 점에서(「소득세법 시행령」제17조의3), 같은 직무발명이 특허등으로 등록된 이후 이에 대한 보상금을 지속적으로 지급하는 경우라면 매년 500만 원 내에서 비과세혜택을 받을 수 있다고 해석할 수 있다.

2. 법인에 대한 세액공제 혜택

법인이 직무발명보상금으로 지출한 금액은 연구·인력개발비에 해당하여 세액공제를 받을 수 있다. 그리고 중소기업의 경우 지출한 금액의 25%, 중소기업이 아닌 경우 8~15%, 대기업에 해당하는 경우 2% 이하로 세액을 공제받고 손금처리할 수 있다(「조세특례제한법」제9조 및 제10조).

II. 특허청 직무발명활성화를 위한 지원사업 현황

1. 직무발명보상 우수기업 인증

가. 지원내용

「발명진흥법」제11조의2에서는 직무발명보상 우수기업을 선정하고 필요한 지원을 할 수 있도록 규정하고 있다. 이를 근거로 보상금을 지급한 사실이 2년 이내에 있는 기업은 각종 국가지원 사업에서 인센티브를 제공받고 우수기업 자격 조건을 얻어 특허 심사 시 우선 심사자격을 얻을 수도 있다.[51] 특허청장은 우수기업에 대하여 「특허법」제61조, 「실용신안법」제15조 또는 「디자인보호법」제61조에 따른 우선심사 및 「특허법」제79조, 「실용신안법」제16조 또는 「디자인보호법」제79조에 따른 특허료, 실용신안등록료

---

50) 국세청, "소득, 서면-2017-소득-0803", 소득세과-882, 2017. 5. 18.
51) 자세한 내용은 직무발명보상제도 공식사이트 참조 http://www.kipa.org/ip-job/index.jsp

또는 디자인등록료의 감면, 그 밖에 직무발명보상제도의 활성화를 위하여 필요하다고 인정되는 행정적·재정적 지원 사업에 관한 지원을 할 수 있다(「발명진흥법 시행령」 제6조의6 제4항).

또한 민간 IP-R&D 전략 지원 사업, 특허기술의 전략적 사업화 지원 사업, 지역지식재산 창출 지원 사업, 그 밖에 특허청장이 직무발명 활성화에 필요하다고 정하는 사항 등의 지원 사업에서 우대받을 수 있다(직무발명보상 우수기업 인증 및 지원에 관한 운영요령 제5조).

나. 선정기준

직무발명보상 우수기업이 되려는 기업은 특허청장에게 신청하여야 하며, 요건은 다음과 같다.

〈표 4-6〉 직무발명보상 우수기업 신청 요건

구분	요건	관련규정
직무발명 보상에 관한 계약 또는 근무규정	체결 또는 작성	「발명진흥법 시행령」 제6조의6 제2항 제1호
	이행·준수	
계약 또는 근무규정의 내용	직무발명에 대한 권리의 승계 절차	「발명진흥법 시행령」 제6조의6 제2항 제1호 (가)목
	직무발명에 대한 보상형태 및 보상액 결정기준 등 보상 절차에 관한 사항	「발명진흥법 시행령」 제6조의6 제2항 제1호 (나)목
	직무발명에 대한 권리의 승계 및 보상에 관한 이의신청·심의·조정 또는 중재에 관한 사항	「발명진흥법 시행령」 제6조의6 제2항 제1호 (다)목
직무발명 보상 사실	신청한 날부터 과거 2년 이내에 직무발명에 대하여 보상(비금전적 보상을 포함한	「발명진흥법 시행령」 제6조의6 제2항 제2호

기업요건	다)을 한 사실	
	「중소기업기본법」 제2조에 따른 중소기업	「발명진흥법 시행령」 제6조의6 제2항 제3호
	「중견기업 성장촉진 및 경쟁력 강화에 관한 특별법」 제2조 제1호에 따른 중견기업	

특허청장은 기업의 신청에 따라 우수기업을 선정하는데, 평가항목별 100점 만점에 70점 이상을 받아야 한다. 주요평가항목은 직무발명보상규정의 체제(30점), 직무발명보상실적(40점), 직무발명보상규정의 합리적 운용(30점)이다.

<표 4-7> 직무발명보상 우수기업 인증 기준

(직무발명보상 우수기업 인증 및 지원에 관한 운영요령 고시 별표1)

평가항목	평가내용
직무발명보상 규정의 체제	- 직무발명에 대한 권리의 승계 절차, 보상형태 및 보상액 등 보상기준, 지급방법에 관한 사항의 규정 여부 - 직무발명에 대한 권리의 승계 및 보상에 관한 이의신청, 심의, 조정 또는 중재에 관한 사항의 규정 여부
직무발명보상실적 (특허증 및 출원사실 증명원 기준)	- 보상금액 비율(보상금액/보상대상금액) - 직무발명보상율(직무발명보상 건수/직무발명 건수) (비금전적 보상 포함) - 실시보상 또는 처분보상의 실적(출원유보보상 포함)
직무발명 보상규정의 합리적 운용	- 보상형태와 보상액 등 보상기준을 정할 때 사용자와 종업원 간 협의 및 보상형태와 보상액을 결정할 때 종업원으로부터의 의견 청취 상황 - 보상기준의 공표·게시 등 종업원에 대한 보상기준의 제시 상황 - 사내 직무발명심의기구의 설치·운영 및 직무발명보상에 관한 이견, 분쟁에 대한 조정, 중재 상황

직무발명보상규정이라 함은 직무발명보상에 관한 계약 또는 근무규정을 말함. 각 평가항목별 평가의 대상은 우수기업 인증신청서를 제출하는 날을 기준으로 2년 이내의 사실, 실적 등에 한하며, 직무발명보상 규정의 경우 우수기업 인증신청서를 제출하는 날 현재 유효한 것이어야 함.

2. 기업맞춤형 컨설팅

특허청과 한국발명진흥회는 직무발명제도 도입을 계획하거나, 운영에 어려움을 겪고 있는 기업에 직무발명제도 전문가를 파견하여 직무발명제도 규정 수립 및 운영에 실질적인 도움을 제공하고, 직무발명제도가 활성화될 수 있도록 전략을 제시하고자 「맞춤형 직무발명제도 무료 컨설팅 프로그램」을 실시하고 있다.

중소기업의 경우 컨설팅 프로그램비가 전액 지원되며 중견기업의 경우 일부 비용이 발생할 수 있다. 컨설팅은 "기업진단 → 제도 도입 → 애로해소 → 컨설팅 프로그램 평가 시스템화 및 심층 멘토 프로그램(필요 시 2회 이상) 실시"로 구성되며, 직무발명보상제도 교육(개정법 내용이 반영된 표준모델 제공), 지식재산 관리역량(IP인프라 등), 기업 내 직무발명보상제도 위원회 구성, 직무발명보상제도 사례 제시, 직무발명보상제도 규정 수립 및 직무발명보상제도 활성화 전략 제시 등이 지원된다.[52]

3. 직무발명심의위원회 자문위원 파견

「발명진흥법」 제18조 제5항은 정부는 사용자등의 요청에 따라 관련 분야의 전문가를 제3항에 따른 자문위원으로 파견할 수 있다고 규정하고 있다. 이에 따라 특허청장은 사용자등의 요청에 따라 자문위원을 파견할 수 있는데, 중소기업이 아닌 경우라면 파견하지 않을 수도 있다(「발명진흥법 시행령」 제7조의5 제2항). 자문위원은 변리사,

---

52) 특허청 · 한국발명진흥회, "2019년 제3차 직무발명보상 우수기업 인증제 신청 공고문", 참조.

변호사, 교수, 관련 분야의 박사 및 동등 학력 이상의 소지자, 관련 분야의 업무에 10년 이상 종사한 경험이 있는 자 등으로 전문가 집단으로 구성된다. 단, 자문위원의 경우 이러한 자문위원은 직무발명 심의위원회의 의결권은 없다(「발명진흥법 시행령」 제7조의4 제3항).

제 5 장

부품과 디자인 보호

제1절 서 설

기술의 진보는 제품수명의 단축과 평준화현상을 가져와 디자인이 제품을 차별화할 수 있는 핵심 요소로 부각되고 있으며, 기술 중심의 경제패러다임이 디자인중심으로 급속하게 바뀌고 있다.[1] 이러한 디자인은 지속가능한 성장의 기반으로 그 중요성이 크게 부각되어 국가경쟁력을 좌우하는 21세기 산업의 키워드로 부상하고 있다.[2] 이에 따라 산업 현장에서도 디자인권의 중요성이 크게 인식되고 있는데, 디자인을 등록받고자 하는 방법에는 완성된 전체 물품을 출원하는 방법이 있으나 그중 일부 부품, 부속품이나 전체 물품의 일부분만을 등록받고자 하는 제도도 있어 이에 관한 이해와 더불어 디자인권 획득에 있어서 이러한 제도를 이용하는 전략이 중요하다.[3] 본 장에서는 부품의 디자인 보호에 대해 그 보호와 보호의 한계를 검토한다. 한편, 부품디자인에 관하여 살펴보기에 앞서 절을 넘겨 국내 디자인보호제도에 대한 검토를 선행한다.

---

1) 김명숙, "독일의 디자인산업 경쟁력과 시사점", 「독일학연구」 제27권, 2011, 107면.
2) 이재규, "경쟁력 제고를 위한 디자인 교육 특성화 방안에 관한 연구", 「디자인지식저널」 통권 제31호, 2014, 401면.
3) 이정윤, "부품디자인과 부분디자인 출원의 전략적 활용", 「한국디자인학회 국제학술대회 논문집」, 2012, 88면.

제2절 디자인보호제도[4]

Ⅰ. 디자인 보호의 목적과 대상

1. 디자인보호법의 보호대상

물건의 선택에 있어서 현대 소비자들은 그 물건의 성능만큼이나 디자인을 중요한 고려요소로 삼는다. 이에 기업들도 디자인경쟁에서 살아남기 위해 막대한 비용을 투자하고 있다. 디자인보호법은 이러한 디자인(design)을 보호하고 이용을 활성화함으로써 디자인의 창작을 장려하고 궁극적으로 산업발전에 이바지하는 것을 목적으로 한다.

특허와 실용신안이 산업적 기술을 보호대상으로 한다면 디자인보호법은 산업 물품의 디자인을 보호대상으로 한다. '디자인'이란 "물품(물품의 부분 및 글자체 포함)의 형상·모양·색채 또는 이들을 결합한 것으로서 시각을 통하여 미감(美感)을 일으키게 하는 것"을 말한다(디자인보호법 제2조).[5]

그리고 「디자인보호법」은 자동차의 형상, 가구의 배치형상 등 양산 가능한 물품의 미적 외관을 보호대상으로 하므로, 「디자인보호법」상 보호받는 디자인은 물품성이 요구된다. 이와 관련하여 과거에는 핸드폰 등의 액정에 표시되는 화상디자인은 디자인등록을 받을 수 없었다. 그런데 오늘날 디지털 기술이 발전하면서 아바타, 웹 이모티콘, 아이콘, 개인휴대단말기(PDA), 휴대용 게임기 등의 화상디자인이 상당한 경제적 가치를 지니게 되면서 기업은 이를

---

4) 디자인보호제도의 일반론은 손승우, 앞의 책 참조.
5) 심미감이란 '물품의 전체적인 형상에서 느껴지는 아름다움'으로 해석되며, 심미감을 판단할 때 '물품으로서 당연히 있어야 할 부분' 이거나 '오래전부터 흔히 사용된 요소'들은 중요도가 낮다.

창작하기 위해 상당한 비용을 투자하는 반면 이를 그대로 베끼거나 모방하는 사례도 증가하게 되었다. 이에 우리나라는 「디자인보호법」을 개정하여 내비게이션, 냉장고, CD플레이어, 컴퓨터화면 등에 나타나는 화상디자인도 산업상 보호할 가치가 있는 디자인으로 포함시켜 화면상 그림이나 아이콘 등도 물품과 일체로 등록할 수 있도록 하였다.

한편, 「디자인보호법」은 물품성이 부족한 '글자체'를 보호대상으로 포섭하고 있다. 여기서 '글자체'란 "기록이나 표시 또는 인쇄 등에 사용하기 위하여 공통적인 특징을 가진 형태로 만들어진 한 벌의 글자꼴(숫자, 문장부호 및 기호 등의 형태를 포함한다)"을 말한다. 디자인보호법은 이러한 글자체를 물품에 해당하는 것으로 보고 있다. 주의할 것은 글자체를 디자인권으로 보호받기 위해서는 등록을 하여야 하며, 이를 위해서는 글자체가 일반인에게 공표되어 있거나 또는 널리 사용하고 있는 것이 아니어야 하며, 새롭게 고안한 글자체로서 창작성이 있어야 한다.

2. 디자인보호법의 연혁

1961년 법률 제951호로 의장법이 제정된 이후 디자인 분야의 환경변화에 따라 수차례의 개정이 있었다. 1980년 개정법에서 조약우선권 제도와 신규성 상실 예외 규정이 도입되었고, 1997년 개정법에서는 라이프사이클이 짧고 유행성이 강한 7개 물품을 대상으로 무심사제도와 복수디자인제도가 도입되고, 디자인권의 존속기간을 10년에서 15년으로 확대하였다. 2001년 개정법에서 부분디자인제도와 화상디자인제도를 시행하였고, 2004년에는 글자체를 디자인의 보호대상으로 추가하였으며, 의장법의 법명을 「디자인보호법」으로 변경하였다. 2014년 5월 28일 개정 법률에 따라 관련디자인, 복수디자인등록출원 등이 도입되었으며 존속기간이 다시 20년으로 확대되었다.

II. 디자인 등록요건과 출원절차

1. 디자인의 등록요건

가. 물품성

디자인은 물품에 표현된 것이어야 한다. 여기서 물품이란 유체동산에 한정된 것으로 건물과 같은 부동산과 열, 액체, 전기 등과 같이 형체가 없는 것(전기, 광, 열), 설탕과 같은 입상물 및 독립하여 거래 대상이 될 수 없는 물품과 분리된 디자인 등은 이 법의 보호를 받을 수 없다.

다만, 부동산이더라도 '버스 승강장' 또는 조립식교량, 조립가옥 등과 같이 반복적으로 생산할 수 있고 이동이 가능하며 독립거래의 대상이 되는 것은 물품으로 인정된다. 그리고 미키마우스 캐릭터 자체는 저작권 보호를 받지만 이를 신발이나 연필 등에 구현한 경우에 비로소 디자인보호법상의 디자인으로서 보호받을 수 있다.

나. 공업상 이용가능성

디자인에 관한 물품이 공업적 생산방법으로 반복생산이 가능하고 처음부터 양산을 의도했어야 하며, 단순한 아이디어에 불과한 것이 아니라 기술적으로 충분히 달성할 수 있을 정도의 물품이어야 한다. 공업적 생산방법이란 "원자재에 물리적 또는 화학적 변화를 기하여 유용한 물품을 제조하는 것을 말하며, 양산이란 동일한 형태의 물품을 반복적으로 계속하여 생산하는 것을 뜻한다.[6] 그 생산방법에는 기계공업적 생산방법 및 수공업적 생산방법이 포함된다.

다. 신규성

디자인보호법은 ① 국내 또는 국외에서 전시, 판매 등으로 공지 또는 공연히 실시된 디자인, ② 국내 또는 국외에서 반포된 간행물에 게재되었거나 전기통신회선을 통해 공중이 이용할 수 있게 된

---

6) 대법원 1994. 9. 9. 선고 93후1247 판결.

디자인, ③ 제1호 또는 제2호에 해당하는 디자인과 유사한 디자인에 대하여는 신규성을 상실한 것으로 본다. 이 법의 신규성은 물품의 디자인을 전제로 선행디자인과 비교해 볼 때 물품이 동일 또는 유사하고 디자인이 동일 또는 유사하다면 신규성이 없다고 본다.

한편, '국내에서 공지된 의장'이라 함은 반드시 불특정 다수인에게 인식되었을 필요까지는 없으며 불특정 다수인이 인식할 수 있는 상태에 놓여져 있는 의장을 말한다. 예를 들면, 당해 의장과 동일한 형상·모양의 물품을 그 출원일 이전에 동종업자에게 납품한 사실이 있다면 그 의장은 일반사람의 눈에 띔으로써 바로 알려져 모방할 수 있는 것이므로 그의 신규성 내지 비밀성을 잃어 공지로 된다고 할 것이다.[7] 그리고 '공연히 실시된 의장'이라 함은 의장의 내용이 공연히 알려진 또는 불특정 다수인이 알 수 있는 상태에서 실시된 의장을 말한다.

물품이 아닌 역사적 건축물은 공지디자인의 지위를 가지지 못하므로 건축물 '모형'을 디자인 출원한 경우 해당 실제 건축물은 신규성 판단에 있어서 공지디자인이 되지 못한다.

한편, 예외적으로 디자인등록을 받을 수 있는 권리를 가진 자의 디자인이 국내외에서 공지, 공연 실시되거나 국내외에 반포된 간행물에 게재된 디자인 또는 이들에 유사한 디자인에 해당할 경우 그 날부터 12개월 이내에 출원하면 신규성을 상실하지 아니한다. 신규성 상실의 예외가 인정되면 그 공지디자인은 자기가 출원한 디자인에 대하여 신규성 및 용이창작 여부를 심사할 때 공지디자인으로 보지 않는다.

라. 창작성

디자인등록 출원 전에 그 디자인이 속하는 분야에서 통상의 지식을 가진 자가 공지 또는 공연히 실시된 디자인의 결합에 의하거

---

7) 대법원 1982. 7. 13. 선고 81후74 판결.

나 국내 또는 국외에서 널리 알려진 디자인에 의하여 용이하게 창작할 수 없는 정도의 창작성이 있어야 한다.

공지디자인 또는 주지의 형상·모양 등을 거의 그대로 이용하거나 전용한 것 등과 같은 단순 모방이 아니라 이들을 취사선택하여 결합한 것으로서 그 디자인을 전체적으로 관찰할 때 새로운 미감을 일으키는 경우에는 용이하게 창작할 수 있는 디자인이 아니다. 다시 말해, 용이하게 창작할 수 있는 디자인은 등록을 받을 수 없으며 여기서 용이하게 창작할 수 있는 디자인의 범위는 ① 국내 또는 국외에서 알려진 디자인 또는 이들의 결합에 의한 것이거나, ② 국내 또는 국외에서 널리 알려진 형상, 모양, 색채 또는 이들의 결합에 의한 창작을 포함한다.

마. 디자인 부등록 요건

디자인의 등록요건을 만족하는 디자인이라도 물품의 전체, 일부분, 부품 또는 구성 물품이 국기, 공공기관 등의 표장 등과 동일·유사하거나 디자인이 주는 의미나 내용 등이 공익을 해칠 우려가 있는 등의 디자인은 등록받을 수 없다. 그리고 물품의 기능을 확보하는 데에 불가결한 형상만으로 전체적으로 구성된 디자인도 등록받을 수 없다.[8]

2. 디자인 출원·등록 절차

디자인의 보호범위는 디자인등록출원서의 기재사항 및 그 출원서에 첨부된 도면·사진 또는 견본과 도면에 적힌 디자인의 설명에 따라 표현된 디자인에 의하여 정해진다(디자인보호법 제93조). 디자인등록출원을 하기 위해서는 출원서를 작성하여 제출하여야 하며, 물품의 디자인에 관한 것이므로 출원서에는 사시도 및 6면도를

---

8) 디자인의 일부 형상만 물품의 기능과 연관된 경우에는 디자인등록이 가능하다.

도시한 도면 또는 사진이나 견본, 3차원 모델링 형태의 파일을 첨부하여 제출할 수 있다. 디자인은 물품의 외관을 보호하는 것이므로, '도면'에 디자인으로 표현하여 보호받고자 하는 대상을 명확히 특정한다.

디자인등록 출원은 디자인 등록의 요건을 모두 심사하는 심사등록출원과 일부심사등록출원으로 나눌 수 있다. 대부분의 디자인은 심사를 거치게 되지만 유행성이 강하고 수명주기가 짧은 직물지, 벽지, 합성수지지, 의복류, 침구류, 문구류 등에 관한 디자인9)에 대해서는 실체심사 없이 바로 등록하게 된다. 일부심사등록출원에 대하여 디자인등록의 요건 중 신규성, 공지디자인에 의한 용이창작,

[그림 5-1] 디자인 출원 · 등록 절차도

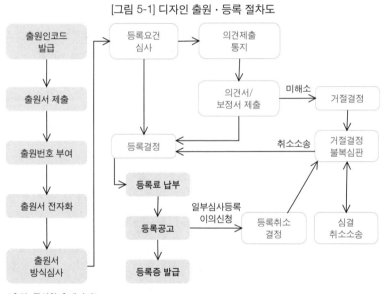

〈출처: 특허청 홈페이지〉

---

9) 일부심사등록출원을 할 수 있는 것은 로카르노 협정에 따른 물품류 중 제2류(의류 및 패션잡화 용품), 제5류(섬유제품, 인조 및 천연 시트직물류) 및 제19류(문방구, 사무용품, 미술재료, 교재)에 속하는 물품의 디자인이다.

확대된 선출원, 자기의 관련디자인과만 유사한 디자인, 선출원은 적용하지 않는다. 유행성이 강한 디자인은 제품 출시와 동시에 모방이 되는 경우가 많으므로 일부심사등록제도를 통하여 해당 디자인에 대해 신속히 권리화를 하면 효과적인 보호를 기대할 수 있다.

디자인등록출원서를 제출하면 공개신청을 한 경우에만 출원공개를 하게 된다. 다음으로 출원된 디자인에 대해 등록요건을 갖추었는지를 심사하여 이를 만족하는 경우에는 등록결정이 나게 되지만, 도면 오류 등 등록요건을 만족하지 못할 경우에는 심사관은 의견제출통지서를 발송하고 이에 대하여 출원인은 의견서·보정서를 제출할 수 있다. 디자인 출원 중 도면해독, 도면 축척 등에 오류가 있어 거절되는 사례가 많은데, 도면에 오류가 발생되면 실무적으로 이용이 어렵게 되므로 공업상 이용가능성을 만족하지 못한 것이 된다. 만일 하자를 극복하지 못하면 거절결정을 하게 되고 그것에 대하여 특허심판원, 특허법원, 대법원에 불복할 수 있다.

Ⅲ. 디자인권

1. 디자인권의 효력

디자인이 등록되면 그날로부터 출원일 후 20년간 디자인권이 존속한다(「디자인보호법」 제91조 제1항). 디자인권의 적극적 효력으로서 디자인권자는 업으로서 그 등록디자인 또는 이와 유사한 디자인을 생산, 판매 등 실시할 수 있는 권리를 독점하며, 등록디자인의 보호범위는 디자인등록출원서의 기재사항 및 그 출원서에 첨부된 도면·사진 또는 견본과 도면에 적힌 디자인의 설명에 따라 표현된 디자인에 의해 정해진다.

디자인권자는 디자인권을 이전하거나 타인에게 전용실시권, 통상실시권, 질권 등을 설정하여 경제적 이익을 실현할 수 있다. 전용실시권과 관련하여, 타인에게 디자인권에 대한 전용실시권을 설정

하게 되면 디자인권자는 실시할 권리가 없다. 그리고 기본디자인
의 디자인권과 관련디자인의 디자인권에 대한 전용실시권은 같은
자에게 동시에 설정해야 한다. 전용실시권자는 그 설정행위로 정
한 범위 안에서 그 등록디자인 또는 유사한 디자인을 업으로서 실
시할 권리를 독점한다. 또한 전용실시권자는 디자인권자의 동의를
얻어 전용실시권을 목적으로 하는 통상실시권을 허락할 수 있다.
통상실시권자는 일정한 범위에서 그 등록디자인 또는 유사한 디자
인을 업으로 실시할 권리를 가진다.

디자인권의 소극적 효력으로서 디자인권자는 정당한 권원 없는
제3자가 등록디자인과 동일 또는 유사한 디자인을 업으로서 실시
하는 것에 대하여 침해금지 및 손해배상 등의 민사적 제재를 할 수
있고, 침해죄로 고소할 수도 있다.

2. 디자인 유사여부의 판단

디자인의 동일·유사 여부를 판단함에 있어서는 디자인을 구성
하는 각 요소를 부분적으로 분리하여 대비할 것이 아니라 전체적
으로 대비 관찰하여 보는 사람이 느끼는 심미감 여하에 따라 판단
하여야 하고, 이 경우 디자인을 보는 사람의 주의를 가장 끌기 쉬운
부분을 요부로서 파악하고 이것을 관찰하여 일반 수요자의 심미감
에 차이가 생기게 하는지 여부의 관점에서 그 유사 여부를 결정하
여야 하며, 양 디자인의 공통되는 부분이 그 물품으로서 당연히 있
어야 할 부분 내지 디자인의 기본적 또는 기능적 형태인 경우에는
그 중요도를 낮게 평가하여야 한다. 또한 등록디자인이 신규성이
있는 부분과 함께 공지의 형상과 모양을 포함하고 있는 경우 그 공
지 부분에까지 독점적이고 배타적인 권리를 인정할 수는 없으므로
디자인권의 권리범위를 정함에 있어서는 공지 부분의 중요도를 낮
게 평가하여야 한다.[10]

한편, 옛날부터 흔히 사용되었고 단순하며 여러 디자인이 다양

186 제5장 부품과 디자인 보호

하게 고안되었던 것이나 구조적으로 그 디자인을 크게 변화시킬 수 없는 것 등에서는 디자인의 유사범위를 비교적 좁게 보아야 하지만, 기존에 없던 참신한 디자인에서는 디자인의 유사범위를 비교적 넓게 보아야 할 것이다.

3. 디자인권 침해 및 구제

가. 침해로 보는 행위

등록디자인이나 이와 유사한 디자인에 관한 물품의 생산에만 사용하는 물품을 업으로 생산·양도·대여·수출 또는 수입하거나 업으로서 그 물품의 양도 또는 대여의 청약을 하는 행위는 그 디자인권 또는 전용실시권을 침해한 것으로 본다.

나. 권리침해에 대한 금지청구권

디자인권자 또는 전용실시권자는 자기의 권리를 침해한 자 또는 침해할 우려가 있는 자에 대하여 그 침해의 금지 또는 예방을 청구할 수 있다. 그리고 디자인권자 또는 전용실시권자는 침해행위를 조성한 물품의 폐기, 침해행위에 제공된 설비의 제거, 그 밖에 침해의 예방에 필요한 행위를 청구할 수 있다.

디자인권자 또는 전용실시권자는 고의나 과실로 자기의 디자인권 또는 전용실시권을 침해한 자에 대하여 그 침해에 의하여 자기가 입은 손해의 배상을 청구할 수 있다. 디자인권 또는 전용실시권을 침해한 자는 그 침해행위에 대하여 과실이 있는 것으로 추정한다. 다만, 비밀디자인으로 등록된 디자인권이나 그 전용실시권을 침해한 경우에는 과실이 있는 것으로 추정하지 않는다(「디자인보호법」제116조 제1항).

다. 형사처벌

디자인권 또는 전용실시권을 침해한 자는 7년 이하의 징역 또는 1

---

10) 특허법원 2017. 3. 23. 선고 2016허7503 판결.

억 원 이하의 벌금에 처할 수 있으며(「디자인보호법」 제220조 제1항), 디자인권 침해죄에 대해서는 권리자의 고소가 있어야 공소를 제기할 수 있다(동법 제220조 제2항).

IV. 디자인보호법의 특유의 제도

1. 디자인일부심사등록제도

디자인 등록은 출원일로부터 평균 1년 이상이 소요되는 반면, 디자인일부심사등록제도를 활용하면 통상 2~3개월이면 디자인권을 등록받을 수 있어 신속한 권리화가 가능하다. 디자인일부심사는 업계 수요 및 산업디자인의 국제분류를 위한 로카르노협정에 따른 로카르노 분류에 따라 2류(의류 및 패션잡화용품), 5류(섬유제품, 인조 및 천연시트 직물류), 19류(문장구, 사무용품,미술재료, 교재)를 대상으로 한다.

디자인일부심사는 등록요건이 결여된 디자인이 존재할 가능성이 높으므로 누구든지 등록된 디자인권에 대해서 설정등록이 있는 날부터 디자인일부심사등록 공고일 후 3월이 되는 날까지 이의신청을 할 수 있다(제68조). 이의신청이 이유가 있다고 판단될 때에는 심사관 3인 합의체의 취소결정으로 등록디자인권을 취소한다(제73조 제3항).

2. 복수디자인등록출원제도

디자인보호법상 하나의 디자인은 반드시 하나의 독립된 출원서로 출원하는 것이 원칙이다(제40조 제1항). 이로 인한 출원절차의 불편을 해소하고 출원비용을 절감하기 위하여 디자인일부심사등록에 한하여 복수디자인등록출원을 허용하는 제도를 도입하였다. 복수디자인등록출원을 하기 위해서는 ① 같은 물품류에 속하는 물품이어야 하고,[11] ② 100개 이내의 디자인이어야 하며, ③ 1 디자인

---

11) 산업통산부자원부령으로 물품류를 구별하고 있으며, 현재 1류~31류까지 분류되어 있다.

마다 분리하여 표현하여야 한다(제41조). 예를 들면, 물품류 구분상 의류 및 패션잡화 용품인 제2류 안에는 내의, 란제리, 의류, 모자류, 신발류, 넥타이, 스카프, 장갑, 의류 액세서리 등이 속하는데, 이러한 물품에 대하여 동일한 디자인으로 한 제품에 대하여 디자인등록을 하는 경우에는 2류에 속하는 물품 100개 이내의 디자인을 하나의 출원서에 적어서 출원할 수 있다. 다만, 이 경우 100개 이내의 각각의 물품에 대한 도면은 개별적으로 첨부한다.

3. 한 벌 물품의 디자인 제도

디자인보호법상 하나의 디자인은 반드시 하나의 독립된 출원서로 출원하는 것이 원칙이다(제40조 제1항). 그러나 둘 이상의 물품이 일반적으로 동시에 사용되고 관념적으로 관련 인상을 주어 통합적인 미감이 형성되는 경우기 있다. 예를 들면, 한 벌의 한복세트, 한 벌의 반상기 세트, 한 벌의 오디오 세트, 한 벌의 제기 세트 등을 들 수 있다. 이 경우에는 한 벌의 물품 디자인으로 출원하여 그 전체를 보호받을 수 있다. 한 벌 물품의 디자인으로 등록받으려면, ① 2종 이상의 물품이 한 벌로서 구성되어야 하고, ② 동시에 사용되어야 하며, ③ 한 벌 전체로서 통일성이 있어야 하고, ④ 디자인보호법 시행규칙 별표5에서 정하는 "한 벌 물품의 구분"에 따라야 하며, ⑤ 부분디자인출원이 아니어야 한다.

한 벌 물품으로 디자인 등록을 받는 경우에는 각 구성 물품에 대해 디자인권이 독자적으로 발생하는 것이 아니라 한 벌 전체로서 하나의 디자인권이 발생한다는 점에 주의해야 한다. 예를 들면, 한 벌 물품으로 디자인 등록된 경우 해당 디자인의 일부 구성물품에 대해 제3자가 모방한 제품을 판매하더라도 제3자가 등록디자인의 권리를 침해했다고 인정되지 않을 수 있다. 따라서 이러한 디자인 침해로부터 충분히 권리를 보호받으려면, 디자인의 요부를 이루는 구성물품 디자인을 한 벌 물품 디자인과 함께 출원하여 권리를 확보하는 것이 바람직하다.

4. 부분디자인제도

디자인보호법은 2001년 개정을 통하여 거래의 독립단위가 되지 못하는 물품의 일부분에 대해서도 그 부분의 형상·모양·색채 또는 이들의 결합이 시각적으로 미감을 일으키는 것이라면 디자인 등록을 할 수 있는 '부분디자인제도'를 도입하였다. 예를 들면, 컴퓨터의 스위치부분, 컵의 손잡이, 병의 주둥이, 양말의 뒷굽, 안경의 다리부분 등과 같이 물품의 전체형상이 아닌 물품의 일부에 창작성이 있다면 부분디자인으로 등록하여 보호받는 것이다. 부분디자인으로 성립하기 위해서는 ① 부분디자인의 대상이 되는 물품이 통상의 물품에 해당해야 하고, ② 물품의 부분의 형태로 인정되어야 하며, ③ 다른 디자인과 대비의 대상이 될 수 있는 부분으로 하나의 창작단위로 인정되어야 하고, ④ 한 벌의 물품의 디자인에 관한 부분디자인이 아니어야 한다.

부분디자인 도면의 기재방법은 아래 그림과 같이 출원 시 부분디자인에 적용되는 제품의 전체 육면도와 부분디자인에 관한 도면 또는 사진을 제출하여야 하며, 보호받고자 하는 부분은 실선으로 처리하고 그 이외의 부분은 파선으로 처리하면 된다.

[그림 5-2] 부분디자인의 도면 기재방법

리모콘 조작부분에 관한 부분디자인 출원

5. 비밀디자인제도

비밀디자인제도라 함은 디자인등록 출원 시에 출원인의 신청이 있는 경우에는 디자인권의 설정 등록일로부터 3년 이내의 기간을 정하여 그 기간 동안 공고하지 아니하고 비밀상태로 유지하는 제도이다(제43조). 이를 인정하는 이유는 디자인이라는 것은 쉽게 모방되고 유행성이 강하며 라이프사이클이 짧으므로 공개로 인하여 권리자가 디자인권을 실시하기도 전에 경제적 이익을 상실할 수 있기 때문이다. 비밀디자인제도를 신청하게 되면 비밀유지기간 동안 원칙적으로 디자인공보에 디자인의 내용이 공개되지 아니한다. 비밀디자인제도는 심사 또는 일부심사 출원 모두 신청 가능하다. 다만, 신청은 디자인등록출원일로부터 최초 디자인등록료 납부일까지 가능하다.

6. 관련디자인제도

디자인은 기본디자인이 창작된 이후에 이를 기초로 한 여러 가지 변형디자인이 계속 창작되는 특성이 있다. 예를 들면, 의류 패션 디자이너는 시즌별로 선보일 수백 개의 디자인을 하나의 주제 또는 콘셉트(concept)를 가지고 창작하기 때문에 디자인 간에 유사성과 관련성을 지니게 된다. 이와 같이 디자인개발은 하나의 디자인 주제를 중심으로 다양한 변형된 관련 디자인을 제작하는 경우가 많다.

2013년 개정 디자인보호법에서는 이러한 관련디자인을 보호하고자 디자인권자(또는 디자인등록출원인)의 기본디자인과만 유사한 디자인에 대하여 기본디자인의 출원일부터 1년 이내에 출원된 경우에 한하여 독자의 효력을 가지는 관련디자인제도를 도입하였다(「디자인보호법」 제35조 제1항, 2014.7.1. 시행). 개정 법률은 관련디자인을 도입하면서 유사디자인제도를 폐지하였는데, 후자는 비록 기본디자인과 함께 유사한 디자인을 등록할 수 있도록 허용하고 있으나, 법원은 유사디자인의 독자적인 권리범위를 인정하지 않으며,

침해판단에 있어서도 유사디자인과 유사한지 여부를 불문하고 기본디자인만을 기초로 유사성을 판단하고 있으므로(대법원 2009. 1. 30. 선고 2007후4847 판결 등) 동 제도의 실익이 없게 되었다.

관련디자인은 자기의 기본디자인과만 유사한 디자인으로서 기본디자인과 동일한 것이 아니어야 하며, 기본디자인과 유사하되 타인의 선행디자인(선출원디자인, 등록디자인, 공지디자인)과 유사하지 아니한 디자인이어야 한다. 또한 디자인등록을 받은 관련디자인 또는 디자인등록출원된 관련디자인과만 유사한 디자인에 대해서는 관련디자인으로 디자인등록을 받을 수 없다(제35조 제2항). 이는 유사의 범위를 무한히 인정하는 것을 제한하기 위한 것으로서, 예컨대 기본디자인 A, 관련디자인 B를 출원하면서 B를 기본디자인으로 하는 관련 디자인이 A와 유사하지 않은 경우에는 디자인등록출원을 할 수 없다는 것이다.

한편, 기본디자인의 디자인권에 전용실시권이 설정되어 있는 경우에는 그 기본디자인에 관한 관련디자인은 등록받을 수 없다(제35조 제3항). 이는 '기본디자인의 디자인권에 관한 전용실시권'과 '관련디자인의 디자인권'이 각기 다른 자에게 속함으로써 복잡한 권리관계를 회피하고 거래의 안전을 도모하기 위한 것이다.

관련디자인의 디자인권 존속기간은 그 기본디자인의 디자인권 존속기간 만료일까지이다(제91조 제1항 단서). 이는 기본디자인과 유사한 관련디자인의 디자인권을 개별적으로 등록하도록 허용하게 되면 존속기간이 실질적으로 연장되는 결과를 초래하므로 관련디자인의 디자인권의 존속기간의 만료일을 기본디자인의 것과 일치하도록 한 것이다.

V. 부정경쟁방지법에 의한 디자인 보호

1. 형태모방행위의 규제

2004년 개정된 부정경쟁방지법에서는 새로운 상품형태에 대해서도 일정한 보호를 하고 있다. 부정경쟁방지법 제2조 제1호 자목에서 "타인이 제작한 상품의 형태(형상·모양·색채·광택 또는 이들을 결합한 것을 말하며 시제품 또는 상품소개서상의 형태를 포함한다.)를 모방한 상품을 양도·대여 또는 이를 위한 전시를 하거나 수입·수출하는 행위"를 부정경쟁행위로서 금지하고 있다.12) 주의해야 할 것은 동법상의 다른 대부분의 부정경쟁행위와 달리 자목의 부정경쟁행위는 상품형태의 주지성, 자타상품의 식별력을 요건으로 하지 않는다는 점에서 새로운 상품형태 개발자를 두텁게 보호하는 것이 특징이다. 예를 들면, 유행이 강한 의류 패션디자인은 그 유행주기가 평균 4~6개월에 지나지 않는데, 그 침해는 상품의 시제품 제작 단계에서부터 자주 발생하고 있으므로 사용에 의한 식별력(secondary meaning)을 획득할 때까지 기다리게 되면 적절한 보호를 할 수 없다.

그러나 다음의 경우에는 상품의 형태가 유사하더라도 금지되지 않는다. ① 상품의 시제품 제작 등 상품의 형태가 갖추어진 날부터 3년이 경과한 상품의 형태를 모방한 상품을 양도·대여 또는 이를 위한 전시를 하거나 수입·수출하는 행위는 허용되며,13) ② 타인이 제작한 상품과 동종의 상품(동종의 상품이 없는 경우에는 그 상품과

---

12) 「부정경쟁방지법」은 제2조 제1호 가목 내지 카목을 통하여 부정경쟁행위를 11가지 유형으로 열거하고 있으며, 디자인 보호에 관한 자목은 2004. 1. 20. 법률 제7095호로 개정되어 2004. 7. 21.부터 시행되었다.

13) 「부정경쟁방지법」에 의한 디자인 보호를 3년으로 제한한 것은 디자인의 빠른 변화주기를 고려한 것이라고 생각되며, 만일 3년 이상의 보호가 필요한 경우에는 특허청에 출원하여 디자인권을 획득하여야 할 것이다.

기능 및 효용이 동일 또는 유사한 상품을 말한다)이 통상적으로 갖는 형태를 모방한 상품을 양도·대여 또는 이를 위한 전시를 하거나 수입·수출하는 행위는 금지되지 않는다.

2. 예외사유로서 동종의 상품이 통상적으로 가지는 형태

법원은 "동종의 상품이 통상적으로 가지는 형태는 동종의 상품 분야에서 일반적으로 채택되는 형태로서, 상품의 기능·효용을 달성하거나 그 상품 분야에서 경쟁하기 위하여 채용이 불가피한 형태 또는 동종의 상품이라면 흔히 가지는 개성이 없는 형태 등을 의미한다"라고 보았다. 예를 들면, 휴대용 쌍구형 소화기인 원고 제품의 주된 특징적 형태와 실질적으로 동일한 형태들이 이미 선행제품 등에 나타나 있고, 원고 제품이 선행제품들과 비교하여 다소의 차이점이 있더라도 이러한 차이점이 전체 상품의 형태에서 차지하는 비중이나 이로 인한 시각적인 효과 등에 비추어 볼 때 이는 원고 제품에 다른 제품과 구별되는 개성을 부여하는 형태적 특징에 해당한다고 보기는 어렵다는 이유로, 원고 제품의 형태는 전체적으로 볼 때 동종 상품이 통상적으로 가지는 형태라고 판단하였다(대법원 2017. 1. 25. 선고 2015다216758).

VI. 저작권법에 의한 디자인 보호

물품에 동일한 형상으로 복제될 수 있는 디자인이 「디자인보호법」 외에도 「저작권법」으로 중첩적으로 보호받을 수 있는지가 문제된다. 1996년 대한방직사건에서 원고인 코빙톤 파브릭스(Covington Fabrics)사는 국내에 디자인등록을 하지 못한 상태에서 자신의 '르 데지레(Le Desire)' 및 '르 바스켓(Le Basket)'이라는 직물디자인을 국내회사가 무단으로 이용한 행위에 대하여 저작권침해의 소를 제기하였다. 이 사건에서 대법원은 산업상의 대량생산에의 이용을 주된 목적으로 하여 창작되는 응용미술품에 대하여 디자인보호법 외에 저작권법에 의한 중첩적 보호가 일반적으로 인정되면 신규성 요건이나 등록요건, 단기의 존속기간 등 「디자인보호법」의 여러 가지 제한 규정의 취지가 몰각되고 기본적으로 「디자인보호법」에 의한 보호에 익숙한 산업계에 많은 혼란이 우려되는 점 등을 고려하여 응용미술작품에 대하여는 원칙적으로 「디자인보호법」의 보호로서 충분하고 예외적으로 저작권법에 의한 보호가 중첩적으로 주어져야 한다고 보았다. 또한 창작되는 모든 응용미술작품이 곧바로 저작권법상의 저작물로 보호된다고 할 수 없으며, 그 자체가 하나의 독립적인 예술적 특성이나 가치를 가지고 있어 예술의 범위에 속하는 창작물에 해당하여야만 저작물로서 보호된다고 하였다(대법원 1996. 2. 23 선고 94도3266 판결).

이 사건 이후 2000년 1월 12일 개정된 「저작권법」에서 "물품에 동일한 형상으로 복제될 수 있는 미술저작물로서 그 이용된 물품과 구분되어 독자성을 인정할 수 있는 것(디자인 등 포함)"을 "응용미술저작물"로 정의함으로써 디자인과 같은 응용미술저작물에 대한 저작권 보호도 가능하게 되었다.14) 즉 디자인의 창작적인 부분이 물품의 실용적인 면과 물리적으로 또는 개념적으로 분리가능하면 응용미술저작물로서 보호를 받을 수 있다. 예를 들면, Jaguar 자동차의 재규어 장식은 물리적으로 자동차와 분리 가능하며, 아래 '히딩크 넥타이 사건'의 도안이나 치어리더 유니폼15)처럼 회화와 그래픽의 특성을 갖는 2차원 요소를 개념적으로 분리 가능하다. 창작적인 디자인 부분이 개념적으로 분리 가능한지 여부는 디자이너의 의도, 기능적인 부분과의 결합 정도, 창작적 표현의 다양성과 선택의 폭 등을 고려하여 판단한다.

---

14) 구 「저작권법」(2000. 1. 12. 법률 제6134호로 개정되기 전의 것)은 제4조 제1항 제4호에서 "회화·서예·도안·조각·공예·응용미술작품 그 밖의 미술저작물" 등을 저작물로 예시하고 있었다.

15) Star Athletica, LLC v. Varsity Brands, Inc., 137 S.Ct. 1002 (2017).

이와 관련하여, '히딩크 넥타이' 사건을 살펴보면, '히딩크 넥타이' 도안은 고소인(누브티스)이 개정 저작권법이 시행된 2000년 7월 1일 이후에 2002 월드컵 축구대회의 승리를 기원하는 의미에서 창작한 것으로 히딩크 감독에게 선물하여 유명해졌으며 이후 고소인은 위 도안을 직물에다가 선염 또는 나염의 방법으로 복제한 넥타이를 제작하여 판매하였다. 피고인 한국관광공사는 귀빈 선물용으로 위 도안을 복제한 넥타이를 제작하여 배포하였다.

[그림 5-3] "히딩크 넥타이" 도안

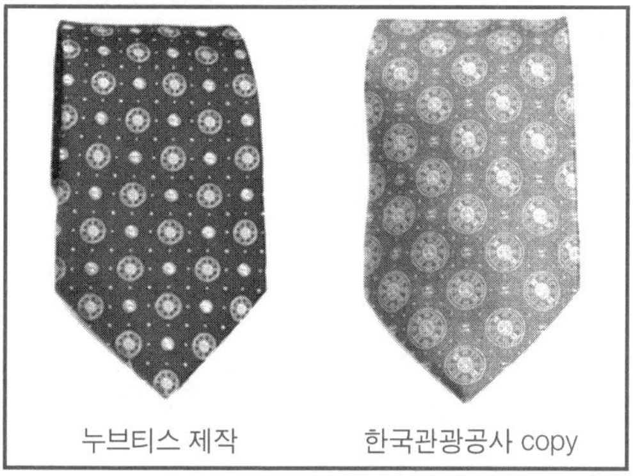

누브티스 제작   한국관광공사 copy

이 도안은 우리 민족 전래의 태극문양 및 팔괘문양을 상하 좌우 연속 반복한 넥타이 도안으로서 응용미술작품의 일종이라면 위 도안은 '물품에 동일한 형상으로 복제될 수 있는 미술저작물'에 해당한다고 할 것이며, 또한, 그 이용된 물품(이 사건의 경우에는 넥타이)과 구분되어 독자성을 인정할 수 있는 것이라면 「저작권법」 제2조 제11의2호에서 정하는 응용미술저작물에 해당한다고 할 것이다.

대법원은 '히딩크 넥타이' 도안이 그 이용된 물품과 구분되어 독자성을 인정할 수 있는 것이라면 「저작권법」의 보호대상인 저작물에 해당하고, 그렇지 아니하다면 저작물에 해당하지 아니한다고 할 것인데도, 원심은 위 도안이 그 이용된 물품과 구분되어 독자성을 인

정할 수 있는 것인지에 관하여 심리를 하여 보지 아니한 채 위 도안
이 저작권법의 보호대상인 저작물에 해당하지 아니한다고 판단한
것에 오류가 있음을 지적하고, 원심판결을 파기·환송하였다.[16]

한편, 디자인권은 저작권과 달리 등록된 의장(디자인)과 전체적인
느낌이 유사한 경우에도 권리를 침해한 것으로 본다. 디자인의 동
일·유사 여부를 판단함에 있어 디자인을 구성하는 각 요소를 부분
적으로 분리하여 대비할 것이 아니라 전체적으로 대비 관찰하여 보
는 사람이 느끼는 심미감 여하에 따라 판단하여야 하고, 이 경우 디
자인을 보는 사람의 주의를 가장 끌기 쉬운 부분을 요부로서 파악하
여 이것을 관찰하여 일반 수요자의 심미감에 차이가 생기는지 여부
의 관점에서 그 유사 여부를 결정하여야 한다(대법원 1997.10.14. 선고
96후2418 판결).

제3절 부품과 디자인 보호

Ⅰ. 부분디자인제도와 부품디자인

1. 부분디자인제도

디자인보호법 제2조 제1호는 디자인을 "물품[물품의 부분(제42조는
제외한다) 및 글자체를 포함한다. 이하 같다]의 형상·모양·색채 또는
이들을 결합한 것으로서 시각을 통하여 미감(美感)을 일으키게 하
는 것을 말한다."고 규정하는바, 물품의 부분에 대해서도 디자인권
을 출원·등록할 수 있다.

부분디자인으로 성립하기 위한 요건으로는 ① 부분디자인의 대
상이 되는 물품이 통상의 물품에 해당할 것, ② 물품의 부분의 형태

---

16) 대법원 2004. 7. 22. 선고 2003도7572 판결.

로 인정되어야 할 것, ③ 다른 디자인과 대비의 대상이 될 수 있는 부분으로 하나의 창작단위로 인정되어야 할 것, ④ 한 벌의 물품의 디자인에 관한 부분디자인이 아니어야 할 것 등이 있다.

즉, 부분디자인이란 출원하고자 하는 물품의 특정적인 일부분만을 출원하는 것이며, 이에 따라 부분디자인으로 출원 시 부분디자인에 적용되는 제품의 전체 육면도와 부분디자인에 관한 도면 또는 사진을 제출하여야 하며, 보호받고자 하는 부분은 실선으로 처리하고 그 이외의 부분은 파선으로 처리하여야 한다.

이러한 부분디자인제도는 디자인권의 권리범위를 확장하는 효과를 가져온다. 특징을 갖는 부분만을 부분디자인으로 출원하여 등록받는다면, 당해 부분의 형상이 포함된 물품은 디자인권을 침해하는 결과를 가져오기 때문이다.

예컨대, 캐나다의 Lululemon사는 요가바지에 대하여 미국에 부분디자인권을 보유하고 있었는데, Calvin Klein사에서 생산·판매한 요가바지를 상대로 디자인권 침해소송을 제기한 바 있다.

동 사건은 당사자 간의 합의로 종결되었으나, 부분디자인 제도의 적절한 활용은 훌륭한 디자인권 확보 전략이 될 수 있음을 시사한다.

[그림 5-4] Lululemon사와 Calvin Klein사의 요가바지 디자인

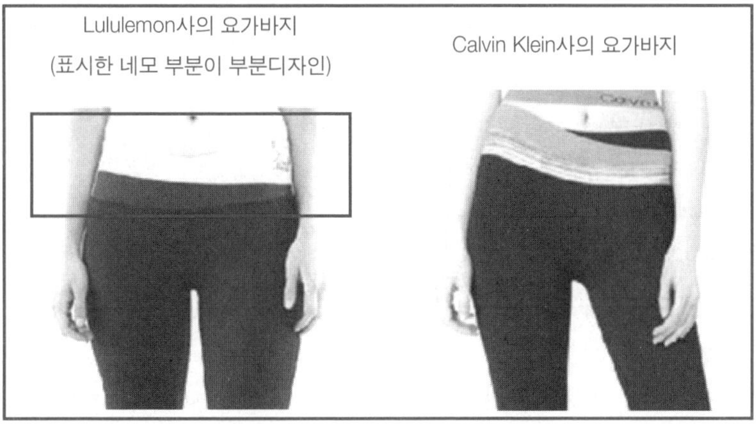

Lululemon사의 요가바지
(표시한 네모 부분이 부분디자인)

Calvin Klein사의 요가바지

2. 부품디자인

부품디자인이란 별도의 제도의 명칭은 아니며, 단지 물품의 구성요소가 되는 부품에 대한 디자인을 의미한다. 디자인권의 효력은 물품 단위에 미치게 되는데, 부분디자인의 경우 출원한 물품의 부분에 대해 디자인권의 효력을 인정받게 되나 부품디자인의 경우 당해 부품을 독립적인 물품으로 하여 출원하게 된다. 앞서 살펴본 요가바지 사례에 있어서, 만약 Lululemon사가 운동용 바지의 허리 부분에 대한 부분디자인권을 확보하고 있는데 제3자가 유사한 디자인의 허리밴드를 제작하여 복대로서 독립적으로 판매한다거나 복대 디자인으로 출원하게 된다면 이는 양자의 물품류가 다르므로 디자인권의 침해가 성립되지 않게 된다. 디자인 침해판단에 있어 비교대상 물품의 동일성이 존재해야 침해가 성립하기 때문이다.

이에 따라 독립적으로 판매할 수 있는 물품인 경우 부품디자인으로 출원하는 것이 보다 효과적이고 강력한 보호가 될 수 있으며, 당해 부품의 일부분에도 특징적인 부분이 있다면 해당 부분에 대한 부분디자인 출원도 고려할 수 있다.

이러한 부품디자인이 자주 활용되는 분야는 바로 자동차 부품이다. 특허청은 자동차의 주요 외장부품의 90% 이상에 대해서 디자인권이 등록되어 있다고 밝힌 바 있는데, 이에 따라서 자동차 부품은 주로 완성차업체의 라이선싱하에 OEM방식으로 생산하게 된다.

II. 대체부품 인증제도

1. 개 념

공공의 요청에 의하여 디자인권이 일부 제한되어야 하는 상황이 존재하는데, 대표적으로 자동차 부품에서의 문제를 들 수 있다. 앞서 검토한 바와 같이 자동차의 주요 부품의 90% 이상은 디자인권으로 등록되어 있다는 점에서, 자동차 수리를 위해서는 순정품만을 사용해야 한다. 유사한 디자인의 물품을 생산할 수 없기 때문이다. 그러나 국내 자동차 부품 유통구조상 주요 부품의 가격은 거래단계를 거칠수록 상승하고, 최종소비자는 이러한 가격을 모두 지급해야 하며, 사고 수리의 경우 자동차 보험료의 인상을 야기한다.

이러한 문제점을 해결하고자 2014년 「자동차 관리법」이 개정되어 '대체부품 인증제도'가 신설되었다. 대체부품 인증제도란 자동차제작사에서 출고된 자동차에 장착된 부품을 대체하여 사용할 수 있는 대체부품을 정부가 인증하여 자동차 대체부품의 유통을 촉진하고, 소비자는 순정품 대비 저렴한 가격으로 대체부품을 구매할 수 있도록 하는 제도이다.

2. 수리조항(repair clause)

디자인권이 등록된 부품의 경우 대체부품 인증제도가 효과를 발휘할 수 없다. 자동차 관리법을 통해 인증된 것이라도 디자인보호법상 등록된 디자인은 그 효력을 배제할 수 없기 때문이다. 미국의 경우 자동차 수리를 위한 물품에 대해서는 디자인권을 배제하는 이른바 '수리조항'을 두고 있으며, EU도 동일하게 규정하고 있다. 독일의 경우 시장경쟁을 저해하는 디자인을 보호하고 있지 않다. 이러한 상황에서 수리부품에 대한 디자인권의 효력을 배제하는 이른바 수리조항 도입에 대한 논의가 등장하고 있다.

앞서 지적한 바와 같이, 대체부품 인증제도에도 불구하고 디자인권에 대한 권리 제한 없이는 동 제도가 효력을 발휘하기 어려워 제도의 실효성이 극히 낮아진다. 이에 따라 수리를 위한 물품에는 디자인권에도 불구하고 그 효력이 제한되도록 하는 규정을 수리조항(repair clause)이라고 칭한다. 즉 자동차 등 복합제품(complex products)의 수리, 교환에 사용되는 수리부품(Spare Parts)의 생산과 유통에 대해서는 그 부품에 관한 디자인권의 효력이 미치지 않도록 디자인권의 효력을 제한하는 규정이다.[17)]

제4절 자동차 부품거래와 디자인보호

Ⅰ. 자동차 부품거래 관행

1. 자동차부품산업 현황

국내 1차 협력부품회사의 매출액은 2016년 기준 75.8조 원으로, 2012년 이후 정체 상태이다.

해외 주요국과 달리, 우리나라는 1차 부품기업이 1개 완성차와 거래하는 비중은 48.9%, 2개사 25.0%로 전속거래 비중이 높은 편이다.

자동차 부품시장의 불공정한 관행으로 인해 매출액 1천억 원 미만 중소기업의 영업이익 적자 비중이 더 높은 것으로 나타났다. 2016년 기준 매출액 1천억 원 이상 영업이익 적자기업은 6.7%에 불과하나 1천억 원 미만 적자기업은 20.5%로 높은 수준이다.

자동차부품산업의 위기 요인으로는 산업구조의 종속성을 들고 있다. 즉 완성차에 종속적인 사업구조로 부품사의 독자 성장이 어렵고 수익성이 완성차업체에 종속되는 구조이다. 중소기업은 경쟁력 있는 독자 기술 확보가 어렵고, 완성차업체에 대한 의존도 심화되고 납품단가 인하 등 악순환으로 이어지는 경향을 보이고 있다. 따라서 전방산업의 고비용·저효율 생산구조가 부품사에 그대로 전가되는 구조적 문제가 발생되고 있다.

또한 중국 부품사들의 경쟁력 증가는 위협요인으로 작용하고 있다. 중국 자동차부품 시장규모는 5,542억 달러로 전 세계의 36.8%를 차지(2016년 기준)하고 있다. 그리고 전기자동차의 등장으로 내

---

17) 김원오 외, "수리부품 디자인보호제도(repair clause) 도입에 따른 영향분석—합리적 정책대안에 대한 검토를 중심으로", 특허청 연구보고서, 2015, 10면.

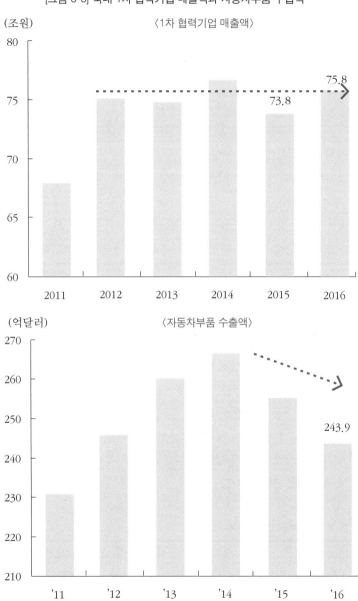

[그림 5-5] 국내 1차 협력기업 매출액과 자동차부품 수입액

(조원)   〈1차 협력기업 매출액〉

〈자동차부품 수출액〉
(억달러)

자료: 한국자동차산업협동조합, 한국무역협회

주: 품목 MTI742, 전년동기대비

〈표 5-1〉 2015년 완성차회사와의 복수거래 1차 협력회사 개수 및 비중* 18)

(단위: 개, %)

구분	1개사	2개사	3개사	4개사	5개사	6개사 이상	합계
개수	430	220	92	63	50	24	879
비중	48.9	25.0	10.5	7.2	5.7	2.7	100.0

* 현대차와 기아차는 별도의 완성차회사로 봄

연기관 중심의 기존 자동차부품 산업 위축은 불가피하다. 전기자동차가 보편화되면 자동차를 구성하는 약 3만 개 부품 중 37%(1.1만 개)가 사라지게 된다.

한편, 자동차부품의 유형으로는 ① OEM부품(완성차 제작사 직접 생산 또는 주문에 의해 하청업체가 생산한 후, 제작사의 품질확인 후 상표(홀로그램 등)를 부착하여 부품대리점을 통해 판매되는 부품이며, 관행상 순정부품 또는 제작사 부품으로 칭함), ② OES부품(Original Equipment Supplier: 부품생산업체가 완성차 제작사의 확인을 거치지 않고 자사의 독립된 판매망을 거쳐 부품대리점 등을 통해 정비공장 및 소비자에게 유통되는 부품), ③ 대체부품(완성차 제작사에 납품하지 않는 일반 부품제조업체가 독자적으로 제조하여 품질을 인증받고 시장에 공급하는 부품이다. 대체부품의 경우 OEM부품 생산업체도 대체부품을 생산·공급할 수 있으나 완성차업체의 견제로 실제 생산·유통실적은 매우 미비함)으로 구분할 수 있는데, 실제로 시장에서 차지하는 비중은 OEM부품 65.1%, 보수용 부품 4.6%, 수출 30.4%이다.

2. 자동차부품 유통구조

OEM부품은 완성차 제작사의 유통망을 통해 공급되고, OES부품은 특약부품대리점과 일반 부품 도·소매상·자체 부품대리점을

---

18) 한국자동차산업협동조합 자료 참조.

통해 공급되며, 대체부품은 완성차의 특약부품대리점이 아닌 일반
부품 도·소매상을 통해 공급한다.

한국지엠은 협력부품업체로부터 OEM부품을 납품받아 홀로그램
을 부착 후 직영정비사업소에 원가로 공급하는 반면 종합정비센터,
부품대리점, 협력업체·법인·바로서비스에는 원가의 2~3배에 해
당하는 마진을 붙여 도가로 공급하고 지정서비스에는 대략 30% 정
도의 마진을 붙여 소가로 공급하고 있다. 현대모비스의 경우 범퍼·

[그림 5-6] 자동차 부품 유통구조

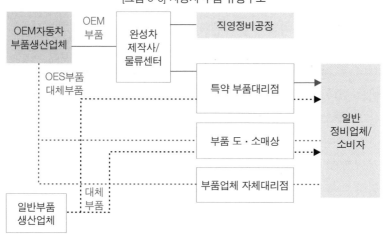

〈관련 법령(「자동차 관리법」 제30조의5)〉

제30조의5(대체부품의 성능·품질 인증 등) ① 대체부품은 자동차제조사에
서 출고된 자동차에 장착된 부품을 대체하여 사용할 수 있는 부품을 말한다.
③ 국토교통부장관은 국토교통부령으로 정하는 기준에 적합한 자를 지정하
여 대체부품의 성능 및 품질을 인증하게 할 수 있다.
④ 자동차부품 성능·품질인증기관으로부터 성능 및 품질을 인증받은 경우
대체부품의 제조사 등은 이를 대체부품에 표시할 수 있다.
⑤ 제3항에 따른 대체부품인증기관의 지정절차 및 제4항에 따른 대체부품
성능·품질의 인증기준·인증방법 및 인증표시 등에 관한 사항은 국토교통
부령으로 정한다.

〈표 5-2〉 해외의 대체부품 인정 사례

구분	주요 사례
디자인권 인정 (동일한 대체부품 불가)	미국(외장부품에는 엄격히 인정하지 않는 관행, 출시 후 30개월 지난 수리용 외장부품디자인권을 배제하는 법안 발의) 중국, 프랑스, 한국 등
디자인권 불인정 (동일한 대체부품 가능)	영국, 이탈리아, 스페인, 네덜란드, 벨기에, 헝가리, 아일랜드, 룩셈부르크, 라트비아 등 유럽연합(EU) 9개국
기타	독일(디자인권 인정하지만 완성차 업체들이 중소기업에 디자인권 남용하지 않기로 정부에 확약)
	그리스(출시 5년 내 차량 부품의 디자인권만 인정)

휀더 등 외장부품의 경우 소모성 부품에 비해 더 과도한 마진을 붙이고 있다. 범퍼의 경우 현대모비스는 협력부품업체로부터 납품받은 가격에 8~9배의 마진을 붙여 판매하고 있다.

앞서 대체부품 인증제도를 검토한 바와 같이, 수입자동차를 중심으로 고가의 OEM부품으로 인한 과도한 수리비용이 사회문제화되자 이를 해결하기 위해 '대체부품 인증제도'가 도입되었다. 이 제도는 자동차에 장착된 순정품(OEM 부품)과 동일하거나 유사할 경우 인증기관이 성능, 품질을 인증해 주는 것이다. 미국의 경우 대체부품 인증제가 시행되면서 대체부품이 순정부품 값의 50~74% 선에서 판매됐고, 순정부품 가격 역시 30% 정도 하락하였다.

우리나라는 자동차 부품에 대해 20년간 디자인 저작권 보호기간을 두어 대체부품이 확산되기에 매우 불리한 조건이라는 주장이 있다. 해외의 경우 수리용 부품에 대하여 제조사 디자인권을 인정하지 않거나(영국, 이탈리아), 5년 이내(그리스) 등 대체부품 활성화를 위해 디자인권 보호를 완화하는 추세이다.

자동차 부품시장에서 대체부품 사용 비율은 5.6%에 불과하다. 미국은 34%, 독일 19.8%, 일본 13.5%, 프랑스 43.2%와 비교해 매우 저조한 수준이다. 자동차보험의 품질인증 대체부품 특별약관 환급 실적도 보험사의 소극적인 태도로 2018년 2월 시행 이후 6건에 불과하다.

II. 대체부품 활성화와 디자인 보호의 문제

대체부품 사용 활성화를 위하여 디자인보호법 개정을 통한 자동차 디자인 보호기간 단축이 제시되고 있다. 디자인보호법으로 인하여 중소기업은 대기업(디자인권 소유)으로부터 종속적 구조를 벗어나기 어렵고 이로 인해 국내 자동차 A/S부품시장이 활성화되지 못하고 있다는 입장이다. 이에 따라 부품에 한하여 디자인권의 보호기간(현재 20년)을 3~5년으로 축소하자는 주장이 제기되는 것이다. 따라서 다양한 디자인보호법 개정안이 발의되어 국회에 계류 중이다.[19]

대체부품에 대하여 디자인권의 효력을 제한하는 수리조항을 도입하기 위하여서는 보아야 할 다양한 사안이 존재한다. ① 수리조항의 도입에 따른 대립되는 이해관계의 조정으로 경제 및 사회전반에 영향을 줄 수 있는 부분을 고찰하여 분석하여야 하며, ② 입법배경, 해외입법례분석 및 정책동향을 충분히 살펴야 하며, ③ 수리조항을 제외한 다른 대안의 여부 등을 판단하여야 할 것이다.

일반적으로 자동차 수리 및 보수용 부품 제조업체는 완성차업체에서 부품을 공급하는 중심의 시장구조로 형성되어 있고, 부품업체의 부품가격 정책에 따라서 시장가격이 형성되는 구조이다. 한국자동차부품연구원의 시험결과에 따르면,[20] 녹색소비자연대가 조

---

19) 민병두 의원 대표발의안은 디자인권으로 설정·등록된 날부터 36개월이 경과된 경우 디자인권의 효력은 대체부품에 미치지 않도록 개정안을 발의하였으며, 김현아 의원 대표발의안은 60개월, 윤관석 의원 대표발의안은 45개월로 개정안을 발의하였음.

사를 의뢰하여 브레이크패드, 에어클리너, 향균필터, 배터리, 전조
등, 엔진오일 총 6개의 부품의 양자 간 품질의 차이가 거의 없음에
도 불구하고 '순정부품'보다 '비순정부품'이 최대 1.83배가 비쌌으
며, 품질의 차이는 미미한 것으로 파악되었다. 이는 소비자의 선택
권 보장이 상대적으로 미흡하게 될 수 있으며, 비효율적 경쟁시장
이 형성되고 있음을 지적하는 사례라고 볼 수 있다.

한편, 부품디자인은 권리소진의 원칙과 관련하여 논의될 수도
있다. 대체부품 시장 및 재제조 시장에서 부품의 수리 및 교환문제
가 지식재산권 보호의 한계문제와 함께 경쟁법적 쟁점에 따라 법
적인 문제로 다투어지고 있다. 그에 따른 문제는 ① 특허법에 따른
부품의 교환이 소모품의 교체에 불과한 경우 합법적 수리에 해당
하는 것인지, 특허권 침해에 해당하는 재생산행위로 간접침해인지
문제된 바가 있고, ② 상표법에서 일회용 제품의 포장케이스를 재
사용한 것이 상표권 침해에 해당하는지 여부가 쟁점이 되기도 하
였다. 디자인권이 있는 부품의 수리나 재제조가 디자인권 침해에
해당하는지와 관련하여 대법원 판결에서는 "재생가능한 범퍼를 수
거한 후 이를 세척하고 흠집제거 및 도색작업 등을 거쳐 의장(디자
인)등록된 원래의 범퍼와 동일한 형상과 색체를 갖춤 범퍼로 복원
하는 정도에 그친 행위는('생산'과 '수리' 사이의 한계 설정과 관련하여)
등록의장에 관한 물품에 대한 새로운 '생산'이 이루어진 것으로 볼
수 없으므로 의장권(디자인권)침해가 성립되지 않는다"는 취지의 판
시를 한 바 있다.[21] 이는 권리소진의 범위에 관한 판단을 수리 및
재생산의 개념을 동원하여 해결하고 있다.[22] 한편, 순정부품과 대

---

20) 파이낸셜뉴스, "자동차 순정부품 Vs 비순정부품 '소비자만 헷갈려'", http://
www.efnews.co.kr/news/articleView.html?idxno=36301, 최종방문일 2019.
9. 16.
21) 대법원 1999. 12. 7. 선고 99도2079 판결.
22) 정차호, "재제조의 특허권 침해여부: 수리 대 재생산", 「홍익법학」 15권 1

체부품 사이에 여러 가지 견해 및 법적 문제가 발생하고 있다. ①
대체부품의 품질과 성능의 안정성 문제, ② 보증수리 및 제조물책
임 범위와 귀속문제, ③ 순정부품 사용의 권유가 경쟁법상 시장지
배적 지위의 남용에 해당하는지, ④ 각각의 부품에 디자인권을 동
시 취득한 경우 제3자가 대체부품을 임의적으로 생산 및 판매하는
문제 등 다양한 견해 차이는 정확한 법률적 개념과 그 해석 및 분석
을 통해 정리될 필요가 있다.

Ⅲ. 해외 판례 및 입법례 분석

앞서 언급하였듯이, 대체부품의 경우에는 디자인권의 침해를 구
성하지 않는 내용을 담은 방향으로 개정을 하려 하였으나,[23] 산업
과 연관되어 있는 첨예한 대립 속에서 아직도 통과되지 못하는 현
실이다. 이하에서는 EU, 미국 등 자동차 부품산업이 활성화되고
있는 국가의 부품 정책과 디자인 보호와의 관계를 살펴본다.

1. EU

EU는 오랜 논의를 거쳐 2007년 자동차 수리를 목적으로 외관복
원을 위한 대체부품 사용 시 디자인권의 효력을 제한하는 지침을
마련하였으며 자세한 내용으로는 ① 외관으로 보이는 부품만으로
한정하였으며, ② 부품의 출처 정보 제공의무를 부과하였고, ③ 회
원 국가들이 개정 지침을 개정하는 동안 5년간의 과도기의 유예기

호, 2014, 835면 이하 참조.

23) 민병두 의원 대표발의 디자인보호법 개정안(2015. 8. 18. 의안번호 16475),
   민병두 의원 대표발의 디자인보호법 일부개정법률안(2016. 9. 23. 의안번호
   2433), 김현아 의원 대표발의 디자인보호법 일부개정법률안(2016. 11. 23.
   의안번호 3806), 윤관석 의원 대표발의 디자인보호법 일부개정법률안(2017.
   1. 6. 의안번호 5004).

〈표 5-3〉 EU 국가별 수리조항 보유 여부

수리조항	유형	국가
미보유 국가	-	프랑스, 독일, 오스트리아, 체코, 에스토니아, 리투아니아, 포르투갈, 슬로바키아, 슬로베니아, 크로아티아
	최장보호기간 통산의 디자인은 25년. 수리부품만은 15년	덴마크, 스웨덴, 핀란드
보유 국가	EU 수정안에 유사한 규정	영국, 이탈리아, 스페인, 헝가리, 아일랜드, 라트비아, 벨기에, 네덜란드, 룩셈부르크, 폴란드
	독자 규정(보상을 전제로 3년)	그리스

간을 주었다. 이에 영국, 스페인 등 11개 국가에서 이를 수용하여 시행하고 있었으나 이해관계가 상충된 유럽의 상당수 나라들은 수용하지 않고 있었고, 그 후 각료이사회에서 개정안을 심의하였으나 최종합의에 이르지 못하고 2014년에 폐기되었다. 현재 EU에서는 통상의 디자인과 차별하지 않고 보호하는 나라와 수리부품의 디자인보호에 대해 수리조항을 보유하는 나라와 보유하지는 않지만 통상의 디자인권에 대한 보호와 상이한 규정을 보유하는 나라로 대별해 볼 수 있다.

2. 미 국

미국은 특허법 제171조에 따라 제조 물품의 새롭고, 독창적이며, 장식적인 디자인을 디자인 특허로 보호하고 있으며, 일반 특허의 요건을 동일하게 필요로 하고 있어 해당 제품군에서 통상의 기술을 가진 디자인이어서는 안 된다고 볼 수 있다. 자동차 부품의 디자인 특허권에 대한 첫 번째 미국 연방대법원 판결은 Aro. Manufacturing Co. v. Convertible Top Replacement Co. 사건으로서 "특허제품의 재제조가 아니라 비침해 행위인 특허 제품의 수리라고 판단하며, 라이선스 없이 비특허 요소의 복제품을 만들어 제공하는 경우에도 특허 제품의 전체적 재제조가 아닌 이상 침해로 보지 않는다."[24]고 판시했다. 이는 침해 혐의자들의 행위는 디자인 특허된 수리 부품을 제조, 복제 또는 수입하는 행위이며 비특허된 부품을 제공하여 특허 제품을 수리하는 행위가 아니기에 위 연방대법원 판결의 수리 원칙이 적용되지 않을 것이다. 미국 내에서 1990년 초반부터 자동차 업체들은 그들의 디자인에 대한 심층적 보호를 확보하기 위하여 디자인 보호 제도, 저작권, 특허권 등 다양한 노력을 들여 왔지만 수리조항의 입법안 의결까지는 도달하지 못하였다.

3. 독 일

독일에서는 디자인 실체심사가 없기에 수리부품이라 해도 디자인 등록이 가능하다. 또한 수리 조항이 없어서 독자성이나 신규성의 요건을 충족시켜 기능적 디자인이나 Must Fit의 디자인이 아닌 이상, 권리행사가 가능하다. 기능적 디자인에 대해서는 함부르크 고등법원의 판결에서 트럭의 수리부품의 일부가 디자인의 심미적 요소가 기술적 필요로 디자인이 정해진 요소를 넘지 않는다고 해서 보호가 인정되지 않았던 사안이 있다. 문제가 된 디자인 중, 예컨대, 펜더(회전하는 타이어 자체에서 또는 타이어로 인한 돌, 진흙, 물 등이 튀겨 승원이나 보행자를 보호하기 위한 것)에 대해서는 디자인보호가 인정되었지만, 그것을 보조하는 펜더서포트에 대해서는 기능적인 것으로 디자인보호가 인정되지 않는다고 판시했다. 기능적 디자인의 요건이 수리부품의 디자인보호 제한으로 기능하는 경우가 있다는 것을 알 수 있다.

---

24) Aro Manufacturing Co. v. Convertible Top Replacement Co., 365 U.S. 336 (1961).

4. 프랑스

프랑스의 경우에는 디자인의 실체심사가 없기에 수리부품이라도 방식심사만으로 디자인 등록이 된다. 무효사유가 있는 경우 법원에서의 무효확인소송으로 다투게 된다. 프랑스는 Must Match[25])조항에 준하는 수리조항은 없으나, 기능적 디자인 배제 규정인 Must Fit 조항은 지식재산권법 제L511조의8(2)에 규정되어 있다. 수리조항 도입에 대해, 프랑스의회는 연구개발 및 유럽의 경쟁력과 소비자에 대한 부정적 영향이라는 관점에서 반대의 입장을 주장하고 있으며, 유럽연합 프랑스대표부 또한, 반대의견을 보이면서 지적재산법에 정통한 사람의 반대의견을 포함해 비판하는 경향이 있다.

〈프랑스 지식재산권법상 수리조항 관련 법제도〉

[프랑스 지식재산권법 제L511조의8(2)]

다음의 것은 보호되지 않는다.
1. 그 특성이 제품의 기술적 기능에 의해서만 결정되는 외관
2. 다른 제품의 기능을 수행하기 위해 각 제품에 허용되는 조건하에 제품의 내부 또는 외부에서 기계적으로 연결되거나, 결합되어 다른 제품과 연결될 수 있도록 정확한 모양과 치수가 필수적인 제품의 형상.
그러나 조립제품의 부품으로 교체가 가능한 것으로 연결이나 결합할 수 있도록 하는 디자인은 보호된다.

5. 영 국

영국은 1988년 저작권, 디자인, 특허법(Copyright, Designs and Patents Act 1988, 이하 "CDPA")에서 수리조항에 유사한 조항을 최초로 규정한 국가이며 1949년 등록디자인법 제1조(1)(b)(ⅱ)13)에서 등

---

25) 'Must Match 원칙'이란 "디자이너에 의해 불가분의 부분을 구성하도록 의도된 다른 물품의 외관에 종속하는 물품의 형상 또는 형태의 특징에 대해서는 디자인권이 존재하지 않는다."는 원칙을 말한다.

록 대상 디자인을 정의하는 규정에 포함하고 있으며, 디자인이 Must Match형태에 해당할 경우에는 디자인 등록을 할 수 없도록 하였는데 동 규정은 머스트 매치 예외(Must Match exemption) 규정이라 불리며, 이는 유럽공동체디자인 규칙 제3조 및 제110조의 수리조항의 내용과 대체로 동일하다고 볼 수 있다. 영국에서는, 종래부터 수리부품에 대해 Must Match, Must Fit 또는 비심미적 디자인으로써 보호를 부정해 왔던 역사가 있었다. 이에 유럽디자인지침 제14조를 수용하여 수리조항을 마련하게 되었으며, 수리부품의 등록디자인에 관해서는 수리조항을 적용하여 복합제품을 원래 외관으로 복원 목적의 수리에 대해 사용할 수 있는 구성부품에 관한 등록디자인권의 경우, 등록으로 보호된 디자인을 당해 목적으로 사용하는 것은 등록디자인의 침해에 해당되지 않는다. 등록디자인에 관해서 수리조항의 도입과 동시에, Must Match조항은 삭제되었다.

⌐ 〈영국 디자인권 규정(CDPA 213 Design right)〉 ─────

제213조 디자인권

(3) 디자인권은 다음 각 호에는 유효하지 않다

(a) 건축방법이나 원리

(b) (i) 다른 물품의 기능을 실현하기 위해서 결합되거나, 내부에 배치되거나, 둘러싸거나, 기대어진 물품의 모양이나 형상 (ii) 어떤 조립체를 구성하기 위하여 타 물품의 형상에 종속되도록 고안된 물품의 모양이나 형상

(c) 표면장식

IV. 대체부품 활성화를 위한 제도개선 방안

1. 현행 정책 검토

자동차 부품에 대한 무차별적인 디자인권 권리남용과 대체부품 인증제도 활성화를 위하여 정부는 다양한 활성화 정책을 펼치고

있다. 예컨대 「자동차관리법」의 제32조의2 제3항에 무상(보증)수리 시 대체부품 사용 거부 금지규정이 신설(2015. 12. 29.)되었으며, 동법 제58조에 따라 자동차정비업자는 정비의뢰자가 신부품·중고품·재생품·대체부품 등을 선택할 수 있도록 고지할 의무를 신설(2017. 1. 29. 시행)하였다.

금융감독원은 자기차량손해 발생 시 대체부품을 사용할 경우 OEM 부품 가격의 25%를 환급하는 내용의 자동차보험 특별약관을 개정하여 2018. 2. 1.부터 시행하고 있으며, 국토교통부와 국내 완성차 회사 및 자동차부품협회는 대체부품 활성화를 위한 상호 양해각서를 체결한 바 있다.

2. 수리조항 도입 검토

대체부품 인증제도의 도입과 그 활성화를 위한 노력에도 불구하고 소비자들은 제도의 이익을 누리지 못하고 있는 실정이다. 특히 국산차를 소유하고 있는 소비자들이 제도의 효과를 보지 못하고 있는데, 인증 대체부품이 대부분 수입차에 한정되어 있기 때문이다(2019년 3월 현재 인증 대체부품은 897개로, 소모품 22개/국산차 4개/수입차 871개).

이에 대한 가장 큰 원인은 국내 완성차업체가 가지고 있는 부품에 대한 디자인권 때문이라고 할 것이다. 복합제품이 유지관리나 수리를 필요로 할 때마다 소유자는 사용하는 제품을 유지관리 또는 수리하는 데 투자를 할지 또는 전체 복합상품을 교체할 것인지를 결정해야 한다. 이 결정은 물론 가격에 크게 영향을 받는다. 자동차의 경우 차 한대의 가격은 수리부품과 수리비용을 더한 가격보다 훨씬 더 크기 때문에 대부분의 경우에 자동차 소유자는 수리를 선택한다. 수리 부품은 복합제품의 틀에 완벽하게 들어맞아야 하기 때문에 소비자는 해당 차의 제조사가 제공하는 수리부품 시장에 종속된다. 더욱이 이 시장의 부품이 디자인 권리로 보호를 받는다면 차량 제조사가 제공하는 것 이외에 다른 수리부품을 살 수 없게 된다. 수리 조항은 이러한 복합제품의 부품의 특성을 고려하여 2차 시장에서 독점적 지위형성을 배제하여 가격경쟁이 이루어질 수 있도록 하고 소비자의 선택권을 담보해 주기 위한 목적에서 디자인권의 효력을 제한하는 것이라 할 수 있다.[26]

물론 디자인권은 지식재산권 제도로서 배타적인 소유권을 인정해야 함은 당연하나, 그것이 자유경쟁시장을 저해하는 수준으로 행사된다면 어느 정도의 제한이 필요하다고 할 것이다. 특히 자동차 부품의 경우 별도의 부품시장이 형성되어 있다는 점에서, 디자인권을 통한 시장 독과점은 해소되어야 할 필요성이 있다. 이에 디자인보호법상, 자동차관리법상 부품에 대한 디자인권의 효력을 제한하고자 하는 입법 움직임이 있다.

현재 국회에 계류 중인 수리조항 도입 디자인보호법 개정안은 4개의 안으로서, 유사한 형태의 수리조항 도입방안을 제시하고 있다.

이러한 수리조항은 '약탈적 디자인권 설정'을 막고 자동차부품시장의 경쟁을 촉진하기 위해 일부 정비용 외장부품에 대하여 디자인권의 존속기간을 단축하는 것으로서,[27] 대체부품은 완성차제작사에서 출고된 자동차에 장착된 부품과 비교하여 성능과 품질은 동일한 수준이나 가격은 저렴하여, 고가의 순정품을 대체할 경우 자동차 수리비를 크게 절감할 수 있고 우수한 기술력을 가진 중소 부품제조업체를 발굴하여 육성할 수 있게 될 것으로 기대되고, 궁극적으로는 우리나라 자동차부품산업의 발전을 기대할 수 있을 뿐만 아니라 소비자에게는 경쟁력 있는 부품을 안심하고 선택할 수 있는 기회를 제공하여 부품가격의 현실화 및 차량유지비 절감이 가능하게 된다는 기대효과를 가지고 있다.[28] 또한 OEM부품 중심

---

26) 김원오 외, 앞의 책, 11면.

27) 민병두 의원 대표발의, 「디자인보호법 일부개정법률안」, 의안번호 2433 (2016. 9. 23.).

28) 김현아 의원 대표발의, 「디자인보호법 일부개정법률안」, 의안번호 3806

의 독점적 유통구조를 구축하고 있는 정비용 부품 시장에 대하여 대체부품인증제도의 정착을 위한 기반이 될 수 있을 것이다.[29]

〈표 5-4〉 수리조항 도입 관련 개정안 비교

개정안	디자인권 제한	주요내용
민병두 의원 대표발의안	36개월	「자동차관리법」 제29조에 따른 자동차의 부품이 디자인권으로 설정등록된 날부터 36개월이 경과된 경우 그 디자인권의 효력은 같은 법 제30조의5에 따른 대체부품에는 미치지 아니함
김현아 의원 대표발의안	60개월	「자동차관리법」 제2조 제1호에 따른 자동차의 부품이 디자인권으로 설정등록된 날부터 60개월이 경과된 경우 그 디자인권의 효력은 같은 법 제30조의5에 따른 대체부품에는 미치지 아니함
윤관석 의원 대표발의안	45개월	「자동차관리법」 제2조 제1호에 따른 자동차의 부품이 디자인권으로 설정등록된 날부터 45개월이 경과된 경우 그 디자인권의 효력은 같은 법 제30조의5에 따른 대체부품에는 미치지 아니함
박찬우 의원 대표발의안	60개월	「자동차관리법」 제2조 제1호에 따른 자동차의 부품 중 디자인권의 적용을 받는 주요부품과 동일한 외관을 가진 대체부품이라고 하더라도, 자동차를 수리하거나 복원하는 목적으로 제조된 대통령령으로 정하는 외장부품이라면 해당 부품이 디자인권으로 설정등록된 날부터 60개월이 경과된 경우 그 디자인권의 효력은 대체부품에는 미치지 아니함

(2016. 11. 23.).

29) 윤관석 의원 대표발의, 「디자인보호법 일부개정법률안」, 의안번호 5004 (2017. 1. 6.); 박찬우 의원 대표발의, 「디자인보호법 일부개정법률안」, 의안번호 11559(2018. 1. 25.).

제 6 장

저작권 보상금 분배

제1절 국내 저작권집중관리 및 저작권 보상금제도

Ⅰ. 저작권집중관리제도

1. 의 의

저작재산권자는 자신의 저작물 이용에 대한 사용료 청구와 자신의 저작물이 얼마만큼 이용되었는지 확인하기는 어려우며, 이용자는 저작재산권자를 확인하고 일일이 그 소재를 찾아 교섭하는 것이 쉽지 않다. 이러한 어려움을 해결하기 위해 국내에 도입된 저작권위탁관리제도는 저작권이나 저작인접권 등 배타적 권리를 위탁하여 집중관리하는 제도로서 '저작권신탁관리업'과 '저작권대리중개업'으로 구분한다. '저작권신탁관리업'은 업으로 저작재산권자, 배타적 발행권자, 출판권자, 저작인접권자 또는 데이터베이스제작자 권리를 가진 자(이하, "저작재산권자 등"이라 함)를 위하여 그 권리를 신탁받아 이를 지속적으로 관리하는 업을 말하며 저작물 등의 이용과 관련하여 포괄적으로 대리하는 경우를 포함한다(「저작권법」 제2조 제26호). 그리고 '저작권대리중개업'은 저작재산권자 등을 위하여 그 권리의 이용에 관한 대리 또는 중개행위를 하는 업을 말한다(「저작권법」 제2조 제27호). 전자는 설립에 문화체육관광부장관의 허가를 필요로 하며, 후자는 신고만으로도 설립이 가능하다.

2. 저작권신탁관리업과 저작권대리중개업

저작권신탁은 저작재산권을 신탁계약기간 동안 권리자로부터 수탁자(신탁관리업자)에게 이전한다. 따라서 수탁자는 대외적으로 권리자로 인정되며, 자신의 명의로 침해자를 상대로 소를 제기할 수 있다. 반면, 저작권대리중개는 저작재산권자를 위하여 그 권리의 이용에 관해 대리 또는 중개를 하는 것이므로 대리인이 법률행위를 하더라도 그 법률행위의 효과는 저작재산권자에게만 귀속되고 대리인에게는 직접적인 권리가 부여되지 않는다. 또한 중개는 계약당사자인 저작재산권자 등과 이용자 사이에 이용허락계약이 체결되도록 단순히 매개·알선하는 업무이므로 신탁과 다르다.[1]

1986년 저작권법에 저작권위탁관리제도를 도입할 당시에는 저작권신탁관리업과 저작권대리중개업 모두 허가대상이었다. 그러나 대리중개업의 경우 엄격한 허가조건으로 인하여 상대적으로 활성화되지 못하자 1994년 개정을 통하여 대리중개업을 '허가제'에서 '신고제'로 전환하였다. 이러한 변화에도 불구하고 일부 대리중개업자들은 권리자와 포괄적 권리위임계약을 맺고 사실상 신탁업무를 수행하기도 하였다.[2] 이에 2000년과 2006년에 걸친 개정으로 신탁관리업과 대리중개업을 명확히 구분하고 포괄적 대리를 전자의 범위로 한정시킴으로써 시장의 혼란을 해소하고자 하였다.

현재 문화체육관광부장관의 허가를 받은 저작권신탁관리단체는 분야별로 13개이다. 음악 분야의 경우 기존의 한국음악저작권협회 외에 2013.12. 「함께하는 음악저작인협회」를 신규허가해 줌으로써 기존 독점체제가 갖는 폐단을 시정하고자 하였다. 한편, 2019년 현재 저작권대리중개업 신고를 한 업체는 모두 1024개지만, 실제 활동하고 있는 업체 수는 절반에도 훨씬 못 미치는 수준이며, 대부분은 영세하거나 중소 규모로 운영되고 있다.

---

1) 손승우, "저작권대리중개업의 현안과 개선 방안", 「산업재산권」 제55호, 2018, 274면.
2) 박성호, 저작권위탁관리업 개선방안 연구, 문화체육관광부 보고서, 2016, 16면.

II. 저작권 보상금제도

1. 저작재산권 제한과 보상금

창작자에 대한 배타적 권리부여와 그 제한 및 예외 구조는 베른 협약(Berne Convention), 무역관련 지식재산권 협정(Agreement on Trade Related Aspect of Intellectual Property Rights: "TRIPs협정"), WIPO 저작권조약(WIPO Copyright Treaty: "WCT"), WIPO 실연·음반조약(WIPO Performances and Phonograms Treaty; "WPPT") 등의 국제저작권협정에 반영되어 있다. 국제저작권협정은 최소기준의 원칙 및 회원국 재량의 원칙을 택하고 있으며, 회원국은 국제 저작권협정이 요구하는 최소기준을 상회하는 수준의 보호를 저작권자에게 부여할 수 있다. 또한 국제저작권협정이 요구하는 수준의 보호목표를 달성함에 있어 그 구체적 실행 방법은 회원국이 재량에 따라 선택할 수 있다. 이러한 재량권은 저작권자의 권리 제한 또는 예외를 설정하는 것까지 포함한다. 다만, 국제저작권협정은 회원국이 저작자의 권리에 대한 제한 또는 예외를 설정함에 있어서 재량권을 남용하지 않도록 '3단계 테스트(three-step test)'라는 일정한 한계를 설정하고 있으며,[3] 국제저작권협정에 따라 회원국이 국내법으로 설정한 저작권자의 권리에 대한 한계 및 예외에 따른 적절성을 심사하는 기준으로 3단계 테스트는 통상 다음과 같은 내용으로 구성된다. 즉, ① 특별한 경우에 있어서만 허용되고, ② 저작물의 통상적인 이용과 충돌하지 아니하여야 하며, ③ 저작자의 합법적인 이익을 부당하게 해치지 아니하여야 한다.

우리 저작권법은 '저작자의 권리와 이에 인접하는 권리를 보호하고 저작물의 공정한 이용을 도모함으로써 문화 및 관련 산업의 향

---

3) 김병일, "도서관에서의 저작물 이용과 저작권 제한에 관한 연구", 「창작과 법」 제18권, 2014, 2면.

상발전에 이바지'하기 위하여 저작자에게 일정한 배타적 권리를 부여하고 있다. 그러나 저작권도 재산권과 마찬가지로 권리 자체에 내재하는 제한이 있으며, 공공복리를 위해서도 제한될 수 있을 것이다. 더 나아가 저작권의 제한가능성의 근거는 「헌법」 제23조 제2항 "재산권의 행사는 공공복리에 적합하도록 하여야 한다"는 조문과 저작권법 목적조항에서 찾을 수 있을 것이다. 즉, 「저작권법」은 저작자의 권리를 보호하기 위한 배타적 권리를 부여함과 동시에 특정한 경우 저작재산권의 제한을 통한 '공정한 이용'을 도모함으로써 문화를 향상 발전시킬 수 있도록 하는 이중적 구조를 취하고 있다.

「저작권법」은 제23조 내지 제38조에서 상세한 저작재산권 제한 규정을 두고 있으며 ① 보상금과 같은 대가의 지급이 없더라도 타인의 저작물을 이용하는 것이 허용되는 '저작재산권 제한'과 ② 반드시 상당한 보상금을 지급하여야 하는 '저작재산권 제한'으로 구분할 수 있다. 우리나라는 저작재산권 제한에 있어 대부분이 무상을 원칙으로 하고 있으며, 예외적으로 저작자에게 보상할 것을 정하고 있다.

'저작재산권 제한'과 관련해서 보상금청구권을 발생시키는 원인으로 ① 교과용도서보상금, ② 수업목적보상금, ③ 수업지원목적보상금, ④ 도서관보상금 등이 있다. 현행 「저작권법」 제25조 제1항은 고등학교 및 이에 준하는 학교 이하의 학교에서 교육 목적상 필요한 교과용도서에는 공표된 저작물을 게재할 수 있다고 규정하고 있다. 또한 제4항 이하에서 보상금을 저작재산권자에게 지급하여야 한다고 규정하고 있으며, 수업목적보상금과 관련해서 제25조 제2항은 학교 수업에서 사용되는 저작물에 대해서는 저작권자들이 저작권을 주장할 수 없도록 저작권을 제한하고 있다. 대학 등 교육기관은 사후에 저작권자에게 문화체육관광부장관이 고시하는 기준에 따라 보상금을 지급하도록 하고 있다. 보상금 기준은 문화체육관광부 장관이 정하여 고시하는 기준에 따르며, 법률이 정하는 일정한 요건이 충족되기만 하면 저작권자와의 사전협의를 거치지 않고 소정의 보상금을 지급하거나 공탁하고 저작물을 이용할 수 있다. 다만, 고등학교 및 이에 준하는 학교 이하의 학교에서 복제·배포·공연·방송 또는 전송을 하는 경우에는 보상금을 지급하지 아니한다. 도서관보상금제도는 도서관 자료를 공익적으로 사용한다는 가정하에 저작권을 제한하여 도서관으로 하여금 저작물을 자유롭게 이용할 수 있도록 하고 이로 인하여 예상되는 저작권자들의 피해를 금전적으로 보상하는 제도로 설명할 수 있다.[4] 이러한 보상금은 금전적 보상이고, 저작권 사용의 대가라고 할 것이다.

2. 법정허락과 보상금

저작권자의 허락을 받지 못한 경우라도 저작물의 이용이 공중입장에서 필요불가결한 경우에 저작권자로부터 직접허락을 받지 않고 적정한 대가를 지급하거나 공탁하고 저작물을 이용할 수 있도록 한 제도가 '비자발적 이용허락' 제도이다.

'비자발적 이용허락'은 ① 법정허락과 ② 강제허락으로 구분된다. ① 법정허락은 법에서 정한 사유에 해당한다면 저작권자를 찾거나 협의가 필요 없이 일정한 보상금을 지급하거나 권한 있는 기관이 지정한 단체에 공탁을 하고 저작물을 사용할 수 있는 제도이다. 이는 법으로부터 직접 사용권한이 부여된다는 점에서 강제허락과 다르다. ② 강제허락은 저작권자나 그 대리인과 저작물 사용 희망자 사이에 저작물 사용교섭이 결렬된 경우에 이용되는 제도이다. 저작권자의 사용조건을 교섭할 권한을 박탈함이 없이, 권한 있는 행정 또는 사법기관이 보상금을 결정한다는 조건으로 저작권자의 저작물사용 허락을 강제하는 제도이며, 반드시 저작권자 또는

---

4) 이홍용, "도서관 등에서의 복제와 그 사용 예", 「국회도서관보」, 2008, 56면.

그 대리인과 협의가 선행되어야 하지만, 법적 절차를 밟아 적정한 보상금을 지급 또는 공탁하고 강제적으로 이용할 수 있는 점이 법정허락과 다르다. 강제허락제도는 실제로는 저작권자의 교섭력을 약화하는 결과가 된다는 비판이 있으나 새로운 기술의 발달로 새로운 문제 상황을 발생할 때마다 이를 해결하기 위한 부득이한 방법으로 채택되었다.

현행 저작권법은 ① 저작재산권자 불명인 저작물의 이용, ② 공표된 저작물의 방송, ③ 상업용 음반의 제작의 경우에 법정허락을 인정하고 있다.

3. 저작권 보상금제도의 유형

보상금청구권제도는 허락 없이 저작물을 이용한 경우에도 금전적 청구권만을 저작권자에게 인정하는 제도로 볼 수 있다. 저작권이라는 배타적 권리가 채권적 권리에 불과한 보상금청구권으로 변경됨을 의미하며, 보상금청구권 제도는 저작권자의 이용허락을 강

〈표 6-1〉 현행 저작권법상 보상금제도의 종류

보상금 종류		법적 근거
교육목적 저작물 이용	교과용 도서	제25조 제1항
	교육지원기관 수업목적	
	교육지원기관 수업지원목적	
도서관 저작물 이용		제31조 제6항
음악실연자	방송	제75조
	디지털음성송신	제76조
	공연	제76조의2
음반제작자	방송	제82조
	디지털음성송신	제83조
	공연	제83조의2

제적으로 의제한 후 금전적인 보상금청구권으로 변경한다고 볼 수 있다. 위의 법적 성격은 법정채권으로 볼 것이다. 보상금청구권은 물권에 준하는 효력을 갖는 것이 아니라 단순히 보상금을 청구할 수 있는 채권적 권리이므로, 먼저 사용한 이후에 보상을 하는 개념을 가지는 권리라고 할 수 있을 것이다.

보상금제도의 본질은 저작권이 제한됨으로써 저작재산권자의 경제적 이익이 부당하게 해할 가능성이 있는 경우의 이익 조정에 있을 것이다. 저작권법상의 보상금청구권은 공익목적을 부수적으로 갖는 법정채권으로 저작권자에게 보상금을 돌려주는 것을 내용으로 하는 것이다. 한편, 부득이한 경우에 발생되는 미분배보상금의 처리와 관련하여 제105조 제8항에서 공공목적의 이용가능성을 규정한 것으로 볼 수 있다.

가. 교과용도서 보상금제도

고등학교 및 이에 준하는 학교 이하의 학교의 교육목적상 필요한 교과용 도서에는 공표된 저작물을 게재할 수 있다. 교과용 도서란 일반적으로 교과서와 지도서를 말하고 국정도서, 검정도서, 인정도서로 분류된다. 교과용도서는 영상저작물 및 전자저작물을 포함하고 있으며 영상 기타 멀티미디어 저작물 또한 포함된다. 학습용 참고서는 교과용 도서에 포함되지 않으며, 교사가 직접 교육에 활용하기 위해 제작한 참고자료도 이에 해당하지 않는다. 저작물을 교과용 도서에 게재하는 것은 일정 조건 내에서 허용되며, 자유이용의 대상으로 하고 있는 것은 아니다. 따라서 교과용 도서를 저작권자의 허락 없이 학습용 참고서 등에 이용하는 것은 저작권침해가 될 수 있다.[5] 교과용 도서 규정에 따른 이용과 관련해서 저작재산권자의 권익이 부당하게 저해되는 것을 방지하기 위해서 저작권법은 보상의무를 부여하고 있다.

---

5) 정상조, 「저작권법 주해」, 박영사, 2007, 487면.

<표 6-2> 교과용 도서 저작물 이용 요건

교과용 도서에 대한 적법한 저작물 이용 요건
ⅰ) 공표된 저작물을 이용하는 경우
ⅱ) 공표된 저작물을 '교과용 도서'에 게재하는 경우
ⅲ) '교과용 도서'가 '고등학교 및 이에 준하는 학교 이하의 학교'의 교육목적상 필요한 경우
ⅳ) 이용행위가 저작물을 교과용 도서에 '게재'하는 경우

위의 이용 요건을 갖추면 저작재산권자의 허락 없이 저작물을 이용하는 것이 허용되며, 이용행위에 의하여 보상금지급의무가 발생하게 된다. 그리고 다른 요건을 모두 갖추었을 경우, 보상금을 지급하지 않았다고 하여 소급하여 저작권침해가 되는 것은 아니다.[6] 물론 보상금청구권을 민사소송의 방법으로 행사하여 판결을 받을 경우 민사상의 강제집행을 할 수는 있지만, 침해정지청구 등을 할 수는 없다.

보상금을 지급할 대상자는 저작재산권자이다. 그러나 이용자들이 저작물마다 저작재산권자를 찾아서 보상금을 지급하기는 어려우므로 저작권법은 지정단체에 의한 통일적인 권리행사가 이루어지도록 규정하고 있다. 이에 저작재산권자의 보상금청구권 행사는 개별적으로 할 수 없고, 문화체육관광부장관이 지정하는 권리자단체를 통해서만 할 수 있도록 규정하고 있다.

나. 수업목적 보상금제도

저작권법 제25조는 교육의 공공성을 고려해 학교나 교육기관의 교육과정에서 사용하는 저작물이 교육목적상 필요한 경우에는 저작재산권을 제한하고 있다. 학교가 수업목적을 위해 저작물을 이용하는 경우, 사전허락 없이 우선 이용한 후에 보상금 지급 의무를

---

6) 정상조, 앞의 책, 493면.

지도록 하고 있다. 또한 수업목적 저작물 이용 보상금제도의 도입 목적은 교육현장에서의 지식의 활용을 촉진함에 있다. 이로 인해 발생할 수 있는 저작권 제한에 대해 적정 수준의 보상이 이루어질 수 있도록 적정화하여 제도화하는 것이 필요할 것이다. 특히, 교육 현장에서 필요 이상으로 저작물의 개별이용허락 대상을 확장하여 적용하는 것은 비용이 과도하게 소요되며 교육활동 자체를 위축시킬 수 있으므로 보상금 적용대상을 유연하게 포섭하는 것이 중요하다. 또한 동 규정에 따라 보상금 적용대상에서 제외되는 저작물의 이용과 다른 법규정에 따라 자유이용이 허용되는 저작물 이용을 명확히 할 필요가 있을 것이다. 더 나아가 원칙적으로 저작권자의 이용허락을 받아야 하는 행위에 대해서도 명확히 하여 저작권 보호의식 제고도 필요하다.

다. 수업지원목적 보상금제도

2009년 7월 시행된「저작권법」일부 개정에서「저작권법」제25조 제2항에 학교 교육목적 등에의 이용에 대한 저작권 제한에 있어 면책 대상 기관과 행위가 확대되었다. 우리나라 교육 현실에서 지자체의 교육청, 한국 교육학술정보원 등이 수업 보조 자료의 제작 및 보급에 있어 상당한 역할을 해 왔으며, 이에 교육계에서는 이들 기관들을 저작권 면책 대상으로 포함하도록 요청해 왔다. 하지만 대상자를 확대하는 것은 저작권제한 입법의 국제법적 한계인 3단계 테스트 위반 소지가 있어, 개정 법률에서는 보상금 지급을 전제로

〈표 6-3〉 수업지원목적보상금 개요

구분	주체	목적	범위
적용 가능	「저작권법」 제25조 제2항	수업 또는 수업지원 목적	1) 수업 또는 지원 목적상 필요한 범위 내에서 원칙적으로 저작물의 일부분만 이용
			2) 이용하는 저작물의 종류·용도, 저작물에서 복제물이 차지하는 비

			중, 복제의 부수 및 이용의 구체적 방법 등에 비추어 저작재산권자의 이익을 부당하게 해치는 경우가 아니어야 함
적용 불가능	「저작권법」 제25조 제2항에 해당하지 않는 경우	1) 장래 수업에 사용하려고 하는 등의 추상적인 목적	1) 저작물의 종류와 용도(학습이나 수업과정에서 소비되는 저작물(악보, 문제집, 워크북 등과 같이 수업을 받을 때 구입하거나 빌려보게 되어 있는 것(기록매체는 불문)을 구입하는 대신 복제하는 것, 본래의 수업목적을 넘은 이용이 행해지는 경우
		2) 학생들이 자율적으로 수행하는 과외 활동(동아리, 동호회, 연구회 등)	
		3) 수업과 관계없는 참고자료의 사용	2) 복제 부수와 태양(많은 부수의 복제 등, 다수의 학습자에 의한 사용, 복제의 태양이 시판의 상품과 경합하는 것과 같은 방법으로 행해지는 경우, 계속적으로 복제가 행해지는 경우 등)
		4) 학급통신·학교소식 등에 게재, 학교 홈페이지에의 게재 등	
		5) '학습지원'행위나 '평가' 관련한 지원행위	3) 선집, 편집저작물, 집합저작물을 제작하거나 대체·교체하기 위한 복제

국가나 지방자치단체에 소속된 교육지원기관만을 면책 대상으로 추가하였다.[7]

라. 도서관의 저작물 복제·전송이용 보상금제도

「저작권법」 제31조는 도서관의 사회적, 문화적, 교육적 기관으로서의 공공성과 비영리적 시설임을 인정하여 저작권 침해로부터

---

7) 김현철, "3진 아웃제 등 개정 저작권법 소개", 제5기 저작권 아카데미 음악 분야 종사자 과정, 저작권위원회, 2009, 86면.

면책특권을 도서관에 부여하고 있다. 도서관은 지식·정보 및 문화의 보존과 전달이라는 사회·문화·공공적 기능을 수행하고 있으며, 도서관에서의 복제는 「저작권법」이 추구하는 저작물의 이용 및 전파를 통한 문화의 발전이라는 목적에도 부합되기에 예외적인 취급을 해 오고 있다.[8] 「저작권법」 제31조는 도서관에서 이루어지는 저작물의 이용행위에 대해 저작재산권에 관한 제한을 규정하고 있다. 위 규정은 도서관에서 행해지는 이용과 저작물에 접근해야 할 일반 공중의 이익을 배려한 것이다. 또한, 「저작권법」 제31조 제7항에서는 제1항의 규정에 의해 디지털 형태의 도서 등을 복제하는 경우 및 제3항의 규정에 따라 도서 등을 다른 도서관 등의 안에서 열람할 수 있도록 복제하거나 전송하는 경우에는 문화체육관광부장관이 정하여 고시하는 기준에 의한 보상금을 저작재산권자에게 지급하도록 규정하고 있다. 이는 '저작권 보호'와 '디지털 도서관 활성화'라는 두 가지 목표를 조화시키기 위한 규정이라 볼 수 있다.[9] 도서관보상금제도는 디지털 도서관 구축과 서비스에 동반되는 저작물의 전송과 복제와 관련된 권리 처리를 보다 편안하게 함으로써 디지털 도서관 서비스를 지원하고, 저작권자의 경제적 이익을 보호하기 위한 것이다. 저작물을 복제하거나 전송하는 행위 등을 위해서는 배타적인 저작권을 가진 저작권자로부터 사전에 허락을 받아야 한다. 위의 제도는 도서관 서비스에 활용되는 수많은 저작물에 대하여 보상금 지급이라는 간단한 절차만으로 저작물을 적법하게 활용할 수 있게 함으로써, 디지털 저작물을 보다 쉽게 도서관 상호 간에 공유하여 활용할 수 있도록 지원하고, 저작권자에게는 보상금을 지급하여 그들의 합법적인 이익이 부당하게 저해되지

---

8) 이해완, 「저작권법(제3판)」, 박영사, 2015, 660면.

9) 김병일, "도서관에서의 저작물 이용과 저작권 제한에 관한 연구", 「창작과 법」 제18권, 2014, 16면.

않도록 함으로써 저작권자와 저작물 이용자의 권리 사이의 균형을 도모하고 있다.[10]

마. 실연자의 보상청구권

1) 상업용 음반 방송사용 보상청구권(법 제75조)

저작권법은 방송사업자의 지급의무로 규정하고 있으나, 이는 실연자에게 보상청구권을 부여한 것으로 보아야 할 것이다. 상업용 음반은 개인용이나 가정용으로 사용될 것으로 보기 때문이다. 상업용 음반이 방송을 통하여 전파된다면 예정을 뛰어넘는 현저한 이용이 이루어지게 되며, 그로 인해 실연자는 실연의 기회를 상실하게 된다. 따라서 이에 대하여는 별도의 보상을 해 줄 필요가 있을 것이다. 상업용 음반을 개인용이나 가정용으로 재생하여 사용하는 것을 1차적 사용이라 하고, 방송이나 접객업소와 같은 매장에서 상업용 음반을 재상하는 것은 통상의 1차적 사용의 범위를 벗어난 사용이라는 점에서 2차적 사용이라 볼 수 있다. 그에 대한 보상금을 2차적 사용료라 한다. 따라서 상업용 음반에 대한 방송사용 보상청구권은 '2차적 사용료청구권'에 해당한다. 실연자의 허락을 받아 녹음된 실연 방송에 대해서는 실연자에게 방송권이 부여되지 않는다. 위와 같은 경우라도 상업용 음반이 방송에 사용된 경우에 대해서는 실연자에게 채권적 성격으로 일정한 보상을 받을 권리를 부여함으로써 실연자와 방송사업자의 이해관계를 조절한 것이다.[11] 실연자에게 보상금청구권을 인정하더라도 음악을 방송하여야 하는 방송사업자가 모든 실연자와 개별 접촉하여 보상금을 협의하고 지급하는 것은 현실적으로 어렵고 보상금 관리비용이 지나치게 높기에 합리적이지 못하다고 볼 수 있다. 이에 저작권법은 보상금의

---

10) 이호신, "도서관의 저작물 복제와 전송에 관한 연구", 「도서관」 제59권 제1호, 2004, 55면.
11) 오승종, 「저작권법(제4판)」, 박영사, 2016, 925면.

지급과 관련하여 「저작권법」 제25조 제5항 내지 제9항의 규정을 준용하도록 하고 있다. 따라서 실연자의 보상금청구권은 제25조 제5항의 각호에 요건을 갖춘 단체로서 문화체육관광부장관이 지정하는 단체를 통해서만 행사되어야 한다. 이러한 단체가 권리자를 위해 청구할 수 있는 보상금액은 매년 단체와 방송사업자가 협의하여 정하고, 협의가 성립되지 아니한 경우에 단체 또는 방송사업자는 대통령령이 정하는 바에 의해 한국저작권위원회에 조정을 신청할 수 있다. 그러나 한국저작권위원회의 조정절차는 강제성이 없고 임의조정의 성격을 가지고 있어 당사자 사이의 의견이 합치를 이루어내지 못하면 조정은 불성립하게 된다. 이러한 경우에는 보상금 수령단체는 법원에 보상금 청구소송을 제기할 수 있다. 보상금의 금액에 대하여는 먼저 보상금 수령단체와 방송사업자 사이의 협의에 의하여 정하여야 할 것이며, 그에 따른 협의가 성립하지 아니한 경우에는 한국저작권위원회의 조정절차에 따르게 된다. 또한 당사자 사이의 합의가 이루어지지 않아 조정이 불성립될 경우에는 최종적으로 법원의 판결에 따라 보상금액을 결정하게 된다.[12]

2) 디지털음성송신 보상청구권(법 제76조)

디지털음성송신권이 신설되면서 2006년 개정 저작권법에 실연자에게 디지털음성송신에 대한 보상청구권을 새롭게 부여하였다. 다른 보상청구권 규정과는 다르게 위의 규정에서는 '상업용 음반'이 아닌 '음반'이라고 하는 점과 상호주의를 적용하지 않고 있다는 점을 유의하여야 한다.[13] 상호주의가 적용되지 않고 내국민대우 원칙이 적용됨에 따라 해당 해외국가에서 우리나라 국민의 실연자에게 디지털음성송신에 따른 보상금청구 등에 대하여 보호를 하지

---

12) 오승종, 위의 책, 952면.
13) 박성호, 「저작권법」, 박영사, 2014, 383면.

않고 있더라도, 그 외국인의 실연에 따른 녹음된 음반이 우리나라에서 디지털음성송신에 사용된 경우에 대해서는 그 외국인에 대하여 보상금을 지급하여야 할 것이다. 보상금의 지급과 관련해서는 방송보상금청구권과 마찬가지로 저작권법 제25조 제5항 내지 제9항의 규정을 준용하고 있으며, 위의 규정에 의해 보상을 받을 권리를 행사하는 단체가 보상권리자를 위해 청구할 수 있는 보상금의 금액은 매년 그 단체와 디지털음성송신사업자가 대통령령이 정하는 기간 내에 협의하여 정하여야 한다. 그러나 방송보상금의 지급의무자인 방송사업자와는 달리 본 조에 따른 보상금의 지급의무자인 디지털음성송신사업자들은 현실적으로 보상금액이 방송사업자가 지급할 보상금 액수와는 다르게 소액인 경우가 많을 것이다. 이는 실연자 단체와 이들 디지털음성송신사업자 사이에서 보상금액을 협상하여 결정한다는 것은 굉장히 어려운 일이라고 볼 수 있다. 따라서 당사자 사이에 협의가 성립하지 않을 경우 한국저작권위원회에 조정신청을 할 수 있도록 규정하고 있는 방송보상금청구권의 경우와는 다르게 디지털음성송신사업자에 대한 보상금 청구권에 대해서는 대통령령이 정한 기간 내에 협의를 끝내지 못할 경우에는 문화체육관광부장관이 정하여 고시하는 금액을 지급하도록 하고 있다. 이는 주무관청인 문화체육관광부가 강제성을 갖는 일종의 중재적인 역할을 수행하도록 한 것이라는 점에서 특이점이 있다. 2006년 개정 저작권법은 음반제작자에 대해서도 같은 취지에서 디지털음성송신 보상청구권을 인정하였다.

3) 상업용 음반 공연사용 보상청구권(법 제76조의2)

보상금의 지급과 관련해서는 방송 및 디지털음성송신에 대한 보상금청구권과 마찬가지로 「저작권법」 제25조 제5항 내지 제9항 및 제76조 제3·4항의 규정을 준용하고 있다. 위 규정에 의해 보상을 받을 권리를 행사하는 단체가 보상권리자를 위해 청구할 수 있는 보상금액은 매년 단체와 공연사업자가 대통령령이 정하는 기간 내에 협의하여 정한다. 하지만 현실적으로 공연사업자는 음악 웹캐스팅업체와 마찬가지로 사업자와 일일이 보상금액을 협상한다는 것은 굉장히 어렵다고 보여진다. 이러한 점을 감안해 디지털음성송신 보상청구권의 경우와 마찬가지로 대통령령이 정한 기간 내에 협의를 끝내지 못할 경우에는 문화체육관광부장관이 정하여 고시하는 금액을 지급하도록 하고 있다.

바. 음반제작자의 보상청구권

1) 음반의 방송사용 보상청구권(법 제82조)

음반제작자의 방송사용에 대한 보상금청구권은 실연자의 방송사업자에 대한 보상금청구권과 동일하게 '2차적 사용료청구권'의 성질을 가지게 된다. 음반제작자에게 인정되는 2차적 사용료청구권은 방송사업자가 방송하고자 하는 상업용 음반이 실연자의 실연을 담은 것일 경우에는 실연자와 음반제작자 모두에게 각각 보상을 하여야 한다. 음반제작자의 2차적 사용료청구권에 대해서도 문화체육관광부장관의 지정을 받는 단체를 통하여 집중행사하도록 규정하고 있다. 지정 단체는 구성원이 아니어도 보상권리자로부터 신청이 있을 때에는 신청자를 위해 권리행사를 거부할 수 없다. 이 경우에 그 단체는 자기의 명의로 권리에 관한 재판상 또는 재판 외의 행위를 할 권한을 가지게 된다.

2) 음반의 디지털음성송신 보상청구권(법 제83조)

디지털음성송신사업자가 음반을 사용하여 송신하는 경우에는 상당한 보상금을 음반제작자에게 지급하여야 한다. 방송 또는 공연에 대한 보상청구권과는 달리 '상업용' 음반을 언급하고 있지 않지만, 차이를 의도한 것은 아니라고 보여진다.[14] 디지털음성송신권이 신설됨에 따라 2006년 개정 저작권법에서 음반제작자에게 디

---

14) 임원선, 「실무자를 위한 저작권법(제4판)」, 한국저작권위원회, 2014, 242면.

지털음성송신에 대한 보상청구권을 새롭게 부여한 것이다. 보상금의 지급 및 금액 등에 관한 내용은 실연자의 디지털음성송신보상청구권의 경우와 같다.

3) 상업용 음반 공연사용 보상청구권(법 제83조의2)

상업용 음반을 사용하여 공연을 하는 자는 상당한 보상금을 그 음반제작자에게 지급하여야 한다. 앞에서 본 바와 같이 실연자가 실연이 고정된 음반에 대하여 공연사용 보상청구권을 갖게 됨에 따라서 그에 상응하는 권리로 2009년 저작권법 개정에 의해 음반제작자에게 새롭게 부여된 권리다. 이로써 음반제작자에게도 로마협약 및 WPPT상 상업용 음반의 방송 및 공중전달에 대한 보상청구권이 모두 부여되게 되었다. 또한 보상금의 지급과 관련하여서는 방송 및 디지털음성송신에 대한 보상금청구권과 마찬가지로 저작권법 제25조 제5항 내지 제9항 및 제76조 제3·4항의 규정을 준용한다.

제2절 해외의 저작권집중관리 및 저작권 보상금제도

Ⅰ. 저작권집중관리제도

1. 의 의

'저작권집중관리(Collective Management)' 제도는 저작권집중관리단체(collective management organizations: CMOs, 이하 '집중관리단체'라 함)를 통하여 저작물의 등록을 받아 저작권을 집중적으로 관리하고 저작물의 이용허락을 원하는 이용자에게 계약 체결하여 정해진 사용료만 지급하면 해당 이용자는 저작물을 간편하게 이용할 수 있도록 하고 사용료를 징수하여 권리자에게 분배하는 제도이다.[15]

저작권집중관리 제도는 저작자 및 이용자의 편익을 도모하여 이를 통해 창작 활성화와 문화발전을 도모하고 모두를 충족할 수 있는 제도라는 점에서 의미가 있다. 집중관리단체의 성격과 지위는 국가의 법률 체계, 정부의 감독 형태와 범위 등에 따라 상이하다. 또한 집중관리단체는 관리하는 저작물의 종류와 단체의 역할에 따라 구분될 수도 있다. 공연권만을 배타적으로 집중관리하는 단체 또는 공연권과 복제권 등 복수의 권리를 집중하여 관리하는 단체도 있고, 모든 권리를 집중관리하는 단체도 있다.

2. 저작권집중관리 모델

가. 전통적 집중관리단체

전통적 집중관리단체는 회원을 대신하여 이용자와 사용료율과 이용조건을 협상하며, 신탁 저작물의 이용을 허락하는 라이선스를 행하고, 나아가 사용료를 징수하고 분배하는 역할을 한다. 개별 권리자는 이러한 과정에 직접적으로 관여하지 아니한다.

나. 권리처리센터

권리처리센터는 개별권리자들이 정한 이용조건과 보상금요율에 따라 이용자들에게 이용 허락을 행한다. 권리처리센터는 원칙적으로 이용조건 등에 직접 관여하지 아니하며, 단지 개별권리자의 중개인으로서의 역할을 행한다.

다. 원스탑 샵

원스탑 샵은 이용자에게 집중화된 콘텐츠를 제공하는 집중관리단체의 연합체이다. 이 모델에서는 승인이 쉽고 빠르게 이루어질 수 있으며, 최근 광범위한 이용허락이 필요한 멀티미디어 저작물을 효율적으로 취급하기 위한 원스탑 샵이 증가하고 있는 경향이 나타나고 있다.

---

15) 이해완, 앞의 책, 972-973면.

II. 저작권집중관리에 관한 해외 동향

1. 미 국

가. 개 요

미국 저작권법은 집중관리단체의 설립과 운영에 대한 별도의 명문 규정이나 규제를 하고 있지 않은 대신에 단체의 운영에 문제가 있는 경우 규제를 하는 방식으로 운영되고 있다. 또한 미국 저작권법은 저작권 사용료 심판관에게 사용료를 결정할 권한을 부여하고 있다. 미국에서의 집중관리단체는 계약자유의 원칙에 따라 계약을 하는 형태를 취하고 있다. 복수의 저작권의 수탁 또는 대리권의 수권을 받아 권리를 행사하기 위해 임의적 단체를 설립하고, 단체를 통하여 저작권자의 권리를 행사하고 있다. 음악 라이선스 시장에 대한 정부의 개입을 보여 주는 형태는 ① 강제허락 또는 ② 법정허락 제도이다. 강제허락의 경우에는 미국 저작권법 제115조에 따라 "음반을 제작하거나 또는 디지털 음반을 전송하는 자는 미국 내에서 공중에게 배포된 음악저작물의 음반에 대한 강제허락을 받을 수 있다."고 규정하고 있다. 이에 따라 음반의 제작 및 배포에 대한 강제허락, 공연의 협의 이용허락, 유선방송에 의한 2차 송신 등의 강제허락제도가 도입되어 있다. 위의 경우에 한해 이용자는 권리자의 허락 없이 음악 저작물 또는 녹음물을 이용할 수 있다. 이용에 대한 합리적 사용료와 조건에 대한 결정은 저작권 사용료 위원회의 저작권 사용료 심판관이 결정하도록 하고 있다.[16]

나. 현 황

미국에서는 집중관리단체는 음악 분야에서 복수단체가 활동하고 있다. ① 공연권에 대해서는 ASCAP, BMI, SESAC, APRS, AMRA의 5개 단체가, ② 복제권에 대해서는 HFA, SESAC, AMRA의 3개 단체

---

16) 미국 저작권법 제801조 제(b)항 제(1)호.

가 있다. ③ 녹음권에 대해서는 음악출판사의 자기관리도 많다. 또한 SoundExchange는 미국 저작권법 제114조의 법정허락의 대상인 녹음물의 디지털음성송신에 의한 공연에 대한 사용료를 징수하여 분배하고 있다. 미술에 대해서는 VAGA(Visual Artist and Galleries Association, Inc.) 및 ARS(Artists Right Society)가 업무를 실시하고 있다. 어문저작물에 대한 복사 및 전송권 처리기구로서 저작권처리센터(Copyright Clearance Center)가 있다.

2. 독 일

가. 개 요

저작권의 집중관리에 대하여 독일은 저작권관리단체를 규율하기 위하여 1965년 전면개정 저작권법과 더불어 특별법인 「저작권 및 인접보호권의 관리에 관한 법률」(Gesetz über die Wahrnehmung von Urheberrecht und verwandte Schutzrechte: Urheberrechtswahrnehmungsgesetz: 이하 '저작권관리법', UrhWG)을 제정하여, 집중관리단체의 설립과 운영·감독 등을 정부의 통제하에 비교적 엄격하게 행하고 있다.[17]

〈표 6-4〉 독일 저작권관리법 중 집중관리단체 주요 내용[18]

조항	내용
저작권관리법 제1조 제1항	저작권 및 저작인접권에 대하여 자신의 이름으로 또는 타인의 이름으로 행해지는 여부를 불문하고 저작권집중관리를 위한 허가를 받아야 함
저작권관리법 제1조 제3항	허가를 받지 아니하고 그 사업을 행하는 자는 관리에 관하여 자기에게 의뢰된 권리 또는 청구권을 행사할 수 없음. 그 자에게는 저작권법 제109조에 의한 고소권이 귀속되지 아니한다고 규정하고 있음

---

17) 한국저작권법학회, 「저작권 위탁관리제도 개선방안 연구」, 문화관광부, 2004, 37면.

저작권관리법 제3조	관리단체의 정관이 법의 규정에 부합되지 아니한 경우, 법률 또는 정관에 의하여 관리단체를 대표할 권한이 있는 자가 그 일을 행함에 필요한 신빙성을 가지고 있지 아니한 경우, 관리단체의 경제적 기반으로는 그 단체에 의뢰된 권리 및 청구권의 효과적인 관리를 기대할 수 없는 경우에 한하여 허가를 거부할 수 있음
저작권관리법 제6조	관리단체의 권리와 의무에 관하여 규정하고 있음. 그 주요 내용은 저작권관리의무인 관리단체는 자신의 사업범위에 속하는 권리와 의무를 권리자의 요구에 따라 상당한 조건으로 관리할 의무가 있다는 관리강제규정이 있으며, 이는 배타적인 이용권을 인정하는 기존제도에 대하여 입법자에 의한 철저한 감독을 할 수 있다는 것인데 그 목적은 이용자와 관련하여 저작권위탁 관리단체의 독점적 지위의 남용을 방지하고자 하는 것임
저작권관리법 제7조	일정한 분배표에 의한 자의적인 방법을 배제하는 일정한 규칙(분배표)에 의하여 분배하여야 한다는 수입의 분배규정
저작권관리법 제8조	준비금 및 공제제도 등 회원을 위한 사회적 활동에 관한 의무
저작권관리법 제10조	서면에 의한 요구에 응해, 어떤 저작물 등에 관한 저작권 등을 관리하고 있는지 아닌지를 보고할 의무
저작권관리법 제11조	상당한 조건의 이용허락의무인 체약강제, 상당한 조건으로 포괄계약을 체결할 의무도 있음
저작권관리법 제12조	다만, 제11조에 따라 단체의 회원 수가 너무 적기 때문에 포괄계약의 체결을 관리단체에 기대할 수 없는 경우에는 예외로 함
저작권관리법 제13조	포괄계약이 체결되어 있는 경우에는 계약에서 합의된 보수요율
저작권관리법 제14조	저작권 등의 관리에 동등하고 상당한 조건을 부여하고 분쟁발생 시 중재소를 두어 합의를 도출하여야 함

---

18) 한국지식재산학회, 「대리중개제도 개선 방안 연구」, 문화체육관광부, 2008, 35면.

나. 현 황

독일의 집중관리단체는 모두 12개가 있다.[19] 어문저작물에 관해서는 VG WORT (Verwertungsgesellschaft WORT)가 복사권도 포함해서 저작권을 신탁관리하고 있다. VG WORT는 독일 저작권관리규정에 따라 독일특허상표청 저작권부의 감독을 받고 있다. 독일 특허상표청은 독일 연방카르텔청과 협의하여 저작권관리단체를 감독한다. 또한 외국의 복사권기구와의 상호관리계약은 한국의 KORRA와 2013년, 중국의 HKRRA와 2003년, 프랑스의 QFQ와 2007년, 영국의 PLR 2012년 등 2019년 7월 기준으로 주요국가의 65개 단체와 체결 중에 있다.[20] 또한 관리단체의 연합체로 저작권법상 특정 권능과 관련된 징수연합으로는 "사적복제보상금제도"상 보상청구권을 행사하게 되는 ZPÜ, "도서관대여"에 대한 보상청구권을 행사하게 되는 ZBT, ZFS, ZVV, ZWF, ARGE DRAMA 등 7개의 단체들이 있다.

3. 프랑스

가. 개 요

프랑스에서는 집중관리단체에 대한 특별법 제도가 존재하지 않는 영미와 특별법이 있는 독일과는 달리, 지적재산법전(저작권법)에 조직적 사항에 관한 규정을 중심으로 집중관리단체에 관하여 규율하고 있다. 프랑스는 전통적으로 집중관리제도에 대해서 많은 규정을 두지 않고, 자유로운 조직과 권리행사를 보장하는 형식으로 발전해 온 바 있다. 하지만 이러한 경향은 한계에 봉착할 수밖에 없

---

19) 현재 독일에 존재하는 저작권관리단체의 법적 성격은 다양하며, GEMA, VG WORT, WG Bild-Knust 등은 사단법인이며, GVL은 유한회사, ZPU는 민법상의 조합이다.

20) http://www.vgwort.de/international/internationale-vertragsbeziehungen .html(2019. 7. 13. 최종방문)

었으며, 자율보다는 관리와 감독에 대한 필요성이 더욱 강하게 제기된 결과로 현재는 과거보다는 엄격한 관리 속에서 집중관리제도가 운영되고 있다.

나. 현 황[21]

관리단체로는 음악 분야에서는 1851년에 창설된 SACEM이 공연권의 관리를 하고, 1935년에 창설된 SDRM이 복제권의 관리를 하고 있다. SDRM은 SACEM이 중심이 되어 설립한 단체인데, 1974년부터는 경영의 합리화를 위해 관리부문 등과 직원을 SACEM에 통합해 사실상 단일 단체로서 업무를 하고 있다. 연극 분야에서 SACD가 대다수의 극작가 및 극작곡가의 권리를 관리하고 있으며, 이 밖에 DRAMA라는 단체도 있다. 문예작품에 대해서는 1837년에 창설된 SGDL이 업무를 하고 있다. 미술에서는 ADAGP가 집중관리를 하고 있다. 이밖에도 프랑스에는 더 많은 집중관리단체들이 존재한다. 다만, 실질적으로 많은 단체들이 인적 혹은 물적 인프라를 갖추지 못한 경우가 많고 많은 경우에 대형 집중관리단체의 협력과 지원에 의존하고 있다. 프랑스 저작권법은 집중관리단체에 의해서만 행사될 수 있는 여러 유형의 보상청구권 제도를 운영하고 있다. 아무리 신탁관계에 기초한 저작권의 양도를 인정하고 법정의 보상금청구권 중 상당수가 집중관리단체에 의해서만 행사될 수 있다고 하더라도 원칙은 저작물 혹은 저작인접물에 대한 사용을 정확하게 파악하여 권리자에게 분배해 주는 것이다. 프랑스 지식재산권법전 제L.131-4조에 따라 저작자는 자신의 저작권을 제3자에게 양도할 수 있다. 다만, 이러한 양도 가능성에도 불구하고, 저작자에게는 이용자로 하여금 저작물의 이용에 대한 대가를 이용

---

21) Nathalie Piaskowsi, "Collective Management in France", in: Daniel Gervais (Ed.), Collective Management of Copyright and Related Rights, 2d ed., Wolters Kluwer, 2010, 173면.

〈표 6-5〉 프랑스 저작권법상 제3자 권리양도의 예외

제3자 권리양도에 있어 예외 사항
ⅰ) 적정 지분의 계산을 위해 필요한 기초가 마련되어 있지 않은 경우
ⅱ) 저작자의 지분을 감독할 수 있는 수단이 마련되어 있지 않은 경우
ⅲ) 지분을 계산하는 방법과 이용행위를 관리·감독하는 비용이 기대되는 수익과의 관계에서 더 이상 상당하지 않은 경우
ⅳ) 이용조건의 성격으로 인해 비율에 의한 보상이 불가능한 것으로 판단되는 경우로 저작자의 기여가 해당 창작자에게 있어 핵심적인 요소를 구성하지 않거나 해당 객체의 이용과 관련하여 문제된 저작물의 이용이 단지 부수적인 의미만을 갖는 경우
ⅴ) 소프트웨어의 양도의 경우

자가 얻은 이익의 특정 비율로 구할 권리를 갖는다. 당해 권리는 포기될 수 없는 권리로 저작권의 보호기간 동안은 존속하는 것으로 되어 있다. 다만, 이에 대한 예외로서 다음이 제시되어 있다.

프랑스 지적재산권법전은 집중관리에 있어 권리자와 단체 사이에서 법적 관계가 형성되는지에 대해서는 구체적인 규정을 두고 있지 않다. 그러나 저작자가 자유의사에 의해 자신의 저작권 관리를 위해 양도하는 것이 곧 신탁관리라고 보는 것이 일반적인 견해이다. 따라서 저작권집중관리관계에서는 미분배 보상금이 발생할 수 있는 가능성을 의미하기도 한다. 문제는 이러한 보상금을 회원 권리자 사이에서 나눌 것인지, 그렇지 않고 공익을 위한 목적으로 사용되도록 유보할 것인지 여부인데, 프랑스는 두 가지 모델을 모두 사용하는 것으로 보인다.

4. 영 국

가. 개 요

영국은 저작권 집중관리단체의 업무 및 운영에 관하여 직접 규제하지 않고 있으며 미국과 같이 자유업으로 행하고 있다. 다만, 1998년 개정 저작권법[Copyright, Design and Patent Act(이하 "CDPA")]은 저작권자와 저작권관리단체 간의 상업적 라이선스 분쟁을 해결하는 것을 주목적으로 하는 저작권심판소를 통하여 간접적으로 저작권 집중관리단체를 규제하고 있다. CDPA는 저작권의 라이선스에 대하여 규정하고 있으며, 저작권자 등을 대신하여 라이선스를 부여할 수 있는 라이선스 단체를 인정함으로써 저작권 관리단체를 설립할 수 있는 근거를 마련하고 있다. 또한 저작권 관리단체를 설립할 때 정부의 허가를 요구하지는 않고 있으나, 비회원 저작권자의 저작물 또는 비회원 실연자의 권리와 관련하여 라이선스를 부여하는 확대된 집중 라이선스 약관을 운영하려는 저작권 관리단체는 사업·혁신·기술부 장관의 승인을 받아야 한다.

나. 현 황[22]

음악저작물의 공연권과 방송권은 PRS(Performing Right Society), 음악저작물의 녹음권은 MCPS(Mechanical Copyright Protection Society)가 관리하고 있었으나, PRS와 MCPS가 음악저작물에 대한 효율적인 라이선스 부여를 위하여 'PRS for Music Limited'이라는 단체를 공동으로 설립하여 운영함에 따라 사실상 음악저작권에 대한 관리는 'PRS for Music'에 의하여 이루어지고 있다.[23] 그 밖에 음반제작자와 실연자의 권리는 PPL(Phonographic Performance Ltd.)이 관리하고 있다. Copyright Licensing Agency(이하 "CLA")는 어문저작물의

---

22) 이해완, "저작권 집중관리 제도의 현황과 발전방향", 「정보법학」, 제8권 제1호, 한국정보법학회, 2004, 137면.

23) https://www.prsformusic.com/about-us/history(2019. 7. 13. 최종방문)

복사권(reprographic copyright) 단체이며, 책·저널·간행물로부터의 복사에 대해 저작권자들의 이익을 대변하고 있다. 저작자 이용허락·징수협회와 출판 라이선싱 협회가 영국의 저작자 및 출판자의 지적재산권을 보호하고 관리하기 위하여 1983년에 설립하였으며, 수수료만으로 운영되는 비영리 기관이다. Design and Artist Copyright Soceity(이하, "DACS")는 CDPA 제4조에 규정된 미술저작물의 복제권을 관리하는 단체이며 EU 재판매권 지침의 이행을 위하여 2006년 2월 13일에 제정된 예술가의 추급권 규정(Artist's Resale Right Regulations 2006)에 따라 재판매권 사용료를 징수하고 분배하는 업무를 담당하고 있다.

5. 일 본

가. 개 요

일본은 1939년 제정된 「저작권에 관한 중개업무에 관한 법률」(이하, '중개업무법'이라 한다)에 따라 저작인격권을 제외한 모든 권리를 일원적으로 관리하였다. JASRAC 등 집중관리단체가 저작자로 모든 저작권을 양도받아 신탁재산으로 관리하고, 그 관리에 따라 얻어진 저작권 사용료를 권리자에게 분배하는 형식으로 업무가 이루어져 왔다. 민간의 저작권관리사업에 대한 신규 참가를 허락하지 않음으로써 저작권관리업에 대한 자유경쟁을 보장하고 있지 않다. 이에 관하여 일본 관리사업법 제29조 제1호는 제3조의 규정에 위반하여 저작권 등 관리사업을 행한 자는 100만 엔 이하의 벌금에 처하도록 규정하고 있다.

나. 현 황

일본의 저작권관리 단체는 다음과 같다. 음악과 관련하여 일본음악저작권협회(JASRAC), 소설 등의 이용허락과 관련해서는 일본문예가협회, 각본의 이용허락과 관련하여 일본각본가 연맹 및 일본시나리오작가협회, 음반제작자의 권리에 관한 사항으로 일본레코

드협회, 실연자의 권리에 관련해서는 일본예능실연가단체협의회, 방송사업자의 권리에 관하여는 일본방송협회, 일본민간방송연맹, 대여, 상연, 복제 등 비디오소프트의 권리에 관련해서는 일본영상소프트협회, 서적, 잡지 등의 출판에 관련해서는 일본서적출판협회, 일본복사권센터, 미술작품의 저작권에 관련해서는 일본미술가연맹, 사진저작권에 관련해서는 일본사진저작권협회, 교육영화의 저작권에 관련해서는 영상문화제작자연맹 등이 있다. 한편, 일본음악저작권협회는 2002년부터 "관리위탁범위 선택제도"를 도입하였다. 이는 저작권법상의 지분권을 "지분권의 구분"으로 나누고, 저작물의 이용형태는 "이용형태의 구분"으로 나누었으며, 구분에 따라 위탁자의 판단으로 저작권의 일부를 관리위탁의 범위로부터 제외할 수 있도록 하고 있다.

6. 정 리

미국과 영국의 경우는 저작권 집중관리제도와 관련해서 집중관리단체의 설립에 법적 규제가 이루어지지 않으며, 자유계약 형태로 집중관리가 이루어지고 있음을 확인할 수 있다.[24] 독일의 경우는 집중관리단체의 설립에 허가제를 취하고 있으며, 프랑스의 경우 집중관리단체는 민사법상의 법인으로서 법원에 의해 허가되고 문화담당 장관은 집중관리단체가 제안한 모든 정관, 규칙 및 내규를 감독하는 형태를 보이고 있다. 일본의 경우 과거 중개업무법에서는 집중관리단체의 설립에 허가제를 채택하였으나, 2001년부터는 저작권 등 관리사업법을 시행하여 집중관리단체 중 일정 요건에 해당하는 부분에 대해서 설립등록제를 채택하고 나머지 단체는 자유롭게 설립하도록 하고 있다. 결론적으로 미국과 영국을 제외한 대부분 국가에서 집중관리에 대한 업무를 수행하는 저작권 등 위탁

---

24) 이해완, 앞의 논문, 134면.

관리업의 설립과 관련하여 일정 규제를 취하는 것으로 볼 수 있다.

Ⅲ. 저작권 보상금제도에 관한 해외 현황

1. 독 일

가. 대여 및 공공대출 보상금제도

독일 저작권법 제27조의 규정에 따라 저작자는 자신의 저작물이 대여되고 대출되는 것에 대한 보상청구권을 가지게 된다. 저작물을 공중에 최초로 제공한 이후에 재배포에 대한 통제권을 상실하게 되는 최초판매의 원칙에 대한 예외에 해당한다고 볼 수 있다. 대여권과 관련된 제1항의 규정에 따르면, 저작자가 음반제작자 혹은 영상물제작자에 대해 자신의 저작물을 이용하도록 한 경우, 음반 혹은 영상물을 대여하는 자는 저작자에게 대여에 대한 대가로 적절한 보상을 제공해야 한다고 적시하고 있다. 공중대출과 관련해서는 독일 저작권법 제27조 제2항에서 다루고 있다. 저작물이 도서관 등에 이용되어 판매가 축소되는 것으로부터 저작자를 보호하려는 취지를 가진다.

나. 전자열람석 보상금제도

공공도서관 내에서의 저작물을 전자적 형태로 열람하는 것과 관련하여 전자열람석이라고 지칭하고 관련하여 독일 저작권법 제52조의b에서 다루고 있다. 공공도서관에 소장된 저작물을 디지털화하여 제공하는 것을 내용으로 하고 있다. 이는 보존의 필요성이 높거나 이용되는 자료에 대한 접근을 용이하도록 하는 데 목적을 둔다고 볼 수 있다. 디지털 형태로 제공하는 저작물이 권리자들에 의해 전자적 형태로 제공되고 있는 경우에도 저작권 제한규정이 적용될 여지가 없으므로, 디지털화된 저작물이 제공되는 경우에는 보상금이 지급되어야 할 것이다.

다. 교육목적의 저작물이용 보상금제도

독일은 수업목적 저작물 복제에 있어 사적 복제 조항에 의존하고 있다. 사적 복제 조항에 따라 '저작물이 작거나, 사소한 범위의 저작물 또는 신문이나 잡지에서 발행되었거나 공중 전달된 개별 기고'를 '학교 수업의 사례 설명을 위하여, 수업 참여 인원만큼 제한된 범위에서 이용되는 경우'에만 허용되고 있으며 보상금지급의무가 부과된다.[25]

〈표 6-6〉 독일 저작권법상 수업 및 연구를 위한 전송

독일 저작권법 제52조a	
제1항	다음 각호의 1의 목적으로 전송하는 것은, 그것이 각각의 목적에 의하여 요구되고 비영리목적을 추구하기 위하여 정당화되는 한도 내에서 허용된다.
제1항 제1호	1. 공표된 저작물의 적은 부분, 적은 분량의 저작물 및 신문이나 잡지의 개개의 기고를 학교, 대학, 비영리의 교육 및 재교육시설 또는 비영리의 직업교육시설의 수업에서 설명의 목적으로 오직 일정하게 제한된 수업참가자에 대해서만 사용하는 경우에만 허용된다.
제1항 제2호	2. 공표된 저작물의 부분, 적은 분량의 저작물 및 신문이나 잡지의 개개의 기고를 오로지 일정하게 제한된 범위에 속하는 자들에 대해서 그들 자신의 학문적 연구를 위하여 사용하는 경우에만 허용된다.
제2항	학교수업에서 사용될 목적이 있는 저작물의 전송은 항상 권한 있는 자의 동의를 얻어야 한다. 영화저작물의 전송은 이 법의 적용영역에 있는 영화관에서의 통상적인 이용시점으로부터 2년이 경과하기 전에는 항상 권한 있는 자의 동의를 얻어야 한다.
제3항	제1항의 경우 전송을 위하여 필요한 저작물의 복제도 허용된다.
제4항	제1항에 따른 전송에 대해서는 적절한 보상금을 지급하여야 한다. 이 경우 보상금청구권은 저작권관리단체를 통해서만 행사할 수 있다.

---

25) 안효질, "개정 독일 저작권법에 비추어 본 저작권의 제한", 「디지털재산법연구」 제3권 제1호, 2004. 5, 161면.

라. 사적 복제 및 복제기기 보상금제도

독일 저작권법 제54조에 따라 저작자는 저작물의 사적 복제 및 여타의 자체적 이용을 위해 이용되는 기기·장치 혹은 기록매체의 제조자를 상대로 적정 보상을 청구할 수 있는 권한을 갖는다. 법에서 이러한 보상금과 관련하여 규정하고 있는 청구권들은 다음과 같다.

〈표 6-7〉 독일 저작권법상 사적 복제 및 복제기기 보상금 관련 규정

독일 저작권법 제54조	
제54조	기기 및 기록매체에 대한 보상 청구권
제54조의c	복사기기 운영에 따른 보상 청구권
제54조의e 제2항	기기 혹은 매체의 수입자가 통지의무 위반에 대한 가중보상 청구권
제54조의f	저작자의 보상 채무자에 대한 정보청구권
제54조의g	저작자의 방문조사 청구권
제54조의h 제1항	열거된 권리들은 저작권집중관리 단체에 의해서만 행사
제54조 제2항	수출을 위해 제조되는 기기나 기록매체는 보상을 지급해야 하는 기기에서 제외

마. 독일 저작권집중관리단체의 공정성을 위한 기준

1) 징수 측면[26]

저작권집중관리단체들은 저작권신탁관리업법 제11조에 따라 이용자의 이용허락 요구에 반드시 응해야 한다. 가장 기본적인 의무는 정보제공의무인데, '누구나' 집중관리단체가 관리하고 있는 권리에 대해 정보를 요청할 경우, 특별한 사유가 없는 한, 자신의 비용으로 응해야 한다. 또한 이용자는 해당 저작물 등에 정당한 권리

---

26) 독일 저작권신탁권리업법 제13조.

가 있다는 점을 입증하지 않아도 된다. 이용자는 위의 요청 정보를
바탕으로 보상금을 저작자에게 지불해야 하는지 집중관리단체에
납부해야 하는지에 대해 판단할 수 있다. 저작권집중관리단체는
저작권신탁관리업법 제13조 제1항에 의해 보상에 해당하는 사용료
의 목록에 해당하는 요율표를 정하고 이를 공표하여야 한다. 실무
상 집중관리단체가 공표하는 요율은 이용자단체와 체결된 단체협
약을 기초로 하는 경우가 보통인데, 위의 요율이 적정 보상이라는
주장이 독일 법원에 의해 인정되고 있으나, 법에 따라 일반적 요율
에 대한 불복절차가 보장되어 있고, 요율의 적정성 여부는 법원에
의해 다시 최종적으로 판단될 수 있다.

2) 분배 측면

집중관리단체는 이윤추구라는 목적을 갖지 않고, 제3자를 위한
관리업무를 부담하는 것이며 원칙은 발생하는 수입 전체를 배분하
는 것이다.[27] 다만 배분 전 신탁관리에 필요한 비용을 공제하며,
필요한 비용을 공제한 이후에도 문화적으로 중요한 활동과 저작물
을 장려·보호하고, 저작자들의 복지 등을 위해 필요비용을 공제할
수 있다. 분배율에 적용되는 원칙들은 단체의 정관에 포함되어야
하며,[28] 투명성과 공정성을 확보하기 위해 각 단체는 분배율을 공
표한다. 위의 분배율은 확정적이어야 하며, 어떠한 기준에서 이용
료가 분배되는지에 대해 예측가능성이 있어야 한다.

2. 프랑스

가. 사적 복제 보상금

사적 복제 보상금에 대해서는 지적재산권법전 제L.311-1조 이하
에서 다루고 있고 동조에서 "미술저작물을 창작 시 의도된 목적과

---

27) 독일 저작권신탁관리업법 제1조.
28) 독일 저작권신탁관리업법 제7조 3문.

동일하게 이용하는 경우와 소프트웨어를 법 제L.122-6-1조 2항에 따라 백업을 위해 복제하는 것 이외의 방법으로 이용하려고 하는 경우 그리고 전자적 데이터베이스를 복제하는 경우를 제외하고, 복제하는 자에 의한 개인적인 이용을 위해 엄격하게 유보된 복사본 혹은 복제물로서 공동의 이용이 전제되지 않아야 한다."고 규정하고 있으며, 사적 복제의 대상이 되는 이용행위는 제L.122-5조 1항 2호에 규정되어 있으며 동조에서는 "해당 복제본을 만든 사람이 개인적으로 이용할 것으로 엄밀하게 유보된 복제물로서 공동의 이용이 전제되지 않아야 한다."고 규정하고 있다. 위의 규정은 저작인접권에 대해서도 적용이 되며 이 내용은 제L.211-3조에서 다루고 있다.

해당 보상청구권은 저작권집중관리단체에 의해,[29] 매체의 제조자, 수입자 등에게 행사되는 것으로 규정되어 있다.[30] 이렇게 집중관리단체들에 의해 징수된 보상금은 저작자, 실연자, 음반제작자 및 영상물제작자 사이에서 분배된다. 보상금이 부과되어야 하는 매체 및 보상금의 액수, 구체적인 징수방법 등은 행정부의 대표가 위원장을 맡는 위원회에 의해 결정되며, 동 위원회 위원 중 1/2은 권리자를 대표하는 단체들로, 1/4은 매체를 제조하거나 수입하는 단체들로, 나머지 1/4은 소비자를 대표하는 단체들로 구성된다.[31]

나. 사진복제 보상금제도

프랑스 지적재산권법전 제L.122-10조에 따라 저작물을 발행하는 경우 저작물에 대한 사진복제의 권리가 허가를 받은 집중관리단체에 양도된 것으로 간주된다. 허가를 받은 단체만이 이용자와 계약을 체결할 수 있고, 계약을 통해 관리되는 저작물이 사진복제 될 수 있도록 허락한다. 단, 판매, 대여 및 판매촉진을 위하여 사진복제

---

29) 프랑스 지적재산권법전 제L.311-6조.
30) 프랑스 지적재산권법전 제L.311-4조 1항.
31) 프랑스 지적재산권법전 제L.311-5조.

된 것을 이용하려면 집중관리 방법이 아닌 별개의 명시적인 동의
가 있어야 한다.

다. 동시중계방송 보상금제도

프랑스 지적재산권법전 제L.132-20-1조에 의해 저작자는 EU회원
국에서 방송되는 것을 해당 방송과 동시에, 또 어떠한 변경 없이 완
전한 형태로 프랑스 내에서 재방송하는 것에 대한 권리 및 보상금을
받을 수 있으며, 권리를 행사하려는 경우 해당 권리행사는 저작권집
중관리단체에 의해야 한다. 또한 제L.217-2조에 따라 저작인접권자
도 EU회원국의 방송을 변경함이 없이, 동시에 완전한 형태로 방송
하는 케이블방송에 대해 저작인접권에 대한 권리 및 보상금을 받을
수 있으며, 집중관리단체에 의해서만 권리가 행사될 수 있다.

라. 프랑스 저작권집중관리단체의 공정성을 위한 기준

프랑스 정부는 행정규정으로 미분배 보상금 활용 범위를 세부적
으로 명시하는 지적재산권법전 제R.321-9조를 제정하였으며 그 자
세한 규정은 다음과 같다.

〈표 6-8〉 프랑스 저작권집중관리단체의 미분배 보상금 활용

1. 창작을 장려하기 위한 목적
(1) 저작물의 창작 및 그 실연, 저작물 혹은 실연을 음반이나 영상물에 고정하는 것
(2) 저작자 및 그들의 저작물의 이익에 부합하도록 보호하고 장려하며, 정보를 제공하는 것
2. 중요한 행사나 이벤트의 전달
(1) 페스티벌이나 공연을 직접 혹은 간접적으로 개최하는 것
(2) 저작물과 실연의 보급을 위해 필요한 자체적인 활동
3. 예술가 훈련활동
(1) 저작자 및 실연자를 위한 교육의 실시

특정 분야의 저작자나 저작인접권자가 창작활동 및 예술활동을 할 수 있도록 지원하기 위한 기금과 절차를 마련해 두는 것이 표준적인 미분배 보상금의 활용으로 취급되고 있는 것이며, 예술가를 위한 교육과 훈련활동 등에도 다소의 비용지원이 되는 것으로 확인되었다. 또한 공연이나 이벤트 지원에 대한 부분은 비록 별도의 항목으로 되어 있지만, 펀드에 편입되어 창작 및 예술 활동 중 일부로서 취급되는 경향이 강하게 나타나고 있다.

3. 미 국

미국 저작권법은 저작권제한사유에 관련한 보상금제도는 규정하지 않고 있다. 미국 저작권법 제106조는 저작권자의 저작물에 대한 배타적 권리를 확인하고 있다. 저작자의 배타적 권리의 제한에 대해 가장 관련이 있는 제한 조항은 미국 저작권법 제107조이다. 미국 저작권법 제107조는 제106조(1)에 '저작권으로 보호되는 저작물의 복제물이나 음반을 복제하는 행위'를 저작물에 대한 배타적 권리로 규정하고 있음에도 불구하고 1976년 저작권법 개정에서 복제권에 대한 일반적인 제한규정으로 공정사용의 원칙을 명문화한 바 있다.

4. 일 본[32)

저작권 및 저작인접권이 있는 저작물이 널리 이용되고 있는 상황에서는 개인적으로 파악하여 사용료를 징수하는 것이 어려우므로 실효성을 확보하고 처리의 원활화를 도모하기 위해 집중하여 관리할 수 있고 또한 이용자 측에서도 권리자와의 교섭을 생략함으로써 합리적인 금액으로 저작물을 이용할 수 있는 점 때문에 보상금을 받을 권리는 문화청장관이 지정하는 관리단체에 의해서만

---

32) 김경숙, "일본의 사적녹음녹화 보상금제도의 현황 및 시사점", 「강원법학」, 제40권, 2013.10., 112면 이하.

행사할 수 있도록 하고 있다. 지정관리단체는 권리자를 위해 자기의 이름으로 보상금을 받을 권리에 관한 재판상 또는 재판외의 행위를 할 권한도 부여되어 있다. 지정관리단체가 행사하는 권리의 범위에 대해서 규정하고 있는데, 그 내용은 개별 권리자로부터의 권리위탁 유무와 상관없이, 지정관리단체가 권리를 행사할 수 있다. 지정관리단체는 보상금의 분배에 관한 사항을 포함한「보상금 관계업무의 집행에 관한 규정」을 정하여 문화청장관에게 신고하여야 한다. 지정관리단체가 징수한 보상금은 공통목적사업을 위한 지출부분 및 수수료부분을 제외하고 모든 권리자에게 분배하는 것이 원칙이지만, 구체적인 분배구조는 지정관리단체가 결정하게 된다. 보상금의 분배는 지정관리단체의 소속회원인 권리자단체를 통해 이루어진다. 보상금을 분배할 때에는 사적 이용의 실태를 명확하게 파악하는 것이 어려우므로 방송 및 대여 레코드의 샘플링 조사, CD 등의 생산 실적 조사, 전문 통계학자들의 지도에 따른 사용자에 대한 설문조사, 영상작품의 권리 실태와 그 비율 조사 등을 통해 가능한 한 정확한 분배 자료를 작성하여, 이 자료에 따라 권리자들이 소속된 각 단체에 적정하게 분배된다.

제3절 저작권집중관리 및 저작권 보상금의 문제점과 개선방안

I. 현행 저작권신탁관리업의 문제점

다양한 콘텐츠가 유통되고 저작권산업의 경제적 기여도가 점차로 높아지면서 저작권위탁관리의 역할도 이전보다 중요해지고 있다. 그런데 최근 문화체육관광부가 음악분야 저작권신탁관리단체에 대해 2018년 업무점검을 한 결과, 불투명한 사용료·보상금 분배와 협회·단체의 책임감 없는 운영 등의 문제점이 지적되었다.
특히 허위자료에 따른 과다 음원사용료 분배, 임원진에 대한 무분
별한 분배금의 집행, 보상금의 선지급과 산정의 자의적 조정, 미분
배보상금 등이 문제로 분석되었다.[33) 이로 인해 시장에서 독점적
지위가 부여된 신탁단체에 대한 신뢰성과 책임성에 대한 비판이
제기되고 있다. 한편, 저작권대리중개업의 경우 이전부터 논란이
된 포괄적 대리가 좀처럼 개선되지 않고 있다. 대리중개업은 신탁
관리업에 비해 약한 규제를 받음으로 인하여 포괄적 대리를 자행
하는 대리중개업자를 오히려 선호하는 현상까지 나타나고 있다.[34)

1. 저작권신탁관리업의 불투명한 운영

2019. 2. 12. 문체부는 음악분야 4개 저작권신탁관리단체에 대
해 2018년 업무점검 결과를 발표하면서 투명한 사용료·보상금 분
배와 단체운영의 책임성을 높일 것을 주문하였다. 그 이유로 예컨
대, 사용자가 제출한 허위자료를 통해 분배받은 금액이 실제 받을
금액의 20배를 더 받은 사례가 있었다. 음악감독이 만든 주제·배
경 음악을 방송에 사용한 경우에 사용자(방송사)가 실제 사용한 것
과 다른 부풀린 자료를 제출하더라도 한국음악저작권협회는 이를
검증할 시스템이 없었다. 한 음악은 2년 6개월에 걸쳐 119만 번 사
용되었다고 사용료를 신청하였지만 실제로는 7만 번에 불과하였
다. 그리고 전임회장이 임기 전체 연봉 총액에 해당하는 수억 원의
성과급을 받아간 예도 있었으며, 또 다른 신탁단체들의 경우에 특
정인에게 보상금을 선지급하거나 보상금 산정에 있어서 자의적 조

---

33) 문체부, 음악 분야 저작권 신탁관리단체에 투명한 사용료·보상금 분배 지
   적, 파이낸셜뉴스, 2019. 2. 12. ⟨http://www.fnnews.com/news/2019021
   20841140791⟩
34) 손승우, "저작권위탁관리의 역할과 문제점", 「저작권문화」 vol. 295, 한국
   저작권위원회, 2019. 3. 1, 12면 이하 참조.

정계수를 적용한 예가 있었고, 3년 이상 권리자에게 미지급된 보상
금이 무려 수십억 원 규모에 달하는 일도 있었다.

2. 미분배보상금의 문제

한국음악실연자연합회가 관리 중인 실연자 보상금 누적액 456억
원 중 미분배 보상금은 186억 원(40.8%)이며, 한국음반산업협회가

〈표 6-9〉 유형별 저작권 보상금 현황[35]

단위: 억 원

단체명	보상금 종류	누적 징수액	누적 분배액	분배중* (3년미만)	미분배액 (3년경과)
한국 복제전송 저작권협회	교과용도서보상금	34,331	21,901	2,842	9,588
	수업목적보상금	5,557	1,315	4,242	0
	도서관보상금	284	58	25	201
계		40,172	23,274	7,109	9,789
한국음악 실연자 연합회	방송보장금	38,783	24,185	10,626	3,972
	디지털음원송신보상금	1,450	552	744	154
	공연보상금	5,401	2,232	3,169	0
계		45,634	26,969	14,539	4,126
한국 음반 산업협회	방송보상금	29,344	25,117	2,899	1,326
	디지털음원송신보상금	5,902	4,288	928	686
	공연보상금	4,461	3,409	624	428
계		39,705	32,814	4,451	2,440
합계		125,512	83,057	26,099	16,355

---

35) 이지영, "10년 표류한 저작권 보상금", 중앙일보, 2019. 3. 21., 〈https://ne
ws.joins.com/article/23417050〉

관리 중인 음반제작자 보상금 누적액은 397억 원이고 미분배 보상
금은 69억 원(17.4%)이다. 정부는 2019년 6월 30일부로 한국음반산
업협회의 보상금 수령단체 지정을 취소하였고, 2014년 이후 5년간
125억 원의 미분배 보상금이 한국음반산업협회에 누적되어 있다.
3년이 지난 미분배 보상금은 공익목적으로 사용하지만, 사용처를
알 수 없어 논란의 소지가 있다. 또한 최근 3년간 해외 보상금분배
실적은 0원으로 나타났다.

3. 저작권대리중개업의 포괄적 대리

「저작권법」은 포괄적 대리를 저작권신탁관리업의 범주에 포함
하고, 만일 저작권대리중개업자가 허가 없이 이 행위를 하게 되면
처벌을 받도록 하고 있다. 그런데 현행법은 포괄적 대리에 대한 정
의를 규정하고 있지 않아 다양한 형태의 포괄적 대리행위 중 어디
까지가 해당 범주에 속하는 것인지를 판단하기가 쉽지 않다.

포괄적 대리의 해석과 관련하여 다양한 견해가 존재한다.[36] 예
를 들면, 2006년 법제처는 음반의 저작재산권자가 음원저작권을
모바일, 웹사이트, ARS 사업자 등 유무선 기반의 모든 사업자에게
이용하도록 하는 계약의 협상 및 체결 등 대행권을 저작권대리중
개업자에게 독점적으로 위임하는 계약에 따라 저작권대리중개업
자가 저작물 이용에 관련되는 업무를 수행하는 것은 이용방법과
상대방 선택의 범위를 포괄적으로 망라한 것이며, 이는 저작재산권
을 이전받은 것과 동일한 효과를 발생시키는 것으로 저작재산권자
등을 포괄적으로 대리한 것이라고 답변하였다.[37]

그리고 2015년 초 법원은 저작권대리중개업체가 다수의 사진작
가 및 사진 제작업체로부터 독점적으로 사진저작물의 이용을 허락

---

36) 손승우, 앞의 논문, 279-283면 참조.
37) 법제처 2006. 4. 17.자 질의회신. 〈http://moleg.go.kr〉

할 권리 및 그 목적을 위해 저작물을 이용할 권한을 부여받은 후 저작권 침해자들을 상대로 형사고소 등을 하고 합의금을 받은 사건에서, 해당 행위는 "저작권자를 포괄적으로 대리함으로써 신탁관리업을 한 것에 해당"하므로 허가를 받지 않고 저작권 신탁관리업을 한 것이라고 판시한 바 있다. 이 사건에서 대리중개업체는 해당 사진을 이용하고자 하는 고객들을 상대로 인터넷에서 관련된 정보를 제공하였고, 저작물의 사용권 가격을 스스로 결정하고 그 가격에 따라 사용료를 징수하였다.[38] 또한 대리중개업체는 신탁관리단체와 달리 법률사무를 하지 못함에도 불구하고 많은 대리중개업체들이 저작권 침해에 대한 형사고발, 합의금 수령 등 사무를 포함한 포괄적 대리를 계속하고 있다.

그 밖에도 저작권자에게 향후 발생되는 저작권료에 대한 매출채권을 담보로 대리중개업자가 자금을 먼저 융통해 주는 조건으로 포괄적 대리계약을 유도하는 것도 문제되고 있다. 즉 선지급 체계를 가지고 있지 않는 신탁관리단체들은 상대적으로 경쟁에서 불리한 위치에 놓인다. 저작권대리중개는 일시적 또는 1회적 이용허락 계약을 체결하는 것을 대리하거나 중개하는 것을 본질로 하는데, 이러한 선지급행위는 포괄적 대리관계를 기반으로 한 장기계약으로 이어져 경쟁질서를 왜곡하게 된다. 엄격한 규제와 감독을 받는 신탁관리업에 비하여 대리중개업은 상대적으로 행정지도와 감독이 엄격하지 않아 포괄적 대리행위가 좀처럼 개선되지 않고 있다. 이러한 이유로 일부 주요 언론사는 신탁기관인 한국언론진흥재단에 위탁하기보다는 대리중개업체를 선호하고,[39] 심지어 한국문예

---

38) 문건영, "저작권대리중개업자의 권한", 뉴스레터 지식재산권 제18호 판결 소개, 법무법인 한결, 2016. 8. 22. 〈http://www.hklaw.co.kr/news/news_letter_view2.asp?seq=244〉

39) 한국저작권단체연합회, 2017 국내 저작권관리단체 현황 및 정책 건의집, 2017. 11, 166면.

학술저작권협회와 대리중개업체의 사용료 격차가 상당히 벌어지면서 회원들이 대리중개업체로 이탈하는 일이 발생하고 있다.[40]

4. 신탁관리단체의 대리중개 겸업

저작권법은 저작권신탁관리업과 저작권대리중개업을 구분하고 있지만 실제로 신탁관리업자가 대리중개업을 수행할 수 없는지가 문제 된다. 2016. 12. 12. 문화체육관광부는 대리중개업무 중지명령(저작권산업과-3658)을 신탁관리단체들에게 통보한 바 있다. 그런데 현행법은 저작권신탁관리업자에 의한 저작권대리중개업 겸업을 명시적으로 금지하지 않으며, 신탁기관의 대리중개업 신고를 수리한 사례가 있었다. 이로 인해 일부 신탁단체들은 회원들의 요청에 따라 대리중개업무를 겸업한 사례가 있다. 예를 들면, 한국복제전송저작권협회는 2006년 9월 21일 저작권대리중개업 신고를 하고 어문, 음악, 영상, 미술 등 분야에서 온·오프라인 학습저작물, 참고서에 사용되는 학습 이미지 등 저작물의 이용에 관한 대리중개를 개인 저작자, 출판사, 공공기관, 외국 저작자, 기타 단체의 요청으로 시작한 바 있다. 따라서 신탁관리단체에 의한 대리중개 겸업의 허용 범위에 관한 논의와 입법적 해결이 필요하다.

II. 저작권집중관리제도의 개선방안

1. 이용자 차별금지 개선방안

앞서 살펴본 독일의 집중관리제도는 허가제를 통해 저작권집중관리업을 규제하면서 다음과 같은 사항을 부과하고 있다. ① 공동행사를 관리하는 자는 관리가 행해지는 여부를 불문하고 허가를 받도록 하고 있으며, ② 관리계약의 성질과 관계없이 공동행사와

---

40) 한국문예학술저작권협회, 저작인, Vol. 114, 2019. 1, 3면.

일시적 또는 단기적 관리에 대해 구분하고 있다. 또한 ③허가 없이 관리하는 경우 권리 또는 청구권을 행사할 수 없으며 고소권이 귀속되지 아니하고, ④ 저작권의 관리를 상당한 조건으로 강제하는 규정을 통해 우리 집중관리업의 문제인 이용허락을 거부하는 것을 제약시키고 있다. ⑤ 자의적인 방법을 배제하는 일정한 분배표에 의한 수입의 분배규정도 두고 있다. ⑥ 저작물을 이용한 행사에서 사용된 저작물에 대한 리스트를 협회에 제출하도록 하고 있다. 마지막으로 ⑦ 이용자 차별금지의무를 저작권신탁관리업자에게 의무로서 부여하고 있다.

위의 일곱가지 방안은 국내 저작권집중관리제도를 개선하고 발생한 수입에 대한 투명성을 확보함에 있어 고려해 볼 수 있는 중요한 요건이라고 할 수 있다.

2. 미분배 보상금 개선방안

보상금을 지급하는 방법은 직접 지급하는 방법과 지정관리단체를 통하여 징수하여 이를 분배하는 방법으로 구분된다. 수업목적 보상금의 경우에는 지정관리단체를 통한 보상금의 징수 및 분배가 인정되고 있다. 다만, 부득이하게 미분배되는 보상금의 처리를 위해 「저작권법」 제25조 제8항을 생각해 볼 수 있다. 동 규정은 현실을 고려한 규정으로 보아야 할 뿐이지, 법적 성격을 결정하는 규정으로 볼 수는 없다.

저작권 보상금청구권의 가장 중요한 목적은 보상금을 지급하는 데 있으며, 징수 및 지급은 이용의 도모를 위하여 단체를 통해 행사되어야 하고, 불가피하게 발생하는 미분배보상금은 저작권법에서 정한 공익적 목적을 위하여 이용할 수 있다고 보아야 함이 바람직하다. 이러한 이해의 토대 위에서 해결해야 할 향후 과제는 미분배 보상금의 최소화와 미분배 보상금의 공익목적 활용의 범위와 방법에 관한 논의라고 생각된다.

또한 국내 음악권리자를 대리하는 4개의 협회가 저작권료와 보상금을 수령하여 분배하고 있으나, 기술적 미숙함으로 막대한 미분배보상금이 누적되고 있다. 해외에는 Songtrust, CD Baby PRO와 같은 미분배보상금 조회용 유료 인터넷 서비스가 있으나, 이들은 여러 협회 중 일부 협회의 창구를 단일화하여 조회할 수 있게 하는 것에 지나지 않는다. 이를 발전시키는 방향도 생각해 볼 수 있을 것이다.

미분배보상금을 최소화하기 위해서는 우선 저작물의 권리관계를 데이터베이스화하고, 저작권단체와 이용자 및 기관 등이 협력할 필요가 있다. 더 나아가 저작권 보상금은 문화적 기금은 저작자를 위한 간접적인 혜택 내지 간접분배에 해당한다는 점을 적극적으로 고려하여, 징수한 금액에서 관리비용을 공제한 분배대상 금액에서 일정비율의 사회·문화 기금으로 할당하고, 나머지 금액을 저작권자에게 직접 또는 저작권자 또는 출판사의 대표자를 통하여 분배하도록 제도를 개선할 필요가 있다.[41]

III. 저작권 보상금제도의 개선방안

1. 보상금 요율의 공정성 확보

헌법재판소의 결정에 따르면 정당한 보상이란, '객관적인 재산가치'를 완전하게 보상하는 완전한 보상을 뜻한다.[42] 저작권도 사인의 재산권인 이상, 헌법상의 재산권 제한에 따른 보상기준이 그대로 적용되어야 할 것이다. 교과서 보상금은 보상을 하는 것이 헌법상 요청이자 국제저작권조약의 '3단계 테스트' 요건 충족을 위해서

---

41) 임원선, "저작권 이용허락 효율화를 위한 법적 방안 연구", 한국저작권단체연합회, 2007, 103면.
42) 헌법재판소 1990. 6. 25. 89헌마107 결정.

도 바람직하다. 그러나 현재 보상금 요율은 비교적 낮은 수준으로 책정되어 있으며, 정당한 요율을 확보해 주지 않으면 저작자의 합리적인 이익을 해치게 되어, 국제저작권조약의 요건을 위반하게 될 수 있음을 유의해야 할 것이다.[43] 따라서 그 기준을 정함에 있어서는 개별 이용허락에 따라 통상적으로 운영되는 이용료 기준을 고려할 수 있을 것이다.[44]

2. 저작물 유통체계 개선을 통한 미분배 보상금의 해결방안

국내 창작자와 실연자는 국내는 물론 해외에서 한류의 핵심적 역할을 하면서 활발한 활동을 전개하고 있다. 그러나 앞서 언급한 바와 같이 이들이 만든 음원의 이용에 대한 공정한 정산, 특히 미분배 보상금의 문제는 숙제로 남아 있다.

보상금의 분배는 특정 단체(보상금 수령단체)를 통해 이루어지며, 이들 보상금 수령단체는 국내·외 각 정부에서 지정한 단체이다. 그런데 보상금 수령단체와 절차는 국가별로 상이하기 때문에 저작권자, 실연자, 음원제작자 등 권리자는 자신들의 음원에 대한 보상금을 제대로 수령하지 못하고 있으며, 지난 3년간 해외 보상금의 분배는 전혀 이루어지지 않았다. 또한 국내 음원 이용에 대해서도 미분배 보상금이 255억 원(실연 보상금 및 음반제작자 보상금 중 미분배 보상금 누적액, 2019년 기준)에 달하는 등 국내에서의 음원 보상금 분배 또한, 효과적으로 이루어지지 않는 실정이다.

그 첫 번째 원인은 음원 이용 현황의 정확한 파악의 어려움이다. 예컨대 음원 보상금의 경우 일반적으로 음원사용 데이터를 기반으로 분배되는데, 음원 사용 데이터는 입력된 데이터의 글자·띄어쓰

---

43) 최진원 외 2, 교과용도서보상금 지급기준 마련 연구, 연구보고서, 한국복제전송저작권협회, 2014, 58면.
44) 최진원 외 2, 위의 보고서, 59면.

기 오기 등에 의한 인식 오류가 빈번하며, 외국어의 경우 그러한 경우가 더욱 빈번하다. 그리고 두 번째 원인은 국가별 절차 이해의 어려움이다. 또한 미국, 홍콩, 네덜란드, 영국 등 각 국가는 미분배 보상금의 수령 신청에 필요한 자료가 모두 다르다.

따라서 음원 보상금의 정확한 분배를 위해서는 음원 이용 데이터의 적절한 가공 및 활용이 필요하다. 보상금 수령단체가 보유하고 있는 음원 이용에 관한 비정형 데이터를 활용하여 데이터를 정밀하게 정형화하는 작업이 우선되어야 할 것이다. 특히 입력된 데이터의 글자·띄어쓰기 오기 등에 의한 인식 오류를 막기 위하여 권리자 또는 창작자, 실연자의 명칭을 국문·외국어로 정형화하는 작업을 수행하여야 할 것이다. 이를 위해서는 음원 이용 데이터베이스의 아티스트 명칭에 대한 형태소 분석, 오탈자 수정 등의 작업이 선행되어야 하며 개별 데이터를 해외 각국의 보상금 수령단체가 요하는 형태로 변환하는 작업도 필요할 것이다.

방대한 음원 이용에 대한 보상금의 분배가 공정하고 명확하게 이루어지기 위해서는 데이터베이스의 이용이 필수적이며, 이는 권리자의 권리를 보다 안정적으로 지켜줄 수 있는 대안이 될 것이라 사료된다.

3. 도서관 보상금제도의 개선방안

도서관이 디지털 서비스를 위하여 소장자료를 디지털화하는 것은 불가피한 실정이며,[45] 도서관 보상금제도 시행결과 이해관계자인 권리자, 도서관, 이용자 모두 제도에 대한 회의적인 견해를 나타내고 있다. 보상금 수령 단체 입장에서 징수금액이 미비로 인한 소액인력·자원 낭비 등의 단점이 부각되고, 미분배 보상금제도의 실

---

45) 곽승진 외, "디지털자료 납본체계 및 이용보상금에 관한 연구", 국립중앙도서관 보고서, 2008, 224면.

효성에 대해 의문이 제시되고 있는 현실이다.46) 도서관 보상금제도에 있어 저작물의 이용대가와 비교하여 보상수준이 현저히 낮으며 보상되어야 할 이용의 범위에 문제가 있어 저작권자에게 정당한 보상이 이루어지지 못하고 있는 실정이다.47) 「저작권법」은 공공성을 기반으로 도서관의 기능 발휘를 위하여 저작자의 권리인 복제권 및 전송권에 대해서 일정 제한을 두고 도서관에 면책을 부여하고 있다. 판매용 자료에 대한 보상금 적용 취지를 학위논문 등 접근이 보장되어야 할 저작물에까지 과하게 확장하는 것은 경계하여야 할 것이다. 하지만 도서관 이해관계자의 저작권 인식 제고 및 저작권자의 부당한 경제적 피해의 방지라는 관점에서 법정허락제도의 일종으로 볼 수 있는 도서관보상금제도는 그 의의가 있어 존치 필요 타당성은 충분히 있다고 보여진다.

　「저작권법」은 도서관 간 전송에 따른 경제적 이익의 손실을 방지하고, 도서관의 정보서비스 제공기능을 활성화시키기 위하여 법정허락제도를 도서관 간 복제·전송에 도입한 것으로 볼 수 있다. 그러나 보상금 지급을 조건으로 도서관 간에 이용 가능한 디지털 자료가 제한적이라는 것을 고려하면, 정보의 복제·전송서비스는 보상금과 이용허락이라는 이중적 구조로 운영될 수밖에 없다. 그러나 보상금제도는 저작권자와 이용자 간에 이루어지는 시장협상의 저하를 가져올 가능성이 크기에, 장기적 관점에서는 판매용도서의 경우는 이용허락 시스템에 따라, 비매용 도서 등은 보상금 적용이 없는 자유이용으로 하는 방안이 적절한 것으로 생각해 볼 수 있다. 규정이 적용되는 도서를 확대를 통해서, 아날로그의 형태의 비판매용으로 발행된 도서는 도서관 간의 디지털 복제·전송을 자유

---

46) 박익환, "도서관에서 저작물 이용 현황분석 및 제도개선에 관한 연구", 저작권선진화포럼, 2012, 43면.
47) 김병일, 앞의 논문, 16면.

롭게 이용할 수 있도록 하여야 할 것이다.

또한 도서관의 기능이 도서의 보존 및 대출은 물론 전자책 형태의 정보에 대한 접근권 또는 공공대출권의 보장으로 넓혀짐에 따라, 저작권법의 도서관 면책규정의 경계를 명확히 정의하는 것은 물론 합리적인 범위까지 확대를 검토할 시점이라 보여진다. 도서관을 통한 저작물에 대한 접근권의 부여는 보편서비스의 개념으로 접근하여야 하며, 공중이 도서에 자연스럽게 접근하고 영리의 목적이 아닌 일정기간 동안 도서를 이용할 수 있는 권리인 공공대출 보상권을 도입하는 것을 적극적으로 고려할 필요가 있을 것이다.[48]

4. 교육목적 보상금제도의 개선방안

보상금 분배대상에 관한 기준을 명확히 할 필요가 있다. 현행 분배대상에서 배제하고 있는 ① 교재로서 구입한 출판물의 단순 교재사용, ② 자기 저작물의 이용, ③ 보호받지 못하는 저작물의 이용, ④ 공유저작물, 정부 저작물의 이용, ⑤ 다른 저작재산권 제한 규정에 의해 공정사용 등으로 인정되는 이용이 대표적인 것이라 할 수 있다. 수업목적 저작물 이용 가이드라인에 의하면 저작권법상 다른 저작권제한 규정에 해당한 경우에는 보상금 지급 없이 임의사용이 가능한 것으로 보고 있으며, 우리 저작권법에는 수업목적으로 타인의 저작물을 복제·전송하는 등의 이용과 관련하여 제30조(사적 이용을 위한 복제), 제29조(영리를 목적으로 하지 아니하는 공연·방송) 등의 규정 외에도 제35조의3(공정이용 일반규정)과 같은 규정도 마련되어 있기에 보상금의 지급이 없이 무료로 이용할 수 있는 여지가 많다.

그러나 실태조사에서 이러한 형태의 이용에 대한 법적 평가를 할

---

[48] 정진근·김형각, "저작권법상 도서관에서의 공정이용에 관한 연구: 한·미 저작권법을 중심으로", 「창작과 권리」 제59호, 2010, 148면.

수 없으므로 조사결과에 포함되어 나타날 가능성을 배제할 수 없다. 그러므로 보상금분배 시에는 이러한 이용에 대해서는 보상금지급 대상이 아니기에 배제하는 것이 타당하다. 또한 출판사업자의 현실과 기여를 고려하고 사실상 징수기관이 전체 징수활동을 수행하고 수업목적보상금 기준을 마련하는 등의 실제 징수액을 협상하는 과정에서 출판업계도 동시에 대표하면서 상생하여 온 연혁을 고려하면 수업목적 보상금이 저작재산권자에게만 전적으로 귀속되는 것은 공정하지 않으므로 이에 대한 입법적 개선이 요구된다.

찾아보기 ───────

공정경제와 지식재산

| 저자 소개 |

손승우 孫承佑

중앙대학교 산업보안학과 교수
(사)지식일자리포럼 회장
(사)지적재산권경상학회 회장
국가지식재산위원회 전문위원
산업기술분쟁조정위원회 위원
사법시험, 변리사시험, 행정고시 출제위원

경력
단국대학교 법학과 졸업, 중앙대학교 법학과 법학석사
미국 Wisconsin 주립대학 법학석사(M.L.I.), 법학석사(LL.M.), 법학박사(S.J.D.)
유엔국제상거래법위원회(UNCITRAL) 자문위원, 충청남도 행정심판위원, 한국저
　　작권위원회 감정전문위원, 대한상사중재원 대외무역분쟁조정위원, 저작권
　　보호심의위원회 위원, 국가지식재산인 수상, 과학기술정보통신부장관상,
　　산업통상자원부장관상, 문화체육관광부장관상 수상
단국대학교 법과대학 교수, 산학협력단장, 창업지원단장

주요 저서
지식재산권법의 이해(제3판)(동방문화사)
산업보안학(박영사, 공저)
인터넷, 그 길을 묻다(중앙북스, 공저)
법학입문(박영사, 공저)
선생님이 꼭 알아야 할 SW지적재산권(한국저작권위원회)
지식재산 담보권에 관한 UNCITRAL 담보거래 입법지침 부속서(법무부, 공저)
(산업기술보유기관 보안담당자를 위한) 산업보안실무 가이드북(산업기술보호협회,
　　공저)

공정경제와 지식재산

2019년 11월 20일 초판 인쇄
2019년 11월 30일 초판 발행

저 자   손 승 우
발행처   한국지식재산연구원
편집·판매처   세창출판사

한국지식재산연구원

주소: 서울시 강남구 테헤란로 131 한국지식재산센터 3, 9층
전화: (02)2189-2600 팩스: (02)2189-2694
website: www.kiip.re.kr

세창출판사

주소: 서울시 서대문구 경기대로 88 냉천빌딩 4층
전화: (02)723-8660 팩스: (02)720-4579
website: www.sechangpub.co.kr

ISBN 978-89-92957-84-7 93360